アドラー・セレクション
Adler Selection

人生の意味の心理学

What Life Should Mean to You

アルフレッド・アドラー
Alfred Adler

岸見一郎[訳]
Ichiro Kishimi

アルテ

Alfred Adler
What Life Should Mean to You

Little, Brown, 1931

目次

人生の意味の心理学

第一章　人生の意味

人間は意味の領域に生きている。われわれは状況をそれ自体として経験することはない。いつも人間にとって意味があるものだけを経験するのである。われわれの経験は、その根源において既に、人間的な目的によって規定されている。「木」は「人間との関係における木」という意味であり、「石」は「人間の生活における要素である限りのものとしての石」という意味である。意味を排除して事実だけを考えようとする人がいれば、そのような人は非常に不幸になるだろう。自分を他者から切り離すことになり、行動は自分にも他者にも役に立たなくなり、一言でいえば、無意味になるだろう。しかし、人間は意味を離れて生きることはできない。われわれは現実を常にわれわれがそれに与える意味を通じて体験するのである。つまり、現実をそれ自体として体験するのではなく、何か解釈されたものとして体験するのである。それゆえ、この意味は、常に多かれ少なかれ、未完成、あるいは、不完全であり、それが完全に正しいということはありえない、と結論づけるのは当然である。意味の領域は、このように誤りの領域である。

もしも誰かに「人生の意味は何か」とたずねても、その人はおそらく答えられないだろう。大抵は、そんな質問のことで頭を悩ますことはないか、はっきりと答えようとはしない。たしかに、その問いは人類と同じくらい古く、われわれの時代においては、若者が――老人もだが――時として「でも、なぜ生きるのか。生きることの意味は何か」とたずねるだろう。しかし、こんな質問をするのは、何かでつまずいた時だけだといっていい。何もかもうまくいっていて、難しい問題にぶつかっていなければ、そのような問いが口にされることはない。むしろ、人がこのようなことを問い、それに答えるのは、行動においてである。言葉に耳を閉ざし、行動を観察することにだけ集中すれば、人が固有の個人的な「人生の意味」を持っていて、意見、態度、動き、表現、癖、野心、習慣、性格特性のすべてが、この意味に一致していることがわかるだろう。人はあたかも人生についてのある理解に頼れるかのようにふるまう。その行動のすべてにおいて、世界と自分自身についての暗黙の意味づけ、つまり、「私はこのようであり、宇宙はこのようである」という判断があり、自分自身と人生に与えられる意味がある。

人生に与えられる意味は、人間の数と同じだけある。そして、おそらく既に推測したように、どの意味も、多かれ少なかれ、誤っている。人生についての絶対の意味を知っている人はいない。したがって、役立ちうるどんな意味も、絶対的に誤っているとはいえない。すべての意味はこれら二つの限度間の差異である。しかし、意味は多様であっても、ある意味は、うまく機能し、あるものは、あまり効果的ではない。誤りが小さいものもあれば、大きなものもある。われわれは、よりよい意味が共通して持っているものが何か、より満足できない解釈に欠けているものが何かを見つけることができる。これらから真理の共通の尺度、人間にかかわる限りでの現実を解読することを可能にする共通の意味を引き出すことができる。また、われわれは「真実」というのは、人類にとっての真実であるということ、人間の目標や目的にとって真実という意味であることを心に留めておかなければならない。これ以外の真理はない。たとえ別の真理があるとしても、それはわれわれには関係ない。それを知ることは決してできないだろうし、無意味だろう。

人生の三つの課題

すべての人は、三つの主要な絆の中に生きている。これを考慮しないわけにはいかない。それが人の現実を構成する。なぜなら、人が直面するすべての問題や問いは、そこから生じるからである。これらの問いに答え処理することが常に強いられる。これらの問いは絶え間なく人と直面するからである。その人の答えの中に、人生の意味についての彼〔女〕の個人的な考えを見るだろう。

これらの絆の一つは、われわれがこの小さな宇宙の殻、つまり、地球の上で生きているということである。それ以外のところで生きることはできない。われわれは、われわれの〔地球という〕住処がわれわれに課す制限と可能性のもとで発展しなければならない。われわれは、地球上で個人として生きるためにも、人類が存続することを保証するためにも、身体も心も発達させなければならない。これは、すべての人に答えることを挑む、逃れることができない問題である。われわれが何をしても、われわれの行為は人間生活の状況へのわれわれ自身の答えである。それらは、われわれが何を必要なもの、適切なもの、可能なもの、そして望ましいものと考えているかを明らかにする。すべての答えは、われわれが人類の一員であるということ、人類がこの地球に生きているということを考慮に入れなければならない。

さて、もしも人間の身体の弱さと、われわれがその中に置かれている潜在的な危険を考慮するならば、われわれの答えを視野広く首尾一貫したものにするために、再評価することが非常に重要になる。

それは、われわれ自身の生活と人類の幸福のためである。数学の問題の前に立たされているかのようである。われわれは答えを見つけるために努力しなければならない。われわれは行き当たりばったりに、あるいは、推量によって進むことはできない。われわれが使えるあらゆる手段を使って一貫して進んでいかなければならない。われわれははっきりと真理を確立する絶対的に完全な答えを見つけられそうもない。それにもかかわらず、正解に近い答えを見出すために、われわれのすべての力を使わなければならない。その上、絶え間なくより優れた答えを見出す努力をしなければならない。そしてすべての答えは、われわれがその位置がもたらすあらゆる利点と欠点と共にこの貧しい惑星の殻である地球に縛られているという事実を考慮しなければならない。

ここで、われわれは、二つ目の絆に到達する。われわれは誰も人類のただ一人の成員ではないということである。われわれのまわりには他者がいる。そしてわれわれは他者と結びついて生きている。人間は、個人としては弱く限界があるので、一人では自分の目標を達成することはできない。もしも一人で生き、問題に一人で対処しようとすれば、滅びてしまうだろう。自分自身の生を続けることもできないし、人類の生も続けることはできないだろう。そこで、人は、弱さ、欠点、限界のために、いつも他者と結びついているのである。自分自身の幸福と人類の幸福のためにもっとも貢献するのは共同体感覚である。それゆえ、人生の問題へのすべての答えはこの結びつきを考慮に入れなければならない。それはわれわれが他者と結びついて生きているということ、もしも一人であれば滅びるであろうという事実に照らした答えでなければならない。生き残ろうとするのであれば、われわれの感情すら、問題、目的、目標の最大のもの、即ち、われわれが仲間と協力して住むこの宇宙における個人としてのわれわれの生、人類の生を継続することに一致しなければならない。

われわれを支配する三つ目の絆は、人間が二つの性でできているということである。個人と共同生活の維持は、この事実も考慮に入れなければならない。愛と結婚の問題はこの三番目の絆に属する。誰もそれに注意を向けずに人生を生きることはできない。この問題に直面した時に人が何をしても、それがこの問題への答えになる。この問題に答える方法はたくさんある。人間行動は、この問題への唯一の答えだと信じていることを明らかにする。

それゆえ、これら三つの絆が三つの問題を提起する。まず、地球の自然によって課せられた限界内で生き残ることを可能にする仕事をいかに見つけるか、次に、われわれの仲間の中でいかに自分の場所を見つけるか、第三に、二つの性があり、人類が存続するかは両性間の関係にかかっているという事実に対していかに適応するかということである。

個人心理学は、人間のすべての問題は、この三つの問題、即ち、仕事、対人関係、性に分けられるということを見てきた。各人がこの三つの問題にどう反応するかによって、各人はまぎれもなく、人生の意味についての自分自身の個人的な解釈を明らかにする。例えば、性生活が不完全な人、仕事で努力しない人、あるいは、友人がほとんどいなくて仲間と接触することを苦痛だと思うような人を仮定しよう。そのような人は、人生において自分自身によって課せられた限界と制限から、生きていることを好機がほとんどなく失敗ばかりの困難で危険なことと見ている、と結論づけてよい。そのような人の行動範囲が狭いことは、次のような考えを表現していると解釈できる。「人生は、危害に対してバリケードで自分を守り、無傷で逃れることによって自分自身を守ることである」

他方、次のような人を観察すると仮定しよう。その人は親密で協力に満ちた愛の関係を持っており、仕事は有益な成果へと結実し、友人は多く、人との結びつきは広く豊かである。このような人は、人生に多くの好機を提供し、取り消しのできない失敗をもたらすことがない創造的な課題と見ている、と結論づけてよい。その人の人生のすべての課題に直面する勇気は次のようにいっていると解釈できる。「人生は仲間に関心を持ち、全体の一部であり、人類の幸福に貢献することである」

共同体感覚

われわれは、ここで、あらゆる誤った「人生の意味」と、あらゆる真実の「人生の意味」の共通の尺度を見る。すべての誤り――神経症者、精神病者、犯罪者、アルコール依存者、問題行動のある子どもたち、自殺者、倒錯者、売春婦――が誤りであるのは、共同体感覚を欠いているからである。彼〔女〕らは、仕事、友情、性の問題に取り組む時、それらの問題が協力することによって解決できるとは信じていないのである。彼〔女〕らが人生に与える意味は、私的な意味である。つまり、自分が行ったことから益を受けるのは自分だけである、と考え、関心は自分にだけ向けられているのである。彼〔女〕らの成功の目標は単なる虚構の個人的な優越性であり、勝利は自分自身に対してしか意味を持っていない。

例えば、殺人者が武器を手にした時に自分に力があると感じた、と告白したが、自分のことしか眼中になかったのは明らかである。他の人には、ただ武器を所有することが優れた価値を持つとは考えられない。事実、私的な意味はまったくの無意味である。真の意味は他者との交わりにおいてだけ可能である。たった一人にしか意味がないような言葉は、実際には、無意味である。われわれの目的と行動についても同じことがいえる。すべての人は意味を追求する。しかし、もしも自分自身の意味が他者の人生への貢献にあるということを認識しない時にはいつも誤るのである。

ある小さな宗教団体の話である。ある日、預言者が、信者たちを集めて、来週の水曜日、この世界は終わる、といった。信者たちは、非常に驚き、持ち物を売り払い、仕事を辞め、興奮して、その日がくるのを待った。ところが、水曜日は何事もなく過ぎてしまった。木曜日に、説明を求めて信者たちがやってきた。

「あなたのおかげでひどい目にあいました。何もかも捨てたのです。会う人ごとに水曜日に世界が終わる、といいました。みんな私たちのことを笑いました。でも、へこたれることなく、誤ることがない権威から聞いたのだ、といいました。でも、水曜日が過ぎたのに、世界はまだあるではありませんか」。これを聞いて預言者はいった。「だが、私の水曜日はお前たちの水曜日ではないのだ」。このようにして、預言者は私的な意味によって批判から身を守った。というのは、私的な意味は検証されないからである。

すべての真の「人生の意味」の印は、それが共通の意味を持っているということである。他の人が共有できる意味であり、他の人が受け入れることができる意味である。人生の諸問題への妥当な解決は、他者に対しても常に、手本になるだろう。なぜなら、そこにわれわれは共通の問題が成功した仕方で対処されているのを見るからである。天才ですら最高の有用性にすぎないと定義できる。われわれが人を天才と呼べるのは、人の生が他者によって自分たちに意味を持っていると認識される時だけである。このような人生において表明される意味は、常に、「人生の意味は全体への貢献である」ということになる。ここで、われわれは見せかけの動機のことをいっているのではない。なぜなら、われわれは、このような見せかけは無視し、その代わりに、実際になしとげられたことを見ているからである。人生の課題に直面し成功する人は、あたかも人生の根本的な意味は、他者への関心と協力であるということを十分に自発的に認めているかのようにふるまう。そのような人が行うことはすべて、仲間への関心によって導かれているように見える。そして、困難に直面した時には、それらを他者の幸福と一致した仕方で克服しようとする。

これは、おそらく多くの人にとって、新しい視点である。そして、人生の意味は、本当に貢献、他者への関心と協力であるということが正しいのかどうか疑うかもしれない。次のように問うかもしれない。「でも個人はどうなるのだ。もしもいつも他者のことを考え、他者の利益のために自分を捧げたら、きっと自分の個性を損なうのではないか。まず何よりも自分自身の利益を守ったり、あるいは、自分自身の個性を強化することを学ぶべき人もいるのではないか」

私はこのような見方は間違いであり、それが提示する問題は虚偽の問題である、と思う。もしも人が人生に与える意味づけにおいて貢献したいのであれば、そして、感情のすべてがこの目標へと向けられれば、人が貢献することを最善の仕方で可能にするように必ず発達するのは当然である。彼〔女〕は、目標に向けて自分を調整するだろう。共同体感覚を発達させ、練習することでこれに習熟するだろう。ひとたび目標が決まれば、後は訓練するだけである。そうすれば、そして、その時だけ、人生の課題を解決し、自分の能力を発達させる力をつけるだろう。愛と結婚の例をあげよう。もしもわれわれが自分のパートナーに関心があるのなら、もしもパートナーの人生を安楽にし、豊かにすることに最善を尽くしているのであれば、当然、われわれはできる限り、自分自身を最善のものにしようとするだろう。自分の個性を、他者の人生に貢献するということをまったく意図することなく、真空の中で発達させなければならないと考えるのであれば、われわれはただ支配的で我慢できないものになるだろう。

貢献が人生の真の意味である、と推定できるヒントが他にもある。今日われわれのまわりにわれわれが祖先から受け取った遺産を見れば、われわれは何を見るだろうか。それらの中で残っているものはすべて、人間の生活に貢献したものだけである。耕された大地、道、建物をわれわれは見る。祖先の人生経験の果実は、伝統、哲学、科学、芸術、そして、われわれ人間の状況に取り組むための技術の中に、われわれに伝えられている。これらのものはすべて人間の幸福に貢献した人からわれわれに受け継がれたものである。

他の人はどうなっただろうか。協力しなかった人、人生に別の意味を与えた人、「人生から何を得ることができるか」としかたずねなかった人は、どうなったのであろう。彼〔女〕らは何も後に残さなかった。死んだというだけではない。彼〔女〕らの人生は不毛だった。われわれの地球自身が彼〔女〕らに語りかけ、次のようにいったかのようである。「われわれはあなたたちを必要としない。あなたたちは人生には向いていない。あなたたちの目的と努力、あなたたちが重要だと見なした価値、心と精神には未来がないからだ。立ち去れ！　必要ではないのだ。死に失せろ、消え去れ！」。どんなものであれ、協力以外のことを人生の意味とした人への最後の審判はこうだ。「あなたには価値がない。誰もあなたを必要とはしない。立ち去れ！」。もちろん、われわれの今日の文化においては、多くの不完全さが見られる。欠陥があるところは変えなければならない。しかし、その変化は、いつも人類の幸福にさらに貢献するものでなければならない。

この事実を理解し、人生の意味は、人類の全体に関心を持つことであることを知り、共同体感覚と愛を発達させることを試みた人はいつもいた。あらゆる宗教において、このような人類の救済への関心が見られる。世界の偉大なすべての運動において、人は共同体感覚を増進する努力をしてきたが、宗教はこの方向におけるもっとも重要な努力の一つである。宗教は、しかし、しばしば誤解されてきた。そして、宗教が既にしていること以上に、どうすることができるかを見ることは、この共通の仕事により細かく取り組むのでなければ難しい。個人心理学は、科学的な方法で同じ結論に達しており、それをなしとげるために科学的な方法を提案している。これは、私が思うに、一歩前進である。おそらく、科学は、仲間の人間と人類の幸福への関心を強めることによって、この領域において、政治的であれ宗教的であれ、他のどんな運動がかつて何とかしてやってきたことよりも、多くのことをなしとげることができるだろう。われわれは問題に違った角度からアプローチするが、意図は同じである。他者への関心を増すことである。

われわれが人生に与える意味は、いわば守護天使にも、われわれの人生につきまとう悪霊にもなるので、これらの意味がどのようにして形成されたのか、それらがどのように互いから異なるか、もしも大きな誤りを含んでいるとすれば、どのようにして修正されうるかを理解することが、非常に重要であることは明らかである。生理学や生物学から区別された心理学の役割とは、われわれに意味とそれが人間の行動と幸運に影響する方法を理解させることである。

子ども時代の経験

子ども時代の最初の日から、この「人生の意味」を手探りで求めるということが見られる。赤ん坊でさえ、自分自身を見定め、自分のまわりの人生に与ろうと努める。子どもは、五歳の終わりまでに、統一され結晶化された行動のパターン、問題や課題へのアプローチのスタイル〔であるライフスタイル〕を採用してきた。

子どもは、既に世界と自分自身から何を期待できるかについて、もっとも深く、永続する概念を固定化している。それ以降は、世界は確立された統覚を通じて見られる。経験は、それが受け入れられる前に解釈され、その解釈は、常に子どもが人生に与えてきたもともとの意味と一致している。

たとえこの意味に重大な誤りがあったとしても、また、われわれの問題や課題に対するわれわれの誤ったアプローチが、絶え間ない不運と不幸を結果として生じることになったとしても、われわれはすぐにそれを放棄するということはない。人生の意味についてのわれわれの認識の誤りは、誤った解釈がなされた状況を再考し、誤りを認め、統覚を見直すことで修正されるだけである。おそらく稀なケースでは、誤ったアプローチの結果が人が人生に与えた意味を見直すことを強いる。その時は、自分自身でアプローチを調整することに成功するかもしれない。しかし、何らかの社会的な圧力か、あるいは、古いアプローチを続けることは自己破壊になるということを認識することなしには、このステップを採ることは決してないだろう。一般的にいって、個人のライフスタイルを変えるもっとも有効な方法は、誰か心理学やこれらの意味の理解のトレーニングを受けた人の助力を得ることである。そのような人は、もともとの誤りを発見することを助け、より適切な意味を提案することができる。

子ども時代の状況が違ったふうに解釈されるということの単純な例をあげよう。子ども時代の不幸な経験に、まったく反対の意味づけがされるかもしれない。

例えば、ある人は、その不幸な経験にはもうこだわることはなく、今後は、回避できる、と考える。そして「このような不幸な状況を取り除くために努力し、われわれの子どもたちが、よりよい状況にあるようにしなければならない」と考えるだろう。しかし、同じような経験をした人が、「人生は不公平である。他の人は常にうまくやっている。もしも世界が私をそんなふうに扱うのなら、なぜ私が世界をそれ以上によく扱わなければならないのか」と感じるかもしれない。多くの親が、子どもたちについて「私が、子どもの時は、同じくらい苦しまなければならなかった。私は切り抜けた。子どもたちもそうすべきだ」というのは、こういうわけである。第三の人は、こんなふうに思うかもしれない。「私は不幸な子ども時代を送ったのだから、何をしても許されるべきだ」と。いずれの場合も、彼〔女〕らが、どんなふうに人生を意味づけしているかは、行動に見てとることができるだろう。そして、解釈を変更しない限り、行動を変えることは決してないだろう。

個人心理学が決定論から逸脱するのはここにおいてである。いかなる経験も、それ自体では成功の原因でも失敗の原因でもない。われわれは自分の経験によるショック——いわゆるトラウマ——に苦しむのではなく、経験の中から目的に適うものを見つけ出す。自分の経験によって決定されるのではなく、経験に与える意味によって、自らを決定するのである。そこで、特定の経験を将来の人生のための基礎と考える時、おそらく、何らかの過ちをしているのである。意味は状況によって決定されるのではない。われわれが状況に与える意味によって、自らを決定するのである。

器官劣等性

しかし、ひどく誤った意味が引き出されるある子どもの時代の状況がある。失敗の多くは、この状況を経験した子どもから起こる。幼児の時に身体の障害、病気で苦しんだ子どもたちが、このグループに属する。このような子どもたちは多くの困難を経験し、人生の意味は他者への貢献であると感じることを難しいと思う。彼〔女〕らに近い人が、注意を自分の問題から逸らし、他者に関心を持たせることができなければ、自分のことにだけに心を奪われてしまうことになる。後になって、自分をまわりの人とくらべ勇気をくじかれるかもしれない。また、今日の社会では、彼〔女〕らの劣等感が、仲間が哀れんだり、嘲ったり、あるいは、避けることによって強められることもありうる。これらはすべて、このような子どもたちが孤立し、社会において有用な役割を果たす希望を失い、自分が一個の人間として世界によって恥をかかされていると見なす状況である。

劣等器官があるか、あるいは、分泌異常のある子どもが直面する困難を叙述したのは、私が最初だと思う。科学のこの分野は大いに進歩したが、それが発達するのを見たいと私が望んだであろう線とはほとんど一致していない。私は、最初から、このような欠陥を遺伝や身体の状態のせいにする根拠というよりも、これらの困難を克服する方法を探していたのである。どんな身体欠陥も、歪んだライフスタイルを発達させることを人に強制しない。腺が同じ影響をもたらす人を二人として見出すことはない。実際、困難を克服する子どもたち、困難を克服する際に、並外れた有用な能力を発達させる子どもたちをわれわれはしばしば見出すのである。

個人心理学は、このため優生学の選別の計画にとってはあまりいい宣伝ではない。もっとも優れた人、われわれの文化に大いに貢献した人の多くが、人生を始める時に、器官劣等性を持っていた。彼〔女〕らは健康ではなく、早世した人もあった。身体的にも環境的にも、困難と一生懸命闘った人が、もっぱら進歩と発明をもたらしたのである。闘いが彼〔女〕らを強くしたのであり、そういうことがなかった時よりも、ずっと先まで進んで行ったのである。身体からだけでは、精神がよく発達するかしないかは判断できない。しかし、これまでのところ、器官劣等性や腺の分泌異常を持って人生を始めた子どもたちの大多数が、正しい方向へとは訓練されていない。彼〔女〕らの困難は理解されず、もっぱら自分のことだけに関心を持つようになってきている。幼い時に器官劣等性の重荷を背負った子どもたちの中に多くの誤りが見られるのは、このためである。

甘やかし

人生の意味についてしばしば誤った解釈へと導くことになる第二の状況は、甘やかされた子どもの状況である。甘やかされた子どもは、自分の願いが法律になることを期待するように育てられる。彼〔女〕は、注目されるが、それに値するだけの働きをするわけではない。そして通常、このように注目されることを生まれついての権利として要求するようになるだろう。その結果、自分が注目の中心でなかったり、他の人が彼〔女〕の感情に気を配ることを主な目的にしない時には、いつも大いに当惑することになる。世界が自分を見捨てたと感じる。与えることではなく、受けることの訓練を受けてきたのであり、問題に対処する他のどんな方法も学んではこなかったのである。他の人は、彼〔女〕のいいなりになってきたので、自立心を失い、自分でできるということを知らないのである。もっぱら自分自身に関心があり、協力することや、その必要性を学ばなかった。困難に直面すると、それに対処する方法を一つしか知らない。他の人に要求するのである。注目される地位を回復することができるのなら、他の人に自分が特別の人であり、自分が望むすべてのことを許されるべきであるということを認めさせることができる、と信じている。その時、そして、その時にだけ、自分の状況は改善すると思うのである。

このような甘やかされた子どもたちが、大人になると、おそらく、われわれの共同体において、もっとも危険な種類の人になるだろう。自分には善意がある、と明言する人もあるかもしれない。他の人を支配するための機会を得るために、非常に「愛すべき」人になりさえするかもしれない。しかし、普通の人のする仕事で、普通の人のように協力することを求められると、協力することを拒む。公然と反抗する人もいる。もはや慣れ親しんできた快適な暖かさや黙従を見出せないと、裏切られた、と感じるのである。彼〔女〕らは、この共同体のすべての人は、自分の敵である、と感じ、復讐する。もしも、共同体が、彼〔女〕らの生き方に敵意を示せば（おそらくそうするだろう）、この敵意を自分だけがひどい目にあわせられたということの新たな証拠と見なす。これが罰がまったく役に立たないということの理由である。罰は「すべての人は私の敵である」という考えを確かめるだけである。しかし、甘やかされた子どもが、ストライキを続けたり反抗しても、あるいは、弱さや暴力によって支配しようとしても、実際には、世界についての同じ誤った見方に基づいて行為しているのである。二つの方法を別の時に試みる人も見ることがある。そのような人は「人生とは一番になること、もっとも重要であると認められること、ほしいものをすべて手に入れることを意味する」と感じている。そして、人生にこのような意味を与えている限りは、彼〔女〕らが採用するすべての方法は誤りである。

無視

誤りが容易になされる第三の状況は、無視された子どもの状況である。このような子どもは、愛と協力が何かを知らない。彼〔女〕は、これらの友好的な力を含まない人生の解釈を作り上げる。彼〔女〕が人生の課題に直面する時、それが困難なものであることをいかに過大評価し、他者の援助と善意を受けてそれに対処する自分自身の能力を過小評価するかは容易に理解できる。彼〔女〕は、社会が冷たく友好的ではないと見てきたし、これからもずっとそのようであると思うだろう。とりわけ、他者に有用なことをすることで、愛と尊敬を得ることができるということを理解しないだろう。そこで彼

〔女〕は他者を疑い、自分自身を信頼できないだろう。

利他的で無私な愛情に代わりうるいかなる経験もない。母親のもっとも重要な課題は、子どもに信頼できる「他者」を最初に経験させることである。母親は、後に、この信頼感を広げ、ついには、子どもの環境のすべてを含むまでにしなければならない。もしも、母親が、この最初の課題、つまり、子どもの関心、愛情、協力を得ることに失敗すれば、子どもが、共同体感覚、まわりの人と結びついているという感覚を発達させることは非常に困難になるだろう。誰もが他者に関心を持つ能力を持っている。しかし、この能力は訓練され、鍛えられなければならない。さもなければ、その発達は遅れるだろう。

もしも、無視され、憎まれる子ども、あるいは、望まれない子どもの極端なケースを調べることができれば、おそらく、彼〔女〕が協力ということがあるということを知らず、孤立し、他者と交わることができず、他者と生きていくことを援助するようなあらゆることをまったく知らないということをわれわれは見ることになるだろう。しかし、既に見たように、このような状況では、人は滅びるだろう。子どもがその幼児期を生き延びるという事実は、ある程度のケアと注意を与えられたということの証拠である。それゆえ、完全に無視された子どものケースというものはない。むしろ、われわれが関わるのは、普通より大事にされてこなかったり、ある点では無視されたが別の点ではそうではなかったような子どもたちである。要は、無視された子どもとは、信頼できる「他者」に会ったことがない子どもである。人生における多くの失敗が、孤児であったり、非嫡出の子どもであり、このような子どもを概して無視された子どもたちのカテゴリーに入れなければならないということは、われわれの文明についての悲しい評価である。

これらの三つの状況、つまり器官劣等性、甘やかし、無視は、人生の意味について誤った結論を引き出す大きな誘因になりうる。これらの状況を経験した子どもたちは、ほとんど常に課題へのアプローチの方法を変える時に援助が必要である。人生がどういうものであるかについて、よりよく理解する援助がされなければならない。もしも、われわれがこのようなことに目を向けていれば、それは、実際には、もしもわれわれが彼〔女〕らに真に関心があり、この方向に、自分自身を訓練するならばということだが、われわれは、彼〔女〕が行うすべてのことにおいて、彼〔女〕らが人生についてどんな意味づけをしているかがわかるだろう。

早期回想と夢

夢と回想〔を調べること〕が有用であることが明らかになるかもしれない。ライフスタイルは、夢の中でも覚醒時でも同じである。ただし、夢の中では、社会的な要求の圧力は強くはなく、安全装置と隠し場所がほとんどないので、個性が〔より〕明らかになる。しかし、自分自身と人生に与える意味を解き明かす際に、もっとも助けとなるのは記憶である。どんな記憶も、それがどれほど取るに足らないものに思えても、定義上、その人にとって何か記憶すべきものだからであり、それが記憶すべきであるのは、人が思い浮かべている人生に関係があるからである。それは彼〔女〕にいう。「これがあなたが期待しなければならないことだ」。あるいは「これがあなたが避けなければならないことだ」。あるいは「これが人生だ！」ということさえある。われわれは、またもや、経験それ自身は、この特定の経験が記憶の中で消えずに残り、人生に与えられた意味を結晶化するのに使われるという事実ほどには重要ではないことを強調しなければならない。すべての記憶は選ばれた合図である。

早期回想は、人がどれほど長い間、人生に対して特定のアプローチをしてきたかを示し、最初に人生への態度を公式化した状況を明らかにすることに特に有用である。すべての記憶の中でもっとも早い記憶は、次の二つの理由で重要である。まず、それは人が自分自身と状況について行う根本的な評価を要約している。状況について人が行う最初の要約である。そして、自分自身と自分になされる要求の多かれ少なかれ最初の完全な象徴である。第二に、それは、その人の主観的な出発点である。自分で書いてきた自叙伝の最初である。その結果、しばしば、その中に、人が自分の弱さ、あるいは、無能力と見なしている立場と、理想と見なしている力と安全についての目標の間の対照が見られる。心理学の目的のためには、人がもっとも早いものだと見なす記憶が、実際に思い出すことができる最初の記憶であるかどうかは重要ではない。実際にあった出来事かどうかさえ重要ではない。記憶は、それが意味していることのゆえに、人生についての解釈とそれの現在と未来への関係のゆえにだけ重要なのである。

早期回想のいくつかの例を見て、それらが示している「人生の意味」を見てみよう。「コーヒーポットがテーブルから落ちて、やけどをした」。これが人生だ！　自叙伝をこのように書き始めた少女が、無力感につきまとわれ、人生の危険と困難を誇張していることを見出しても驚いてはならない。彼女が心の中で彼女を十分世話をしなかったということで、他の人を責めたとしても驚くべきではない。小さな子どもをこのように危険に曝すほど誰かが非常に不注意だったのである。世界についての似たような見方は、別の早期回想にも描かれている。「三歳の時、乳母車から落ちたのを覚えている」。この早期回想と共に何度も見る夢があった。「世界が終わろうとしていた。夜中に目を覚ますと、空が火で真っ赤だった。星がすべて落ちてきて、私たちは別の惑星にぶつかろうとした。しかし、ぶつかる直前に目が覚めた」。この患者は、学生だが、何かが怖いのかとたずねられて、答えた。「私は人生で成功しないと思う」。彼の早期回想としばしば見る夢が、勇気くじきとして作用し、失敗と破局への怖れを強めているのは明らかである。

おねしょと、絶え間なく母親とぶつかるということで診療所につれてこられた十二歳の少年の早期回想は、次のようなものだった。「お母さんは僕がいなくなったと思って、僕の名前を呼んで通りに出て行って、ひどく心配した。ずっと僕は家の中の戸棚に隠れてたのだ」。この記憶において、次のような解釈を認めることができる。「人生の意味は、トラブルを起こして注目を得ることである。安全を確保する方法は、欺くことによってである。僕は無視されている。でも、他の人をばかにできる」。彼のおねしょは、自分を心配と注目の中心にとどめるための適切な方法だった。母親は心配し、彼のことで大騒ぎをすることで、彼の人生についての解釈を確証した。

先の例におけるように、この少年は、早くから、外の世界の人生は危険に満ちているという印象を持ち、他者が彼に代わって気遣ってくれる時にだけ、安全だと結論づけた。これが、他者は彼が必要な時に彼を守るためにそこにいる、と安心することができた唯一の方法だった。

三十五歳の女性の早期回想は次のようなものだった。「暗闇で階段のところにいたら、私よりも年上の男の子のいとこが、ドアを開き、私を追いかけてきました。彼がひどく怖かったです」。おそらく、この記憶から、彼女が他の子どもたちと遊ぶことに慣れていなかったこと、そして、異性と一緒にいる時に特に不安だったことがわかる。彼女が一人っ子であるという推測は正しいことがわかった。彼女は三十五歳になってもまだ結婚していなかった。

より発達した共同体感覚は、次の回想の中に見られる。「私は、母が私に赤ん坊の妹を乳母車に乗せて歩かせてくれたことを覚えています」。しかし、この例では、自分よりも弱い人となら安心できるという、そして、おそらくは、母親に依存していることの印も探せるかもしれない。弟、妹が生まれ、兄、姉が世話をすることで、協力し、新しく家族の一員になった子どもに関心を持ち、その子どもの幸福のために、責任を共有させることは常に最善のことである。もしも年上の子どもたちの協力を得ることができれば、赤ん坊に注目が向けられても、そのことで自分自身の重要性が減ったと考えて怒ることはないだろう。

人と一緒にいたいという気持ちは、いつも他者に真に関心があるというわけではない。ある少女は、早期回想をたずねられて答えた。「私は姉と二人の友達と遊んでいました」。ここでは、たしかに、社交的であろうと訓練している子どもを見ることができる。しかし、彼女が、もっとも怖れていることとして、次のようにいえば、新しい見方ができる。「一人にされるのが怖いのです」。それゆえ、自立心の欠如の印を見ることになる。

人が人生に与える意味を見出しそれを理解するとすぐにパーソナリティの全体についての鍵を持つことになる。人間の性格を変えることはできないといわれることがある。しかし、このように考えるのは、状況を理解する鍵を見つけたことがない人だけである。既に見たように、どんな議論も治療も、もともとの誤りを発見できなければ成功しない。そして、改善の唯一の可能性は、人生へのより協力的で勇気のあるアプローチを採るように人を訓練することにある。

協力を学ぶことの重要性

協力は、神経症的な傾向を発達させることに抵抗する唯一の安全装置である。それゆえ、子どもたちが協力するよう訓練を受けて勇気づけられ、同じ年の子どもたちの間で、共通の課題や共有されたゲームで自分自身の道を見出すことを許されるべきである。協力することを妨げることはどんなことも深刻な結果をもたらすだろう。例えば、甘やかされた子どもは、自分のことにだけ関心を持つことを学んできたので、一緒に学校で学ぶ他の子どもたちに関心を持たない。勉強には関心を持つけれども、教師からほめられると思っている限りにおいてである。自分に有利だと思うことだけを聞く。大人になっていくと共同体感覚が欠けていることはいよいよ明らかになる。人生の意味を最初に誤解した時、責任と自立に向けて自分を訓練することを止めてしまったのである。今では、どんな人生の試練にも困難にも準備ができていない。

子どもの最初の誤りのことで、大人を責めることはできない。われわれができるのは、子どもがその結果を経験し始めた時に、誤りを治療する援助だけである。われわれは、地理を教えられなかった子どもが地理の試験で高得点を取ることを期待しない。同様に、協力する訓練を受けたことがない子どもが協力を必要とする課題が前に置かれた時に、適切にそれに応じることを期待することはできない。しかし、人生の課題はすべてそれが解決されるためには、協力する能力を必要とするのである。あらゆる課題は、人間社会の枠組みの中で、人間の幸福を促進する仕方で克服されなければならない。人生の意味は貢献である、と理解する人だけが、勇気と成功の好機を持って、困難に対処することができる。

もしも、教師、親、心理学者が、人生に意味を与える時になされる誤りを理解すれば、そして、彼

〔女〕自身が同じ誤りをするのでなければ、共同体感覚を欠いている子どもたちも、ついには、自分には能力があり、人生には機会がある、と感じられるようになるだろう。〔そうすれば〕子どもたちは、問題に立ち向かう時、挑戦を止めることはないだろう。そこからの安易な抜け道を探し、逃げ出したり、あるいは他者の肩に重荷を負わせたりはしないだろう。特別の思いやりや共感を要求しないだろう。恥をかかされたと感じて復讐しようとはしないだろう。あるいは、「生きていて何になるのか。人生から何を得ることができるか」とたずねたりはしないだろう。むしろ、こういうだろう。「私たちは自分で人生を作っていかなければならない。それは、私たち自身の課題であり、それを行うことができる。私たちは自分自身の行動の主人である。何か新しいことがなされなければならない、あるいは、何か古いことの代わりを見つけなければならないのであれば、私たち自身にしかできない」。もしも、人生がこのような仕方で、即ち、自立した人間の協力としてアプローチされたら、人間の文明の進歩には限界はない。

第二章　心と身体

心と身体の相互作用

心が身体を支配するのか、あるいは、身体が心を支配するのかということが、常に議論されてきた。哲学者たちが議論に加わり、いろいろな立場を採った。自分たちを観念論者や唯物論者と呼び、無数の議論を提示した。問いは依然として異論が多く、解決には至っていない。おそらく、個人心理学は解決に向けて貢献できる。なぜなら、個人心理学においては、われわれが本当に関心を持っているのは、心と身体の生きた相互作用だからである。人が――その心と身体が――私たちのところに治療を受けにやってくる。私たちの治療が誤った前提に立っていれば、その人を援助できないだろう。それゆえ、われわれの理論は経験から育ってくるのでなければならず、その有効性が検証されなければならない。われわれは、この相互作用を扱っているのであり、正しい見方を見出すもっとも強い動機を持っている。

個人心理学の発見はこの問題から緊張の多くを取り除く。もはや、単純な「これか、あれか」という問題ではないのである。われわれは、心も身体も共に生命の表現である、と見ている。それらは、全体としての生命の部分である。われわれは、心と身体の相互関係をその全体の中で理解し始めている。人間の生命は動いている生物の生命であり、人間は身体が成長するだけでは十分ではないだろう。植物には根がある。一つの場所にとどまり、動くことができない。それゆえ、植物が、心、あるいは、少なくともわれわれが理解できるどんな意味であれ、心を持っていることが発見されたら大いに驚くべきであろう。たとえ、植物が結末を予測できても、その能力は植物には役に立たないだろう。植物が次のように考えることに、どんな利点があるだろう。「誰かがやってくる。すぐに、その人は、私を踏みつけるだろう。そうすれば、足の下でつぶされるだろう」。そのように予測できたとしても、植物はそこから立ち去ることはできないのである。

しかし、動くものはすべて、予見でき、どちらに動くか、その方向を決めることができる。これが、心、あるいは、魂を持っているという意味である。

「感覚をたしかに君は持っている。

さもなければ、動くことはない」

(『ハムレット』第三幕四場)

この予見し、動きを決める能力が、心の中心的な原理である。それがわかれば、心がいかに身体を支配しているかをすぐに理解できる。心は運動の目標を決めるのである。手当たり次第に、次々に運動を始めることは十分ではないだろう。運動には目標がなければならない。運動の目標を決めるのが心の働きなので、心は生命を支配する位置にある。同時に、身体も心に影響を与える。動かされなければならないのは身体だからである。心は、身体をその身体的な能力に一致し、その限界内で動かすことができるだけである。例えば、たとえ、心が身体を月まで動かすことを企てても、心が身体の制限を克服する技術を見つけることができなければ失敗する。

人間は、他のどの生き物よりも多く動く。手の複雑な動きに見ることができるように、より多くの仕方で動くだけではなく、運動によって環境を動かすことができる。それゆえ、予見は、人間の心において、非常に高度に発達していること、そして、人間が自分が置かれている場の全体を変えるという目的に適った追求の明らかな証拠を見せることを期待するかもしれない。

その上、すべての人間において、あらゆる部分的な目標に向かった部分的な動きの背後に、一つの包括的な動きを見つけることができる。われわれの追求はすべて、安心感、人生のすべての困難は克服され、われわれは、まわりのすべての状況との関係で、ついに、安全で勝利を収めて浮上してきたという感覚に向けられる。すべての運動と表現は、この目標を見据えて統合され、一体化されなければならない。そこで、最終的な理想の目的を達成するかのように発達することを強いられる。

身体についても同じである。身体も統一体であろうと努める。身体もまた、生殖細胞の中に先在する理想の目標に向かって発達するのである。例えば、もしも皮膚が破れたら、身体はそれ自体を再び全体であるように動き始める。しかし、身体だけでその可能性を発達させるのではない。心がその発達を助けることができる。運動と訓練の価値、一般に、衛生学の価値は十分証明されてきた。これらはすべて、身体のための、最終の目標に向かっての追求努力の際に、心によって与えられる援助である。

人生のまさに最初の日から最後の日まで、この成長と発達のパートナーシップは続く。身体と心は、一つの全体の分割できない部分として協力する。心はモーターに似ている。身体の中に発見できるすべての可能性を動かし、それが安全であらゆる困難を克服する援助をするのである。身体のあらゆる動き、あらゆる表現と兆候において、心の目的の刻印を見ることができる。人は動く。その動きには意味がある。人は、目、舌、顔の筋肉を動かす。顔は、表情、意味を持っている。そこに意味を与えるのは心である。今やわれわれは、心理学、心の科学が実際に扱っているものを見始める。心理学の目的は、個人のあらゆる表現の意味を探求し、その目標についての手がかりを見出し、それを他の人の目標と比べることである。

最終的な安全の目標を追求する時、心はいつもその目標を具体的にする必要性に直面する。即ち、どこに安全があるか、どのようにそれが得られるかを計算するという必要性である。もちろん、誤った方向に進むことはありうる。しかし一定の目標と選ばれた方向がなければ、そもそも運動はありえない。私が手を動かすのであれば、既に心の中に、運動の目的を持っていなければならない。心が選ぶ方向が、結局、破滅へ導くことがある。しかし、心が誤って、もっとも有利であると考えたから、選ばれたのである。すべての心理学的な誤りは、このように、運動の方向を選ぶ時の誤りである。安全の目標はすべての人に見られる。しかし、どこでそれを見つけるかという結論の点で誤る人がいる。誤った方向へと出発し、それゆえ、迷うのである。

表現や兆候を見ても、その背後にある意味を認識できなければ、それを理解する最善の方法は、まず第一に、それを輪郭だけにし、単なる動きへと還元するということである。例えば、盗むという行為を見てみよう。盗むということは、他の人から所有物を持ち去り、それを自分のものにすることである。さて、その運動の目標を吟味しよう。盗むことの目標は、富むことであり、より多く所有することでより安全であると感じることである。それゆえ、運動の出発点は、貧しくて恵まれていないという感覚である。次のステップは、人がどんな状況に置かれ、どんな条件において貧しいと感じているかを見つけることである。最後に、これらの状況を変える、貧しいという感覚を克服するために、正しい方向に向かっているかを見ることができる。正しい方向に向かって進んでいるだろうか、それとも、望むものを確保するための方法を誤ったのではないだろうか。われわれは、最終的な目標を批判する必要はないが、それを達成するためには間違った方法を選んだということを指摘できるかもしれない。

第一章で指摘したように、生まれてからの最初の四年か五年で、人は心の統一性を確立し、心と身体の関係を形作る。この時期の間に、受け継いだ性質と環境から受け取った印象を得て、それらを優越性の追求のために適応させる。五歳の終わりまでにパーソナリティは形作られる。人生に与える意味、追求する目標、課題へのアプローチの仕方、感情的な性質がすべて決定される。それらは後に変えることができるが、子ども時代に獲得した間違った方へと導く態度から、自らを自由にすることができる時だけである。それ以前のすべての考えと行いが人生の解釈と一致していたように、今やもしも誤った統覚を修正できるのなら、新しい考えと行いは新しい解釈と一致するだろう。

人が環境と接触しそこから印象を受けるのは、感覚を通じてである。それゆえ、人が身体を訓練する方法から、環境からどんな種類の印象を受け取ろうとしているのか、経験をどんなふうに利用しているのかを見ることができる。もしも、見たり聞いたりする仕方や、何が注目を引くのかに気づけば、その人について多くのことを学ぶことができる。姿勢が非常に重要なのはこういうわけである。それは、その人がどのように感覚を訓練したか、どのようにして印象を選ぶために感覚を使っているかを示している。すべての姿勢に意味がある。

今や心理学についてのわれわれの定義に付け加えることができる。心理学は、身体によって受け取られる感覚的な印象に対する態度を理解することである。われわれはまた、人間の心の間に、いかに大きな違いが生じてきたかを見始めることができる。環境に適応せず、その環境の要求を成就することが困難な身体は、通常、心によって重荷として経験されるだろう。そのため、器官劣等性を持って生まれてきた子どもたちは、精神の発達も遅い傾向がある。心のより大きな努力が必要とされる。彼〔女〕らの心が優越性の地位へと向かって身体に影響を与えて身体を動かしコントロールすることは、より困難である。より大きな心が必要であり、彼〔女〕らの精神的な集中は、同じ目的を得ようというのであれば、他の誰の集中よりも大きくなるに違いない。そこで、彼〔女〕らの心は過度の負担がかかり、彼〔女〕らは自己中心的で利己的になる。子どもが、いつも身体の障害や動くことが困難であることを気にかけていれば、自分自身の外側にあることに注意を向ける余裕がなくなる。他者に関心を持つ時間も自由も見出さなくなる。その結果、共同体感覚が少なく、協力する能力も少ないままに成長することになる。

器官劣等性は、多くの障害をもたらすが、この障害は、決して逃れられない運命ではない。もしも、心がそれ自体で積極的であり、障害を克服するために一生懸命働けば、障害を持たずに生まれた人と同じだけ成功して当然なのである。実際、器官劣等性のある子どもは、障害にもかかわらず、非常にしばしば、あらゆる利点と共に人生を始める子どもたちよりも多くのことをなしとげる。障害が、刺激になって、前に進むことを可能にする。例えば、少年は、視覚障害のために並外れたストレスをこうむるかもしれない。視力のいい他の同年齢の子どもよりも、見ることに集中する。目に見える世界により注意をする。そして、色と形を区別することにより関心を持つ。ついには、見える世界を、それを見るために目を緊張させない子どもたちよりも、理解するようになるのである。こうして、不完全な器官が大きな利点の源泉になりうる。しかし、これは、心がこのような不完全さを克服する方法を見出した時だけである。

画家や詩人である多くの人が視力が十分でないことは知られている。不完全さは、心をよく鍛えることで克服され、ついには、完全な視力を持った他の人よりも、目をよりよい目的のために用いることができるだろう。同じ種類の補償は、おそらくより容易に、左利きであることを認められなかった左利きの子どもたちに見られる。家では、あるいは、学校に入って最初の頃は、不完全な右手を使うよう訓練された。そこで、書いたり、描いたり、工作することはあまり得意ではなかった。心がこのような困難を克服できるのであれば、この不完全な右手が高い程度の技能を発達させることを期待できるかもしれない。これがまさに起こることである。多くの例では、左利きの子どもたちは、他の子どもたちよりも、筆跡は美しく絵を描く才能もあり工作にも秀でている。正しい技術と動機付け、訓練と練習によって、不利な点を利点に変えたのである。

全体に貢献したいと望み、関心が自分自身に向けられていない子どもだけが、欠点を補償することを学ぶことに成功する。もしも子どもが困難を取り除きたいとだけ願っていれば、ずっと遅れたままだろう。子どもたちは努力するために目標を心の中に抱く時にだけ、そして、この目標を達成することが、彼〔女〕らにとって行く手を遮る障害よりも重要であれば、勇気を維持することができる。

彼〔女〕らの関心と注意がどこに向けられるかが問題である。彼〔女〕らが自分自身の外のものへと向けて努力しているのであれば、それを達成するように、ごく自然に自分を訓練し力をつけるだろう。困難は成功へ向かう途上での超えられるべきハードルにすぎない、と見られるだろう。他方、彼〔女〕らの関心が、自分自身の限界を強調したり、あるいは、これらの限界とただそこから解放されるという目的のためだけに闘うことを強調することにあれば、本当に進歩することはないだろう。不器用な右手があまり不器用ではなくなればいいのに、とただ考えるだけだったり、さらには、不器用であることを免れない状況を避けていては、訓練しても器用な右手にはならない。不器用な手は、実際の活動の中で訓練することによってのみ巧みになる。そして、将来、よりよくなるという励みが、現在、不器用であることで勇気をくじかれている感覚よりも、強く感じられるのでなければならない。もしも子どもが、自分の力を結集し困難を克服するつもりならば、自分自身の外に運動の目標がなければならない。現実への関心、他者への関心、協力への関心に基づいた目標である。

遺伝的な資質とそれの使用のよい例が、私が遺伝的な腎臓障害に悩む家庭を調査した際に与えられた。このような家庭の多くの子どもたちは、遺尿症を病んでいた。実際に器官劣等性があった。それは、腎臓や膀胱、また二分脊椎の存在によって示されている。そして、しばしば、それに対応して、腰椎部が不完全であることが、その部分の皮膚の母斑や痣によって疑われた。しかし身体的な欠陥だけでは遺尿を完全に説明できない。子どもは、器官のなすがままなのではなく、自分の方法で器官を用いるのである。例えば、ある子どもたちは、夜には尿を漏らすが、昼間に尿を漏らすことはない。時には、この習慣は、環境が変わったり、あるいは、親の態度が変わった後、突然、消える。遺尿症は、子どもが自分の不完全さを誤った目的のために使うことを止めれば、克服されるのである。

しかし、大抵の夜尿症を病む子どもたちは、それを克服するのではなく、続ける刺激が与えられる。熟練した母親は、適切な訓練を与えることができるが、母親が熟練していなければ、この傾向は不必要に続く。しばしば、腎臓、あるいは、膀胱の障害に悩む家庭では、排尿に関係するあらゆることがあまりに強調される。母親たちは、そのような時に、遺尿症を止めさせようと、誤って過度に努力する。子どもが、この問題にどれほど価値が置かれているかに気づくと、おそらく、反抗するだろう。この種の教育に反対であることを主張する絶好の機会を子どもに提供することになる。親が与える治療に抵抗する子どもは、常にもっとも弱いところを突いて攻撃する方法を見出すだろう。

ドイツの非常によく知られた社会学者が、犯罪者の驚くほど多くの親の職業が裁判官、警官、あるいは刑務所の看守のように犯罪を抑止することにあることを発見した。教師の子どもたちは、しばしば、強情なまでに勉強ができない。私自身の経験も、このことを支持してきている。私は、また驚くべきほど多くの神経症の子どもたちが、医師の子どもであること、非行を犯した子どもの多くが、宗教の聖職者の子どもでもあることも見てきた。同様に、親があまりに排尿のことを強調する子どもたちも、遺尿症によって、自分自身の意志を持っているということを示す絶好の機会を持っているのである。

夜尿症はまた、夢がいかにわれわれが意図する行為にふさわしい感情をかき立てるために使われるかについての好例をわれわれに提供する。ベッドを濡らす子どもたちは、しばしば、ベッドから起き出し、トイレに行った夢を見る。このようにして、弁解してきたのである。ベッドを濡らすことは申し分なく正しいというわけである。夜尿はいくつかの目的に役立つ。注目を引くこと、他の人を仕えさせること、昼だけでなく、夜も注目させることである。時には、反感を買うために使われる。その習慣は宣戦布告なのである。どちらにせよ、夜尿症が、実際、創造的な表現であることは明らかである。子どもは、口の代わりに膀胱で話すのである。身体の弱さは、子どもに自分の考えを表現する方法を与えるだけである。

このようにして自分を表現する子どもたちは、いつも何らかの種類のストレスを被っている。一般的には、そのような子どもたちは、注目の中心にはいられなくなった甘やかされた子どもたちである。おそらく、きょうだいが生まれたので、母親を自分にだけ注目させることが難しいと思うのである。

そこで、夜尿症は、たとえ、不快な手段によってでも、母親とより親密に接触をしようとする試みを表している。結局、こういっているのだ。「私はあなたが思っているほど大人ではない。まだ世話されなければならない」と。

別の状況では、あるいは、別の器官劣等性においては、子どもたちは、この目的を達成するための他の方法を選んだであろう。例えば、母親と接触するために、音を使ったかもしれない。その場合は、一晩中、落ち着きがなく泣き続けたであろう。寝ている間に歩いたり、ベッドから落ちたり、喉が渇き、水をほしがる子どもたちがいる。これらの表現の心理学的な背景は同じである。どの症状を選ぶかは、一つには、子どもの身体の状態、一つには、環境にある。

このようなケースは、心が身体に及ぼす影響を非常に明らかに示している。おそらく、心は個々の身体症状の選択に影響を与えるだけではなく、全体の構造を支配し、影響を与えるのである。われわれはこの仮説を直接に証明するものは持っていない。そして、このような証明が確立されるかどうかを見ることは困難である。しかし、証拠は十分明らかであると思われる。もしも少年が臆病であれば、彼の臆病は、成長の全体に反映される。彼は身体的に何かをなしとげようとはしない。あるいは、むしろ、そうすることが自分の手に届くとは思わないだろう。その結果、筋肉を有効な仕方で鍛えることなど思いもつかないだろう。そして、普通は、筋肉の発達のための刺激になるであろう外からの印象をすべて無視するだろう。筋肉の訓練に関心を持つ別の子どもたちは、関心がブロックされている臆病な少年よりは、身体のフィットネスにおいてより進歩するだろう。

われわれは、このような観察から、身体の全体の形と発達は心によって影響され、心の誤りと欠点を反映する、と結論づけてしかるべきだろう。われわれは、しばしば、はっきりと、精神と感情の問題の最終結果であるような身体の状態を観察することができる。その場合、人は身体の困難に対して満足できる補償を見出していない。例えば、内分泌腺自体は、たしかに、四歳、あるいは、五歳までは影響されうる。腺の異常は、行為へ強制的に影響を与えることはないが、それは、絶え間なく、環境の全体、子どもがそこから印象を受け取ろうと努める方向、心の創造的な活動によって影響される。

感情の役割

文化は、人類がその環境において行ってきた変化に、われわれが与える名前である。われわれの文化は、人の心が身体に起こしたすべての動きの結果である。われわれの仕事は心によって啓発され、心は身体の発達を方向づけ援助する。最後には、われわれは、すべての人間の表現は、心の目的性に満たされていることを見出すだろう。しかし、心がその重要性を過大評価することは、決して望ましいことではない。困難を克服するつもりならば、身体の適性が必要である。それゆえ、心は、身体が病気、死、損害、事故、機能障害から守られる仕方で環境を支配することに従事する。こういうわけで、われわれは、喜びと苦痛を感じ、想像し、自分自身をよい状況と悪い状況に同一視させる能力を発達させてきたのである。

感情は、身体が特別の反応で状況に対処することを準備する。空想や共感は、予測の方法であるが、それ以上のものがある。それらは適切な情動をかき立て、それに反応して身体が活動する。このようにして、人の感情は、人が人生に与える意味と、その追求のために置く目標によって形作られる。大部分は、感情は身体を支配するけれども、身体に依存しない。常に主として、目標と結果として生じるライフスタイルに依存するだろう。

人のライフスタイルが行動を支配する唯一の要素ではないことは、明らかである。態度（ライフスタイル）は、さらなる援助がなければ、行為を引き起こすことはない。行為になるためには、感情によって強化されなければならないのである。個人心理学の見方において新しいことは、感情は決してライフスタイルと矛盾しないというわれわれの観察である。目標があるところでは、感情は目標を達成するために自らを適応させる。それゆえ、このことは、われわれを生理学や生物学の領域を超えさせる。感情の起源は化学理論では説明されないし、化学検査では予言されない。個人心理学においても、生理的な過程を前提にしなければならないが、われわれがより関心があるのは、心理的な目標である。例えば、われわれが関わっているのは、不安の交感神経や副交感神経への影響というより、不安の目的と目標である。

このアプローチでは、不安は性の抑圧から生じる、あるいは、悲惨な誕生時の経験であると解することはできない。このような説明は大きく的を外している。われわれは、母親に付き添われ、援助され、支えられることに慣れている子どもが不安を見せることは、それが何に由来するものであれ、母親をコントロールする非常に有効な手段であることを見出すかもしれないということを知っている。われわれは怒りの身体的な叙述にも満足しない。われわれの経験は、怒りが、人や状況を支配するための手段であるということを示してきた。われわれの身体的及び精神的な特徴のすべては遺伝されたものであることを当然と見ることができる一方で、われわれの注意は、一定の目標を達成しようと努める時に、この遺伝がどう使われるかに向けられなければならない。これが、唯一本当の心理学的なアプローチである、と思われる。

あらゆる人において、感情が、人が個人的な目標を達成するために必要な方向と程度にまで成長し、発達したことが見られる。人の不安、あるいは、勇気、また快活さ、あるいは、悲しみは、常にライフスタイルと一致してきた。それに比例した力と支配は、まさにわれわれの期待と一致してきた。悲しみによって優越性の目標を達成する人は陽気にはなれず、達成したものに満足できない。そのような人は、惨めな時にだけ幸福になれるのである。われわれはまた、感情が思いのままに現れることも消えることにも気づいている。広場恐怖症の患者は、家にいる時や、他の人を支配している時には、不安感を持たない。神経症患者は、支配者になれるほど自分が強いと感じられないあらゆる人生の側面を排除するのである。

感情はライフスタイルと同じほど固定している。例えば、臆病な人は、自分より弱い人には傲慢であったり、他の人に守られている時には勇気があるにもかかわらず、常に臆病である。彼〔女〕はドアに三重に鍵をかける。番犬や警報装置で身を守る。それでいながらなお、ライオンのように勇敢だといい張るのである。誰も彼〔女〕の不安の感情を証明することはできないが、性格の臆病さは身を守るためにかける手数によって十分示されている。

性と愛が同様の証言をする。性的な感情は、心に性的な目標を持った時に常に起こる。性的な目標に集中することによって、何とかして対立する趣味や相容れない関心を排除しようとする。そのようにして、適当な感情や機能を呼び覚ますことができる。インポテンツ、早漏、倒錯、不感症において表現されるように、これらの感情と機能が欠けている時は、適当ではない趣味や関心を排除したくないのは明らかである。このような異常は、常に誤った優越性の追求と誤ったライフスタイルによって引き起こされる。このようなケースにおいては、常に思いやりを与えるよりもパートナーから思いやりを期待する傾向、共同体感覚、勇気や楽観主義が欠如していることが見られる。

私の患者で、強い罪悪感から逃れられない人がいた。彼は第二子だった。父親も兄たちも正直であることを重んじた。七歳の時、学校の教師に、宿題を自分でした、といった。実際には、兄が彼のためにしたのだった。少年は三年間罪悪感を隠した。ついに彼は教師のところにいってひどい嘘をついた、と告白した。教師は、ただ笑っただけだった。次に、父親のところへ行って、涙ながらに、二度目の告白をした。今度は、教師の時よりも成功した。父親は、少年が真実を愛していることを誇りに思い、彼をほめ慰めたのである。しかし、父親が彼を許したにもかかわらず、少年は、落ち込み続けた。この少年はこのような取るに足らない不品行のために、激しく自分を責めることで、自分の正直さと実直さを証明することに関心があった、と結論づけないわけにはいかない。彼の家庭の高い道徳的な雰囲気が、正直さにおいて秀でるという刺激を彼に与えたのだった。彼は、学業や社交の点では、兄に劣っていると感じていた。そこで、優越性を人生の周辺部で達成しようと試みたのである。

彼は、後の人生で、別の形の自己批判で苦しんだ。マスターベーションをし、学校でカンニングをすっかり止めたわけではなかった。彼の罪悪感は試験前になると強くなった。彼のこの種の困難は次第にひどくなった。敏感な良心のゆえに、兄よりも重い荷物を負っていた。そこで、いつも兄がなしとげたことに太刀打ちできなかった時には、口実を準備した。大学を卒業した時、技術関係の仕事に就こうとした。しかし、強迫的な罪悪感が強くなり、一日中、神に自分を許すように祈って過ごした。そういうわけで、仕事をする時間はなくなった。

彼の精神的な状態は、精神病院に入るまで悪化した。そこで、治癒不可能と見なされた。しかし、やがて、よくなり退院したが、ぶりかえしたら再入院する許可をもらった。仕事を辞め、美術史の勉強を始めた。試験の日が近づいた。祝日に教会に行き、信者の前で跪いて叫んだ。「私はあらゆる人の中でもっとも罪深い」。このようにして、再び、彼の過敏な良心へ注意を引くことに成功した。

再び、病院で過ごした後、家に帰った。ある日、昼食をとるために、階下に裸で降りてきた。彼は頑丈な体格だったので、この点では、兄や他の人と張り合うことができた。

彼の罪悪感は、他の人よりも、自分を正直に見せるための手段だった。そして、これによって、優越性を達成しようとした。しかし、彼の闘いは、人生の有用でない面に向けられた。試験と就職を避けたことが、臆病と強い無能感の兆候を示している。彼の神経症のすべては、失敗することを怖れた活動をすべて故意に排除することだった。つまらない手段による同じ優越性の追求は、彼が教会で平伏したことと、食堂へセンセーショナルな仕方で入ってきたことで確かめられる。彼のライフスタイルはそのような行動を要求した。そして、彼が引き起こした感情は、彼の目的にとって、適切なものだった。

別の証拠が、おそらく、心の身体への影響をよりはっきりと示すだろう。なぜなら、それは、永続的というよりも、一時的な身体的な状態に結果するよく知られた現象に関わるからである。それは、あらゆる感情が、ある程度は、ある身体的な表現を見出すという事実である。人は、感情を何か目に見える形で、姿勢や態度に、また、顔や、手足の震えに示すだろう。同様の変化は、器官それ自体に見出すことができる。例えば、赤くなったり青ざめたり、血液の循環が影響を受けている。怒り、不安、悲しみ、その他の感情は、われわれの「臓器言語」に表現される。そして、各人の身体が、それ自体の言語を話すのである。

恐ろしい状況にいると震える人がいる。別の人は、身の毛がよだつ。心悸亢進する人もいる。さらには、汗をかいたり、あるいは、息が詰まり、しゃがれ声で話したり、しゃがんだり、身体が縮んだりする。時には、身体のバランスが影響を受けたり、食欲がなくなったり、吐いたりする。このような感情によって影響を受けるのが、膀胱の人もいれば、生殖器が影響を受ける人もいる。多くの子どもたちが、試験を受ける時に性的に刺激を受ける。犯罪者が、しばしば犯行に及んだ後、売春宿やガールフレンドのところへ行くということは、よく知られている。科学の領域においては、セックスと不安は同時に起こる、と主張する心理学者、両者はまったく関係がない、と主張する心理学者もいる。彼〔女〕らの視点は、個人的な経験に基づいた〔主観的な〕ものである。関連があると見る人もあれば、見ない人もいるわけである。

これらすべての反応は、異なった種類の人に属している。おそらく、調査すれば、このような反応は、ある程度は、遺伝的であることが明らかになるだろう。このような種類のある身体表現は、しばしば、家族全体としての弱さと特色についてのヒントをわれわれに与える。家族の他の成員が似たような身体的な反応を示すかもしれない。しかし、ここでもっとも興味深いことは、心が、感情を通じて、いかに身体条件の引き金として作用することができるかを見ることである。

感情とそれの身体的表現は、心がいかにそれが有利か不利かを解釈する状況において、活動、反応しているかをわれわれに教える。例えば、怒りを爆発させる人は、困難をできる限り速やかに克服したいと望む。そのような人は、最善の方法は、別の人を殴り攻撃することだと思ったのである。怒りは、今度は、器官に影響を与える。それは、器官を行為のために動かすか、あるいは、さらに緊張させる。怒ると胃が不調になるか、顔が赤くなる人がある。彼〔女〕らの循環は、頭痛が起こるほど変わる。概して、抑圧された怒り、あるいは、屈辱感が、偏頭痛の発作か、習慣的な怒りの背後に見られるだろう。三叉神経痛、あるいは、てんかんの発作を起こす人もいる。

感情がどんな仕方で身体に影響を与えるかは、決して完全に探求されてこなかった。十分に説明できないかもしれない。精神的な緊張は、意識的な神経系と自律神経系の両方に影響を及ぼす。緊張があるところでは、意識的な神経系において行為がある。テーブルを叩いたり、唇を噛んだり、あるいは、紙を引きちぎったりする。緊張していれば、何らかの仕方で動かないわけにいかないように思える。鉛筆や爪を噛んだりすることは緊張のはけ口を与える。これらの動きは、ある状況によって脅かされていると感じていることを示している。知らない人の中にいる時に、顔を赤らめようと、震え始めようと、チックを見せようと同じである。それらはすべて不安と緊張によって引き起こされるのである。緊張は、自律神経系によって身体全体に伝えられる。このようにして、身体全体があらゆる感情で緊張する。しかし、この緊張の現れは、これらの例のように、いつも明瞭であるわけではない。われわれはここで、神経の緊張との結びつきがはっきりと明白である身体症状だけに言及している。

もっと深く探求すれば、身体のあらゆる部分が感情表現に関わっており、身体表現は、心と身体の相互作用であることの結果であることを見出すだろう。このような心の身体への、身体の心への相互作用を探すことがいつも重要である。なぜなら、それらは、われわれが関わる全体の二つの部分だからである。

このような証拠から、人のライフスタイルとそれに対応する感情的な性質が、絶え間ない影響を身体の発達に影響を及ぼす、と結論づけることは理にかなっているだろう。もしも子どもの性格とライフスタイルが人生の非常に早くに形成されるというのが本当であれば、われわれが十分経験を積んでいれば、後の人生において結果として起こる身体表現を発見することができるはずである。勇気のある人は、体格のうちに精神的な態度の影響を示すだろう。身体の作りは違ったものになり、筋肉の張りは堅固なものになり、姿勢はより真っ直ぐになるだろう。おそらく姿勢は身体の発達にかなりの影響を持ち、筋肉がより張っていることの部分的な説明になるかもしれない。勇気のある人においては、顔の表情も違い、ついには、顔立ちの全体が影響を受ける。頭蓋骨の形すら影響を受けるかもしれない。

今日、心が脳の働きに影響を与えることができることを否定することは困難だろう。病理学は、脳の左半球の障害によって、読んだり書いたりする能力を失った人が、脳の別の部分がこの機能を引き継ぐように訓練することで、読み書きの能力を取り戻したケースを示してきた。これは、人が卒中の発作を起こし、脳の損傷を受けた箇所を修復する可能性がまったくない時にしばしば起こる。脳の他の部分が補償するのであり、そのようにして器官の機能を回復するのである。この事実は、個人心理学を教育に適用することが可能であることを証明する手助けになるという意味で、特に重要である。もしも心が脳にこのような影響を及ぼすことができるのであれば、もしも脳が心の道具——それのもっとも重要な道具だが、それにもかかわらず、道具でしかない——にすぎないのであれば、われわれは、この道具を発達させ、改善する方法を見出すことができる。誰も生涯を通じて、脳の限界から逃れられずにそれに縛られる必要はない。脳を訓練し、それを人生により適応したものにする方法が見出されるかもしれない。

目標を誤った方向に固定した心、例えば、協力する能力を発達させていない心は、脳の発達に有用な影響を及ぼすことに失敗するだろう。このため、われわれは、協力する能力を欠いている多くの子どもたちが、後の人生で、十分、知性や理解する能力を発達させなかったことを見る。大人のふるまいの全体は四歳か五歳までに身につけたライフスタイルの影響を明らかにし、世界と人生に与える意味についての見方の結果は誰の目にも明らかなので、協力を妨げていることが何であるかを見つけ、失敗を正す援助をすることができる。われわれは、個人心理学において、既に、この科学への最初のステップを確立した。

性格特性と身体のタイプ

多くの著者が、心の表現と身体の表現の間に絶え間ない関係があることを指摘してきた。誰も両者の間の橋、あるいは、因果的な関係を見出すことを試みていないように思える。例えば、クレッチマーは、人の身体的な特性を研究して、われわれがいかにそれに対応する精神的、情動的な特性を見出すことができるかを叙述した。彼は、このようにして、人の大部分をタイプに区別することができる。例えば、鼻が小さく、肥満傾向のある肥満型、丸い顔の人がいる。これはシェークスピアのジュリアス・シーザーが語っている人である。

「太った人を連れてこい。
　頭につやがあって、夜の眠りのような」
（『ジュリアス・シーザー』第一幕二場）

クレッチマーは、特定の精神特性をこのような体型と関連づけるが、彼の著作は、このような相互関係があることの理由を明らかにはしていない。われわれの社会においては、この体型の人が身体的に不利があるとは見えない。彼〔女〕らの体型は、われわれの社会に適応しているのである。身体的には、彼〔女〕らは他の人と同等だと感じている。緊張しておらず、闘いたいと思うなら、闘えると感じるだろう。しかし、彼〔女〕らは他の人を敵と見たり、人生と、それが敵対的であるかのように闘う必要はない。心理学の一つの学派は、彼〔女〕らを外交的と呼ぶだろうが、それを説明しないだろう。われわれが彼〔女〕らが外向的であると推定するのは、身体のことでは悩んでいないからである。クレッチマーが区別する対照的なタイプは、分裂質である。彼〔女〕らは、無邪気に見えるか、並外れて背が高く、鼻が高く、頭は卵の形をしている。分裂病質は控えめで内向的である、とクレッチマーは考えている。彼〔女〕らが精神障害を病めば、統合失調症になる。彼〔女〕らは、シーザーがいう次のタイプである。

「あそこにいるカッシウスは痩せて、空腹そうだ。
彼は考えすぎだ。あのような人は危険だ」
（『ジュリアス・シーザー』第一幕二場）

おそらく、これらの人は、身体的な欠陥を持っており、より自己中心的で、悲観的、「内向的」に育った。おそらく援助をより多く求め、十分な注目を与えられないことがわかった時には、苦しくなり疑い深くなった。しかし、われわれは、クレッチマーが認めるように、多くの混合型を見る。クレッチマーが分裂病質にあるとした精神的な特性を持って成長した肥満型すら見る。このことは、もしも彼〔女〕らの状況が彼〔女〕らをこの方向に、つまり、彼〔女〕らを臆病で勇気をくじかれるように訓練づけたのであれば、理解できるだろう。おそらく、われわれは、体系的に勇気をくじくことで、どんな子どもも分裂質のようにふるまう子どもにすることができるだろう。

長い経験があれば、人の部分的な表現のすべてから、人の協力する能力の程度を認識することができるだろう。〔しかし〕それを知らなくても、人はこのような兆候をいつも探している。われわれは絶えず協力する必要に迫られている。そして、科学的ではないが直感的に、この混沌とした人生において、いかにわれわれ自身を方向づけるかを示すヒントが既に見出された。同様に、われわれは、歴史のすべての大変動の前に、人の心が既に変化の必要を認識し、それを達成しようと努めていたことを見ることができる。追求が純粋に直感的なものである限り、容易に誤りがなされる。人は常に顕著な身体特性を持った人を嫌い、傷や醜さを持った人を避けてきた。そのことを知らずに、このような人たちを協力にはあまり適していないと判断していた。これは大きな誤りだったが、彼〔女〕らの判断はおそらく経験に基づいていたのだろう。このような特性で苦しむ人が協力の程度を増やす方法はまだ見出されていなかった。彼〔女〕らのハンディキャップは、それゆえ、過度に強調され、通俗的な迷信の犠牲者になったのである。

われわれの立場を要約しよう。子どもは生まれて最初の四年、五年に、精神的な努力を統一し、身体と心の間の根本的な関係を確立する。固定したライフスタイルと、それに伴って感覚と身体の習慣と特性が形成される。それは、大なり小なり特定の程度の協力を組み込む。われわれが人を評価し理解するのは、この協力の程度からである。例えば、あらゆる誤りに共通するのは、協力する能力が劣っていることである。われわれは、今や、心理学に別の定義を与えることができる。協力が足りないことを理解することである。心は統一したものであり、人生への同じ態度がそれのあらゆる表現を通じて見られるので、人の感情と思考のすべては、ライフスタイルと一貫したものでなければならない。たとえ明らかに困難を引き起こし、人の幸福に反する感情を見ても、これらの感情を変えることを試みることから始めることはまったく無意味である。感情は人のライフスタイルの真の表現であり、ライフスタイルを変える時にだけ根絶されるからである。

ここで個人心理学は、われわれに教育と治療の展望へのヒントを与えてくれる。一つの兆候や誰かの人格における一つの側面だけを扱ってはならない。人がライフスタイル、即ち、心が自分の経験を解釈した方法、人が人生に与えた意味、身体と環境から受け取られた印象に反応した行動を選択した際に行った誤った仮定を見つけなければならない。これが心理学の本当の仕事である。子どもにどれくらい飛び上がるかを見るためにピンを刺したり、くすぐってどれほど笑うかを見るようなことは心理学とはいえない。このような試みは、現代心理学においてはよく見られ、実際、人の心理について何かを語るかもしれないが、それらが固定された個人的なライフスタイルについて証言する限りにおいてである。

ライフスタイルは、心理学の適切な主題であり、調査のためのデータである。どんなことであれ、それ以外の主題を扱う心理学者は、主として、生理学や生物学に関わっているのである。このことは、刺激と反応を調べる人、トラウマやショックを与える体験の影響の跡をたどろうとする人、遺伝された能力を吟味し、いかにそれが発達したかを観察する人に当てはまる。しかし、個人心理学においては、われわれは心それ自体、統一した心を考察するのである。われわれは、人が世界と自分自身に与える意味、目標、追求努力の方向、人生の課題に直面する方法を調べるのである。これまでのところでは、心理学的な相違を理解するためにわれわれが持っている最善の鍵は、協力する能力の程度である。

第三章　劣等コンプレックスと優越コンプレックス

劣等コンプレックス

「劣等コンプレックス」は、個人心理学者のもっとも重要な発見の一つであり、世界的に有名になった。科学の多くの異なった学派や領域が、この術語を採用し、それを実践の中で用いている。しかし、私は常に十分に理解されている、あるいは、正しい仕方で用いられているとはまったく確信していない。例えば、患者にあなたは劣等感で苦しんでいるということは決して役に立たない。そうすることは、患者の劣等感を、それをどう克服するかということを示さずにただ強めるだけだからである。われわれは患者のライフスタイルの中に表される無能感を認識し、そして勇気がくじかれたまさにその点で、勇気づけなければならない。

神経症者は皆、劣等コンプレックスを持っている。有用な生活ができないと感じる状況の種類と、努力や活動に課した制限によって明らかになる。患者の問題に名前をつけることは、何の役にも立たない。「あなたは劣等コンプレックスがありますね」といってみたところで、勇気づけることはできない。それは、ちょうど「あなたがどこが悪いかいうことができます。頭痛をお持ちなのです！」といってみたところで、頭痛のある人を助けることができないのと同じである。

多くの神経症者は、劣っていると感じているかとたずねられても、感じていない、と答えるだろう。「反対だ。私のまわりにいる人よりも優れている、と感じている」とすら答える人があるだろう。たずねる必要はない。人の行動を観察さえすればいいのである。そうすれば、自分が重要であることを再確認するために用いている欺瞞を明らかにする。例えば、傲慢な人を見れば、その人は、こんなふうに感じている、と推測できる。「他の人は私を見下しがちだ。私が重要な人であることを見せなければならない」。もしも話す時に身振りが大きければ、次のように感じていると推測できる。「私の言葉は強調しなければ、重みを持たない」

他の人よりも優れているかのようにふるまうあらゆるすべての人の背後に、隠すために特別の努力を要するような劣等感を疑うことができる。背が低い人が、自分を大きく見せるために、つま先で歩くかのようである。時には、まさにこの行動を、二人の子どもたちが背丈比べをしている時に見ることができる。自分の方が、背が低いのではないかと怖れている子どもは、身体を伸ばして身体を硬くし、実際よりも大きく見せようと試みるだろう。このような子どもに「背が低いと思っているの？」とたずねても、そのことを認めることはほとんど期待できないだろう。

それゆえ、強い劣等感を持った人が、従順で、静かで、控えめで、目立たない種類の人に見えることはない。劣等感は、無数の仕方で表現される。動物園に足を踏み入れた三人の子どもたちの逸話によって、このことを明らかにすることができる。ライオンの檻の前に立った時に、彼らの一人は、母親のスカートの後ろに隠れて「家に帰りたい」といった。二人目の子どもは、その場に立っていたが、顔は非常に青ざめ、震えていた。そして「少しも怖くなんかない」といった。三人目の子どもはきっとライオンをにらんで母親にたずねた。「唾を引っかけてもいい？」。この三人の子どもたちは、実際には、怖かったのだが、自分のやり方で、ライフスタイルに合致した仕方で、その感情を表現したのである。

われわれは皆、ある程度は、劣等感を持っている。向上したいと思う状況にいるからである。もしもわれわれが勇気を保っているのなら、この劣等感を唯一、直接的、現実的、そして満足のいく手段で、即ち状況を改善することで、自分から取り除くことを始めるだろう。劣等感を長く持ち続けることに我慢できる人は誰もいない。何らかの行動を要求する緊張状態の中へと投げ出されるだろう。しかし、勇気をくじかれ、現実的な努力をすれば状況を変えられると想像できない人を仮定してみよう。それでも、劣等感に耐えられないだろう。それでも、劣等感を取り除こうと努めるだろう。しかし、試みられる方法は、少しも彼〔女〕を前に進めない。彼〔女〕の目標は、依然として「困難に負けないこと」であるが、障害を克服する代わりに、優れていると〈感じる〉ように自分を説得し、さらには、強いることを試みるだろう。そうこうする間に劣等感は強くなる。なぜなら、劣等感を生み出す状況は何も変わってはいないからである。根本的な原因はそのままなのだから、彼〔女〕が踏むあらゆるステップはさらに自己欺瞞へと導き、すべての問題は、いよいよ、大きな緊急性を持って彼〔女〕にのしかかることになるだろう。

理解することなしに、彼〔女〕の行動を見れば、それには目的がないと思うだろう。状況を改善することを意図したものであるという印象をわれわれに与えない。しかし、他のすべての人と同じく、優越感を追求することに関わっているが、状況を変える希望を断念していることがわかればすぐに、彼〔女〕のすることはすべて、意味をなし始める。弱いと感じたら、強いと感じられる状況を創り出す。より強くなるように、より適切になるように、自分を訓練しない。その代わりに、自分で見たところでは、より強く〈見える〉ように、自分を訓練する。自分を欺く努力は、部分的にしか成功しないだろう。取りかかっている課題が手に負えないと感じたら、家庭で専制君主であることで自分の重要性を再確認することを試みるかもしれない。このようにして、どれだけ自分を欺いたとしても、彼〔女〕の本当の劣等感は残るだろう。それは、同じ元の状況によって喚起されたのと同じ劣等感であり、彼〔女〕の心理的な生活の永続的な底流になる。われわれは、このようなケースにおいて、真に劣等コンプレックスについて語ることができる。

今や、劣等コンプレックスのはっきりとした定義をする時である。劣等コンプレックスは、それに対して人がしかるべく適応していない、あるいは、準備できていない問題を前にした時に現れる。そして、それを解決できないという確信を強調する。この定義から、怒りが、涙やいい訳と同じくらい劣等コンプレックスの表現でありうるかがわかる。劣等コンプレックスは、常にストレスを創り出すので、常に優越コンプレックスへと向かう補償的な動きが出てくるだろう。しかし、それは問題の解決の方へは向けられない。優越性への動きは、このように、人生の有用でない面へと向かうだろう。本当の問題は棚上げされるか、排除される。人は自分の行為の領域を制限しようとし、成功に向けて努力するというよりは、失敗を回避する方により関わり、困難を前にして、ためらい、立ち尽くし、さらには、退却するという印象を与えるだろう。

このような態度は、広場恐怖症のケースにおいて、明らかに見られる。この症状は「私はあまり遠くまで行ってはいけない。なじみの状況に留まっていなければならない。人生は危険に満ちているので、それを避けなければならない」という確信の表現である。この態度が一貫して保たれる時、人は部屋にこもるか、あるいは、ベッドに入ってそこから出てこないだろう。

困難を前にした時の退却のもっとも徹底的な表現は、自殺である。ここでは、人生のあらゆる問題に直面して、人はあきらめ、事態を改善するためにできることは何もないという確信を表現する。自殺のケースにある優越性の追求は、自殺が、常に非難あるいは復讐であることがわかれば理解できる。自殺は、常にその死の責任を誰か別の人のドアのところに置く。あたかも、次のようにいっているかのようである。「私は世界中でもっとも傷つきやすい、感受性の強い人間だ。それなのに、あなたは私を最大の無慈悲を持って扱った」

すべての神経症者は、多かれ少なかれ、行動の領域を制限し、世界との接触を制限する。三つの現実的で、差し迫った人生の課題から距離を取り、支配できると感じられる状況に自分を制限する。このようにして、神経症者は、狭い部屋を作り、ドアを閉め、人生を風や日光、新鮮な空気から守られて過ごすのである。いばりちらして支配するか、あるいは、泣き言をいって支配するかは、受けた教育次第である。自分の目的のためにもっとも有効だと思った方法を選ぶだろう。時には、一つの方法に満足しなければ、別の方法を試みるだろう。どちらの場合も目標は同じである。即ち、状況を改善するために何もしないで優越感を得ることである。

例えば、勇気をくじかれ、泣くことで、もっとも自分の思うとおりのことができると思う子どもは、泣き虫になるだろう。泣き虫の子どもは、大人になれば、そのままうつ病者になる。涙と不平――私はそれを「水の力」と呼んできた――は、協力をかき乱し、他者を従属させるための極度に効果的な武器である。恥ずかしがったり、困惑したり、罪悪感で苦しむ人と同様、泣く人には一見して劣等コンプレックスがあるのがわかる。これらの人はすぐに自分の弱さと自分では何もできないことを認める。彼〔女〕らが隠したいことは、強迫的な優越性の目標、何を犠牲にしてでも一番でありたいという欲求である。他方、自分のことを誇る子どもは、一見、優越コンプレックスを持っているように見える。しかし、言葉よりも行動を調べれば、すぐに子どもが認めたくはない劣等感を発見することができる。

いわゆるエディプス・コンプレックスは、実際には、神経症者の「狭い部屋」の特別の例でしかない。もしも人が世界全般において愛の課題に対処することを怖れるならば、神経症を取り除くことに成功しないだろう。家族の枠より外へ出て行こうとしない時、性がこの限界の中で表現されることは、われわれを驚かさないだろう。安全ではないという感覚のために、非常に親密なわずかな人以外の人を見てこなかったのである。自分自身のサークルの中にいる人を支配することに慣れているので、他の人を支配できないかもしれないと怖れる。エディプス・コンプレックスの犠牲者は、母親に甘やかされた子どもたちである。そのような子どもたちは、あらゆる願望が法律であり、家庭の境界の外で自立した努力によって、好意と愛を得ることができるということを認識してこなかったのである。このような人は、大人になっても母親のエプロンの紐に結ばれたままである。愛において、彼らは対等のパートナーではなく召使いを探す。自分を支えてくれることをもっとも確信できる召使いは彼らの母親なのである。おそらく、どんな子どもにも、エディプス・コンプレックスを引き起こすことができる。そのために必要なのは、母親が子どもを甘やかせ、他者に関心を持つことを拒み、父親が比較的、無関心か、あるいは冷たくさえあればいいのである。

神経症のすべての兆候に動きの制限が見られる。どもる人の話には、ためらう態度を見ることができる。彼〔女〕の共同体感覚の残滓は、他者と結びつくことへと駆り立てるが、彼〔女〕の低い自己評価と試験に失敗することを怖れることが共同体感覚とぶつかるので、話をすることをためらうのである。学校で遅れている子どもたち、三十歳、あるいはそれ以上になってもまだ仕事に就いていない人、結婚の課題を回避してきた人、同じことを絶え間なく繰り返す強迫神経症者、昼間の仕事に直面することにはあまりに疲れ果てている不眠症者――このような人は皆、劣等コンプレックスを示し、それが人生の課題を解決する時に進歩することを妨げる。マスターベーション、早漏、インポテンツ、倒錯という特徴がある人は皆、異性に近づく時の無能感によって引き起こされた人生への誤ったアプローチを示している。それに伴う優越性追求の目標は「なぜそんなにできないと思うのか」と問うとわかる。答えは次のようになる。「人が達成があまりに高い成功目標を自分に課したからである」

われわれは、劣等感はそれ自体では異常ではない、といった。それは人類のあらゆる進歩の原因である。例えば、科学の進歩は、人が無知であることと、将来のために備えることが必要であることを意識している時にだけ可能である。それは人間の運命を改善し、宇宙についてもっと多くのことを知り、宇宙をよりよく制御しようとする努力の結果である。実際、私には、人間の文化のすべては劣等感に基づいていると思える。公平無私な観察者が、われわれの惑星を訪問することを想像すれば、きっと次のように結論づけるだろう。「あらゆる組織と制度、安全を求める努力、雨をしのぐ屋根、身体を温める服、通行を容易にする道を持ったこの人間は、明らかに、自分が地球上でもっとも弱い生き物であると感じている」。そして、ある点で、人間は実際に地球上でもっとも弱い生き物である。人間は、ライオンやゴリラの力を持っていない。そして、多くの動物が一人で生活の困難と直面するためには、われわれよりも適している。結びつくことで、弱さを補償している動物もある――群れをなして集まる――、しかし、人間は自然界の他のどこで見出すことができるよりも様々で根本的な協力が必要である。

人間の子どもはことのほか弱い。何年もの世話と保護が必要である。すべての人間はかつて生物の中でもっとも若く弱かったので、そして、人類は協力なしにはまったく環境のなすがままなので、協力の訓練をしてこなかった子どもが悲観主義と絶え間ない劣等コンプレックスへと駆られることは理解できる。人生が、もっとも協力的な人にも、絶え間なく問題を与え続けることも理解できる。誰も優越性の最終の目標に到達し、環境の完全な支配者であるという立場に自分を見出す人はいないのである。人生はあまりに短く、われわれの身体はあまりに弱く、人生の三つの課題は、常により豊かで十分な解決を要求する。暫定的な解決を常に見出すことができるが、われわれがなしとげたことに決して完全に満足できない。どんな場合も追求努力は続くだろう。しかし、協力的な人においては、その努力は共通の状況における現実的な進歩に向けられた、希望が持てる、有用なものである。

われわれが究極の目標に到達できないという事実について悩む人は誰もないだろう、と私は思う。一人の人、あるいは、人類の全体が、それ以上の困難がないような位置に到達してしまったと想像してみよう。このような状況においては、人生はきっとつまらないものになるだろう。あらゆることが、予見され、あらゆることが前もって計算されるのである。明日になっても予想もしなかったことが起こることはなく、未来に期待できるものは何もない。われわれの人生への関心は、もっぱらわれわれの不確実さからくるのである。もしもわれわれが皆、あらゆることについて確信しているのなら、知るべきことについて何もかも知っているのなら、さらなる議論も発見もない。科学は終わり、われわれのまわりの宇宙は二度話された物語にすぎなくなるだろう。われわれに目指すべき理想を与えてくれる芸術と宗教は、もはや何の意味もなくなるだろう。人生のチャレンジが無尽蔵であることは、われわれにとって幸運である。人間の追求努力は決して終わることはなく、常に新しい問題を見出すか、あるいは、創り出すことができ、協力と貢献のための新しい機会を創り出すことができる。

しかし、神経症者の発達はまさに最初のところで遮られる。彼〔女〕の人生の課題の解決は皮相のレベルに留まり、困難はそれに伴って大きなものである。普通の人は自分の問題に対して、ますます意味のある解決を考え出すだろう。新しい困難へと移り、新しい解決に到達することができる。このようにして、共同体に貢献できるようになるのである。後れを取って、仲間の足手まといになることはない。特別の思いやりを必要ともしなければ、要求もしない。その代わりに、課題を、自分自身の必要だけでなく、共同体感覚に一致して、勇気と自立心を持って解決し始める。

優越性の目標

優越性の目標は個人的であり、各人に独自である。それは人が人生に与える意味に依存する。この意味は、単に言葉の問題ではない。それはライフスタイルの中に現れ、自分自身で創作した奇妙なメロディーのように、ライフスタイルを貫いて存在する。はっきりと公式化できるような仕方では目標を表すことはない。むしろ、間接的に表す。そこで、われわれは、目標を人が与える手がかりから推測しなければならない。誰かのライフスタイルを理解することは、詩人の作品を理解することに似ている。詩人は言葉しか使わないが、意味は彼〔女〕が使う言葉以上のものである。彼〔女〕の意味の大部分は研究と直感によって導き出されなければならない。行間を読まなければならないということである。もっとも深く入り組んだ創造物、即ち、ライフスタイルも同じである。心理学者は行間を読むことを学ばなければならない。〔隠された〕人生の意味を了解する技術を学ばなければならない。

他にどんなふうにしてできるだろうか。われわれは、生まれてから最初の四年か五年のうちに、われわれにとって人生はどんな意味があるかを決定する。数学の計算によって決定するのではなく、暗闇の中を手探りで進み、完全には理解できない感情を経験し、説明のためのヒントを捕まえ、説明を探ることによって、決定するのである。同様に、われわれは手探りと推測によって、われわれの優越性の目標を決める。それは生涯にわたる刺激であり、動的な傾向であって、地図に書かれたり地理学的に決められた点ではない。自分自身の優越性の目標を十分に叙述できる程度にまで意識している人はいない。おそらく職業の目標なら知っているだろうが、それは人の追求努力のわずかな部分でしかない。たとえ目標がはっきりと決められたとしても、そこに向かって努力する方法は無数にある。例えば、ある人が医師になりたいとする。しかし、医師になるといっても、その意味は多様である。彼〔女〕は内科学や病理学の専門家になりたいだけでなく、その仕事において、自分自身と他者への独自の程度の関心を示すだろう。仲間の力になるためにどれほど訓練しているか、役に立つためにどんな制限を課しているかをわれわれは見るだろう。この職業を特別の劣等感の補償として目標にしたことも見るだろう。そして、この職業や他の場所での彼〔女〕の行動から、彼〔女〕が補償している特別の感情を推測できなければならない。

例えば、われわれは、しばしば医師が、子ども時代のかなり最初の頃に死の現実と向き合ったことを見る。死は、彼〔女〕らにもっとも大きな印象を与えた人間の不安の側面だった。おそらくきょうだい、あるいは、親が死に、後の発達は、自分のためにも他者のためにも、死に対してより揺るぎない気持ちでいられるための方法を見出すことへと向かった。別の人は、教師になることを具体的な目標にするかもしれない。しかし、教師といってもいろいろであることをわれわれはよく知っている。もしも教師が持っている共同体感覚の程度が低ければ、教師であることの彼〔女〕の優越性の目標は、自分より劣った人の間で支配することかもしれない。彼〔女〕は、自分よりも弱く経験の少ない人と一緒にいる時にだけ、安全であると感じるかもしれない。共同体感覚の程度の高い教師は生徒を対等と見なすだろう。本当に人類の幸福に貢献したいのである。ここでは教師の能力と関心がどれほど異なったものであり、彼〔女〕らの行動が、はっきりと個人的な目標を指しているということに言及するだけでいい。目標がはっきりと決まれば、人の能力はこの目標のために切り詰められ、限られなければならない。しかし、われわれが原型と呼ぶ全般的な目標は、常にこれらの限界を押したり引いたりして、どんな状況でも、人が人生に与える意味と優越性の追求の最終的な理想を表現する方法を見出すだろう。

それゆえ、どの人についても、表面の下を見なければならない。人は目標を具体的なものにする方法を変えるかもしれない。ちょうど具体的な目標の一つの表現である職業を変えるようにである。それでも、われわれは、根底にある首尾一貫性、人格の統一を探さなければならない。この統一は、その表現のすべてにおいて固定されている。もしも不規則な三角形を取って、それを異なった場所へ置けば、それぞれの場所がわれわれに異なった三角形を与えるように思えるだろう。しかし、よく見れば、やはり同じ三角形であることがわかる。原型も同じである。その内容はどんな行動の表現によっても十分に表現されないが、あらゆる表現において認識できるのである。われわれは、決して人にこんなことはいえない。「あなたの優越性の追求は、もしもこれやあれをすれば、十分に満たされるでしょう……」。優越性の追求は柔軟なものであり続ける。そして実際、人が健康と正常さに近ければ近いほど、一つの特定の方向で遮られても、より多くの追求のための新しい突破口を見つけることができる。自分の目標の具体的な表現について「これでなければ、他にはない」と思うのは、神経症者だけである。

どんな優越性の追求についても、あまりに性急な評価をすることがないように注意するべきだが、すべての目標に一つの共通した要素を見ることができる。神になろうとすることである。時には、子どもたちが自分をこんなふうに非常に率直にいうのを見ることがある。「私は神になりたい」。多くの哲学者が同じように考えてきた。子どもたちを神のようになるよう訓練し教えたい教師もいる。古い宗教の修行にも同じ目的が見られる。弟子たちは、神のようになるような仕方で、自分自身を教育しなければならない。この神に似るという概念は、より穏健な形では「超人」の考えに見られる。そして、ニーチェが、正気を失った時に、ストリンドベリに宛てた手紙の中に「磔にされた者」とサインしたことは、興味深い——私はこれ以上いうべきではないのだが——。

正気ではない人は、しばしば、〔神に似るという〕優越性の目標を非常に公然と表現し、「私はナポレオンだ」あるいは「私は中国の皇帝だ」という。彼〔女〕らは、世界中の注目の中心になり、絶え間なく衆人に見られ、全世界とラジオで接触し、あらゆる会話を盗み聞き、未来を予言し、超自然的な力を身につけたいのである。

おそらく、より謙虚で合理的な仕方では、同じ神に似るという目標は、あらゆることを知りたい、普遍的な知を所有したいという欲求、あるいは、生命を永続させたいという願いの中に表現される。この地上での生命を永続させたいと願ったり、何度も転生してこの地上に生まれ変わると想像することであったり、来世での不死を予見することであったりするが、どのようなものであれ、このような期待はすべて、神に似たいという欲求に基づいているのである。宗教の教えにおいては、不死なる存在、あらゆる時間と永遠を通じて生き残るのは神である。私はここでこのような考えが正しいか誤っているかについて議論しているのではない。それらは人生についての意味であり、われわれは皆、ある程度は、この意味――神と神に似ることにとらわれているのである。無神論者でさえ、神を征服したい、神よりも高くなりたい、と願う。われわれは、これを特に強い優越性の目標として見ることができる。

ひとたび優越性の目標が具体的なものにされると、ライフスタイルにおいて誤りがなされることはない。すべての行為はその目標と一貫したものだからである。人の習慣と行動は具体的な目標を得るために適切なものであり、あらゆる批判を超越している。あらゆる問題行動のある子ども、神経症者、アルコール依存者、犯罪者、性的倒錯者は、彼〔女〕が優越性の地位であると見なすものを達成するためにふさわしい行動をしている。彼〔女〕の行動をそれ自体として批判することは不可能である。それは、このような目標を追求するならば示すべきまさにその行為である。

ある学校の少年、彼はクラスで一番怠惰だったが、教師にたずねられた。「お前は学校の勉強の出来がどうしてそんなに悪いのだね」。少年は答えた。「もしも僕が学校で一番怠けものなら、先生は僕のために時間を割いてくれるだろう。でも、先生は、クラスの邪魔をしない、どんな仕事もきちんとする成績のいい生徒には注意しない」。彼の目的が、注目を引き、教師をコントロールすることである限り、そうするための最善の方法を見つけたのである。彼の怠惰を取り除こうとしても無駄だろう。怠惰は、彼の目標のために必要だったのである。この見方からすれば、彼はまったく正しかったのであり、行動を変えたとしたら、愚かということになる。

別の少年は、家では従順だったが、愚鈍に見えた。学校では遅れていて、家ではまったく機転が利かなかった。二歳年上の兄がいた。兄はライフスタイルがまったく違った。兄は賢くて活発だったが、生意気なのでいつももめごとを起こしていた。弟が、ある日、兄にこんなふうに話しているのが聞かれた。「お兄ちゃんが生意気なら、僕はばかになったほうがいい」。彼の見かけ上の愚かさは、ひとたびそれが彼〔女〕の目標――トラブルを避けること――を達成する方法であることがわかれば、知性の表現であると見えるかもしれない。愚かさのゆえに、彼に要求されることは、少なくてすんだのであり、誤っても、そのことで責められたりはしなかった。目標を与えられたら、ばかではないことが愚かだったであろう！

今日に至るまで、問題には、通常、症状を除去するという対処がなされてきた。個人心理学は、医学においても、教育においても、このアプローチにはまったく反対である。子どもが算数で遅れていれば、あるいは、学校の成績が悪ければ、われわれの注意をこれらの特別の点に集中し、この特別の表現において改善しようと試みることは無意味である。おそらく、彼〔女〕は、教師を困らせたい、あるいは、学校から追放されることで、学校から逃げたいとさえ思っている。一つの方法を使うことを妨げることができても、目標を達成するための新しい方法を見つけるだろう。

大人の神経症者もまさに同じである。例えば、偏頭痛を病んでいると仮定しよう。この頭痛は、彼〔女〕にとって有用であり、それがもっとも必要なまさにその時に現れるかもしれない。頭痛によって、人生の課題に直面することを回避できるのである。頭痛は、新しい人と会ったり、決断しなければならない時に起こるかもしれない。同時に、会社の同僚、妻〔夫〕や家族を専制君主として支配する助けになるかもしれない。このような試験済みの手段を彼〔女〕が放棄することを期待することができるだろうか。自分に与えている苦痛は、彼〔女〕の見方では、賢明な投資でしかない。望みうるすべてのことが返ってくるのである。無論、彼〔女〕にショックを与えるであろうような説明をすることで脅かして頭痛を追い出すことができるだろう。ちょうど、戦争神経症の兵士が、電気ショックや偽の手術によって驚かされて、症状を止めたようにである。おそらく、医療は、症状を除去し、自分が選んだ特定の症状を続けることを困難にするだろう。しかし、目標が同じである限り、一つの症状を断念しても、別の症状を見つけなければならない。頭痛「治療」されても、不眠症になるか、何か他の新しい症状を出すだろう。目標が同じである限りにおいて、それを追求し続けなければならないのである。

ある神経症者は、驚くべき速やかさで症状をなくし、一瞬の躊躇もなしに、新しい症状を身につけることができる。彼〔女〕らは、神経症の名人になり、絶え間なくレパートリーを広げる。心理療法の本を読むことは、彼〔女〕らにそれまで試す機会がなかったさらにもっとより神経的なトラブルを提案するだろう。われわれが常に探さなければならないことは、症状が採用される目的であり、この目的が優越性の全般的目標と一貫していることである。

例えば、私が教師ではしごを持ってこさせて、それに登って、黒板の上にすわったと仮定しよう。私を見る人は誰もがおそらく「アドラー先生は気が狂った」と思うだろう。彼〔女〕らは、そのはしごが何のためのものなのか、なぜ私がそれに昇ったのか、あるいは、なぜこんな不快な場所にすわっているのかわからない。しかし、もしも「彼が黒板の上にすわりたいのは、他の人よりも物理的に高いところにいなければ、劣っていると感じるからだ。クラスを見下ろすことができれば、安全だと感じる」ということを知っていれば、私がそんなに変だとは思わないだろう。私は、私の具体的な目標を達成するために、すばらしい方法を選んだであろう。その時、はしごは非常に賢明な道具であり、それに昇る私の努力は、よく計画されてなされたと見えるだろう。

一つの点においてだけ、私はおかしいのだ。つまり、私の優越性の解釈である。もしも私が具体的な目標の選択がよくないと確信できたら、私の行動を変えることができるだろう。しかし、目標が変わらず、私のはしごが取り去られたら、私は、今度は、椅子で同じことをするだろう。そして椅子が取り去られたら、飛び上がって〔壁に〕しがみつき力をふりしぼって昇っていこうとするだろう。あらゆる神経症者も同じである。手段の選択に関しては、何も間違っていない。それは批判を超越する。われわれが改善できるのは、具体的な目標である。目標を変えることで、神経症者の習慣と態度も変わるだろう。もはや古い習慣と態度を必要としない。そして、彼〔女〕の新しい目標に適した新しい習慣と態度がすぐに取って代わるだろう。

不安神経症で友達を作れない三十歳の女性の例を見てみよう。彼女は、自分で生計を立てることができなかった。そこで結果として依然家族の重荷だった。時折、速記者や秘書としてちょっとした仕事に就いたが、不幸にして、雇い主が、いつも彼女にいい寄ってきて脅かすので、仕事を辞めなければならなかった。しかし、ある時、雇い主が、彼女にあまり関心を持たない仕事を見つけた。彼女はそのことで恥をかかされたと思い、この仕事も辞めた。長年――八年だったと思う――心理療法を受けていたが、治療は、彼女を社交的にしたり、あるいは、生計を立てられる仕事に就かせることに成功しなかった。

私が彼女を診た時、私は子ども時代の最初の頃までライフスタイルを遡った。子ども〔時代のこと〕を学ぶことなしには、誰も大人を理解することはできない。彼女は末っ子で、非常にかわいらしく、信じられないほど甘やかされた。彼女の両親は、当時、非常に裕福で、何かしたいことがあれば、ただ、したいといえばよかった。私はこれを聞いた時、「王女様のように育てられたのですね」といった。

「おかしいのですよ」と彼女は答えた。「みんな私のことを王女様って呼んだのです……」。私は早期回想をたずねた。「四歳の時、家から出かけて行って、遊んでいる何人かの子どもに会ったのを覚えています。いつも彼らは飛び上がって、叫びました。『魔女がやってくる』。私は怖くなって家に戻ると、その時、私たちのところにいた年のいった女性に、本当に魔女はいるのか、とたずねた。その人は答えました。『ええ、魔女も泥棒も強盗もね。みんなあなたを追いかけてくるわ』」

このことから、彼女が一人にされることを怖れていたことがわかる。ライフスタイルの全体の中で恐怖を表現したのである。家を出るほど強くはない、と感じていた。そして、家にいる人が彼女を支え、あらゆる仕方で、彼女の世話をしなければならなかった。別の早期回想は次のようなものだった。「ピアノの先生がいました。男の人です。ある日、私にキスを迫りました。私はピアノを弾くのを止め、出て行って、母にいいました。その後は、私はもうピアノを弾きたくなくなりました」。ここでも、彼女が、自分と男性の間に、大きな距離を置くように自分を訓練したことがわかる。そして、彼女の性的な発達は、自分を愛から守るという目標と一致していた。彼女は愛することは弱さであると感じていた。

ここで、多くの人が、人を愛する自分は弱い、と感じているといわなければならない。彼〔女〕らは、ある程度までは正しい。もしもわれわれが人を愛するのなら、優しくならなければならない。そして、われわれの他者への関心は、われわれを傷つきやすくする。優越性の目標が、決して弱く、曝されてはならないというものである人だけが、愛の相互依存を避けるだろう。このような人は、愛を避け、愛への準備が十分できていない。誰かを好きになりそうだと感じたら、状況をあざわらうということがしばしば見られる。笑ったり、冗談をいったり、脅かされていると感じる人をからかったりする。このようにして、弱さの感覚を自分から取り除くのである。

この少女も、愛と結婚の関係において自分が弱い、と感じていた。その結果、男性が仕事をしている彼女の前に現れた時に、必要以上に強くそのことで心を動かされた。逃げ出す他にどうしていいかわからなかった。これらの問題に依然として直面していた間、両親は二人とも亡くなり、それとともに「王女の」宮廷もほとんど終わってしまった。しかし、何とかして、親戚たちをこさせて自分の世話をさせようとしたが、自分の立場にあまり満足できなかった。しばらくして親戚たちは彼女にうんざりして、彼女が必要だと感じた注目をしなくなった。彼女は親戚を叱り、家に一人で置かれることがいかに危険なことかを話した。このようにして、何もかも自分で好きなようにやらされるという悲劇をかろうじて止めたのである。

家族が彼女にかまうことをすっかり断念していたら、彼女は正気ではいられなくなっていただろう、と私は確信している。彼女が優越性の目標を達成する唯一の方法は、家族に彼女を支えることを強い、人生の課題のすべてに関わらないでいることを許すことだった。彼女は心の中に次のようなイメージを持ち続けた。「私はこの惑星に属していない。私が属しているのは、私が王女である別の惑星だ。この貧しい地球は、私を理解しないし、私が重要であることを認めない」。後一歩で狂気へと陥っていただろうが、彼女自身の若干の資産を持っていて、依然として、親戚や家族の友人に彼女の世話をするよう説得できる限りは、最終のステップは必要ではなかったのである。

劣等コンプレックスと優越コンプレックスの両方がはっきりと認められる別のケースがある。十六歳の少女が私のところへ連れてこられた。彼女は六、七歳の頃から盗みをしていて、十二歳からは少年たちと一緒にいて、家に帰らなかった。二歳の時、前の両親は、長い激しい争いの後、離婚した。

彼女は祖母の家で母親と暮らすことになったのだが、祖母は、よくあるように、彼女を甘やかし始めた。彼女は両親の間のもめごとが頂点に達した時に生まれ、母親は、彼女の誕生を歓迎しなかった。母親は娘を決して好きにはならず、かなりの緊張が二人の間にあった。

彼女が私のところに診察にきた時、私は彼女と友だちのように話をした。彼女は、私にいった。「私はものを盗んだり、男の子と出歩くことがあまり楽しいわけではない。でも、お母さんに、私をコントロールできないことを見せないといけないの」

「復讐しようとしているの?」。私は彼女にたずねた。彼女は答えた。「そうだと思う」。彼女は、自分が母親よりも強いことを証明したかったのである。しかし、彼女がこの目標を持ったのは、母親よりも弱いと感じたからだけだった。母親が自分を嫌いなのだと感じていて、劣等コンプレックスを持っていたのである。優越性を主張するために彼女が思いつくことができた唯一のことは、トラブルを引き起こすことだった。子どもたちが盗みを働いたり、他の非行をする時は、大抵、復讐のためである。

十五歳の少女が、八日間行方不明になった。発見された時、少年裁判所に連れてこられた。彼女は、そこで、男に誘拐されたという話をした。男が彼女を縛り、部屋の中に八日間監禁したというのである。誰も彼女がいうことを信じなかった。医師が、二人だけのところで彼女と話し、本当のことをいうように促した。彼女は、自分の話を信じてくれない、といって大いに怒り、医師の顔を平手打ちにした。彼女に会った時、私は彼女に何になりたいか、とたずね、彼女が幸福になることと、彼女を援助するために何ができるかということにしか関心がないことを示した。どんな夢を見るかたずねると、笑って次のような話をした。「私は酒場の中にいた。外に出ると、お母さんに会った。すぐにお父さんがやってきた。私はお母さんにお父さんが私を見つけないように、私を隠して、といった」

彼女は、父親を怖れ、父親と闘っていた。父親は彼女を罰していた。そして、彼女は罰せられるのが怖かったので、嘘をいうしかなかった。嘘をつくというケースには、探せば厳しい親が見つかるはずである。真実を語ることが危険であると感じられなければ、嘘をつく意味はないだろう。他方、この少女は、母親とは、ある程度は協力関係にあったことがわかる。そこで、彼女は、誰かが酒場に誘い、そこで八日間過ごした、と私に話してくれた。彼女は、父親のために告白するのが怖かった。しかし、同時に、彼女の行為は、父親に勝ちたいという欲求によって促されたのである。彼女は、父親に征服されている、と感じていた。父親を傷つけることによってだけ、父親よりも優れていると感じることができたのである。

優越性を求めるために誤った方向に進んだ人をどのように援助することができるだろうか。優越性の追求が誰にでもあるということを認めれば困難なことではない。その時、われわれは、彼〔女〕らの立場に身を置き、彼〔女〕らの闘いに共感できる。彼〔女〕らがなす唯一の誤りは、彼〔女〕らの追求が有用な目的には役立たないということである。すべての人を動機づけ、われわれがわれわれの文化へなすあらゆる貢献の源泉は、優越性の追求である。人間の生活の全体は、この活動の太い線に沿って、即ち、下から上へ、マイナスからプラスへ、敗北から勝利へと進行する。しかし、真に人生の課題に直面し、それを克服できる唯一の人は、その〔優越性の〕追求において、他のすべての人を豊かにするという傾向を見せる人、他の人も利するような仕方で前進する人である。

もしもわれわれが人に正しい仕方で近づけば、人を納得させることを困難とは思わないだろう。価値と成功についての人間のすべての判断は、結局、協力に基づいている。これは、人類の偉大で普遍的な自明の理である。われわれが行動、理想、目標、そして、性格に求めるすべてのことは、それらが人間が協力することに役立つかどうかということである。共同体感覚をまったく欠いている人はいない。神経症者と犯罪者もこの公然の秘密を知っている。彼〔女〕らがそれを知っていることは、自分のライフスタイルを正当化したり、あるいは、他の人に罪を着せるために苦労をすることからわかる。彼〔女〕らは、しかし、有用な仕方で行動する勇気をなくしてしまったのである。劣等コンプレックスが、彼〔女〕らにいう。「協力して成功することは、お前のためにはならない」。彼〔女〕らは、人生の本当の問題から逸れ、自分の力を再確認するためのシャドーボクシングをしているのである。

われわれ人間の分業においては、多様な具体的目標の余地がある。おそらく、既に見たように、あらゆる目標が、わずかであっても誤りを含んでいる。そして、常に何か批判する点を見つけることができるだろう。しかし、人間の協力は、多くの異なった種類の優秀さが必要である。ある子どもには、優越性は数学の知識にあり、他の子どもには、芸術、さらに別の子どもには、身体の強さにあると思えるだろう。消化機能が弱い子どもは、自分が直面している問題は、もっぱら栄養の問題だと思うようになるかもしれない。彼〔女〕の関心は食物へ向かうかもしれない。なぜなら、このようにして、状況をよりよくできると信じているからである。その結果、優秀な料理人になるか、栄養学の教授になるかもしれない。われわれが見ることができるこれらのあらゆる特別な目標において、困難を真に補償することも見られるが、可能性の排除、自分に限界を設ける訓練がされることも見られる。例えば、われわれは、哲学者が思索し本を書くためには、時々、社会から逃避しなければならないことを理解できる。しかし、それぞれの目標に含まれる不可避の誤りは、もしも高い程度の共同体感覚が優越性の追求に伴えば、決して大きなものにはならない。

第四章　早期回想

パーソナリティへの鍵

優越した立場に到達する努力は、人のパーソナリティ全体への鍵なので、精神的な発達のあらゆる点で見ることができる。この事実を認識することは、ライフスタイルの理解に役立つ。覚えておくべき二つの重要なポイントがある。一つは、われわれはどこからでも始めることができるということである。あらゆる表現がわれわれを同じ方向、即ち、一つの動機、一つのテーマへ導くだろう。パーソナリティはこれのまわりに築かれる。次に、素材の巨大な宝庫が、われわれに与えられているということである。すべての言葉、思考、感情、あるいは、ふるまいが、われわれの理解に役立つ。パーソナリティの一つの面や表現をあまりに性急に評価する際にわれわれが犯すかもしれないどんな誤りも、他の無数の面や表現を参照することで、吟味し修正することができる。一つの面の意味を十分に理解できるためには、それが全体の中で果たす役割を見ることができなければならない。しかし、すべての面は、同じことをいっているのであり、われわれを解決へと促すのである。

われわれは皆、土器や道具、建物の壊れた壁、パピルス紙の断片を見つける考古学者のようである。これらの断片から、滅びた都市の全体の生活を推測し始めるのである。しかし、われわれは、何か滅びたものを扱っているのではなく、人間の相互に関係づけられた諸側面、われわれの前にそれ自身の人生の解釈を不断に新しく見せる万華鏡を置くことができる生きたパーソナリティ相互に関連した面のすべてを扱っているのである。

人間を理解するのは容易ではない。個人心理学は、おそらくすべての心理学の中で、学び実践することが、もっとも困難である。われわれは、常にストーリーの全体を聞かなければならない。鍵が自明になるまでは懐疑的でなければならない。多くの小さなサインからヒントを集めなければならない。即ち、人が部屋に入ってくる時の仕方、われわれに挨拶をし、握手をする仕方、微笑み方、歩き方からである。一つの点で迷うかもしれない。しかし、われわれの印象を正したり、確かめたりするために、他の点を使うことができる。治療自体が、協力の訓練であり、協力の試験である。真に他者に関心がある時にだけ、治療には成功する。われわれは、他の人の眼で見て、他の人の耳で聞くことができなければならない。患者は、われわれの共同して理解することに貢献しなければならない。一緒に態度と困難を解決しなければならない。たとえ、患者を理解したと感じても、患者自身も理解するのでなければ、われわれが正しいという証拠を持つことにはならないだろう。機転の利かない真理は、決して全体の真理にはなりえない。それはわれわれの理解が十分ではないことを示している。

おそらくこの点を理解しないために、他の心理学派は、個人心理学では見られない要素である「否定的及び積極的転移」という概念を引き出したのだろう。甘やかされることに慣れている患者を甘やかせることは、患者に愛される安易な方法だが、支配したいという患者の欲求が隠れたところで明らかになるだろう。もしもわれわれが患者を軽んじたり、見下したりすれば、容易に患者の敵意を招くことになるかもしれない。治療を受けるのを止めるかもしれないし、続けるかもしれないが、自分を正当化し、われわれを後悔させることを期待してそうするかもしれない。患者を甘やかしても、軽んじても、援助することはできない。一人の人間として他者〔である患者〕への関心を見せなければならない。どんな関心も、この関心よりも真実あるいは客観的にはならないだろう。われわれは、患者の誤りを見つける時に、患者に協力しなければならない。それは、患者自身のためでもあり、他者の幸福のためでもある。この目的を考慮すれば、われわれは決して「転移」を生み出したり、権威者を装ったり、依存と無責任の立場へと患者を置くという危険を冒すことはないだろう。

すべての精神的な表現の中で、もっとも隠れたものを明らかにする表現は、回想である。回想は、自分自身の限界や出来事の意味をそれによって思い出させるものである。「偶然の回想」はない。人が受ける無数の印象から、どれほどぼんやりしていても、自分の問題と関係があると見なす回想だけを選び出すのである。これらの回想が「私の人生の物語」を表す。これは、人が温めたり慰めるために、過去の経験によって目標に集中させるために、あるいは、準備したり試行錯誤のアプローチで未来に対処するために、自分自身に繰り返す物語である。気分を安定させるために、回想を使うことは、日常の行動においてはっきりと見られる。もしも挫折し、それによって勇気をくじかれた時は、以前の挫折した時のことを思い出す。憂うつであれば、思い出すのは憂うつなことばかりである。元気で勇気に満ちていれば、まったく違った回想を選び出す。思い出される出来事は愉快なものであり、楽観主義をいよいよ強める。同様に、問題に直面していれば、それに立ち向かう態度を形作ることを助ける回想を呼び出すだろう。

このように、回想は、夢と同じ目的にかなう。多くの人は、何かを決めなければならない時、首尾よく通った試験の夢を見るだろう。決心をテストと見立てるのである。そして、以前に成功した時の気分を再び創り出す。人のライフスタイルの中での気分の変動に当てはまるものは、気分全般の構造とバランスにも当てはまる。うつ状態の人は、回想と成功のことを長々と考えれば、うつではいられないだろう。うつの人は自分にいう。「私はこれまでの人生ずっと不幸だった」。そして、不幸な運命の例と解釈できる出来事だけを選び出すのである。

早期回想とライフスタイル

回想はライフスタイルと対立することは決してない。優越性の目標が「他の人は私をいつも辱める」と感じることを要求すれば、屈辱だと解釈できる出来事を回想することを選ぶだろう。〔しかし〕ライフスタイルが変わるにつれて、回想も変わるだろう。別の出来事を思い出すかもしれないし、同じ回想を思い出しても、それに異なった解釈をするだろう。

早期回想は特に重要である。まず最初に、それは原初の、もっとも単純な表現でライフスタイルを示す。これらの早期回想から、子どもが甘やかされたか、無視されたか、どこまで他者と協力するために訓練されたか、誰と協力することを好んだか、どんな問題に直面したか、どのようにそれに対処したかが判断できる。視力が弱いので、しっかりと見ることを訓練した子どもの早期回想には、視覚的な性質の印象が見られる。そのような子どもの回想は次のように始まる。「私はあたりを見回した……」。あるいは、色や形が叙述される。身体に障害のあった子ども、歩いたり、走ったり、跳んだりしたかった子どもは、これらのことについての関心を、回想の中で示すだろう。子ども時代から回想される出来事は、人の主要な関心に非常に近いに違いない。この主要な関心を知れば、その人の目標と個人的なライフスタイルを知ることになる。職業の指導において、早期回想が重要になるのは、この事実である。そこにはさらに、子どもの母親、父親、他の家族の成員との関係を見ることができる。回想が正確かどうかはそれほど重要ではない。回想で重要なのは、それがその人の判断を表しているという事実である。「子どもの時ですら私はこのようだった」あるいは「子どもの時でも私は世界をこのように見ていた」という判断である。

すべての中でもっとも明らかにするのは、物語、思い出せる最初の回想をどのように話し始めるかである。最初の回想は、人の人生についての根本的な見方、態度の最初の満足のいく表現を示すだろう。それは、人が発達の出発点として何を取ったかを一目で見ることを可能にする。私は、早期回想をたずねないで人について調べることはないだろう。

時には答えない人がいる。あるいは、どの出来事が先にきたのかわからない、という人がいる。しかし、このこと自体が明らかにしていることがある。そのような人は、人生の根本哲学について議論したくないということ、協力する準備ができていないことがわかるのである。しかし、概して、早期回想について人は議論しようとする。早期回想は、ただの事実であると見なし、それに隠されている意味を認識しないからである。早期回想を理解する人はほとんど誰もいない。それゆえ、大抵の人は、早期回想を通じて、人生における目的、他者との関係、まわりの世界についての見方を、完全に中立的で自然な仕方で、告白することができるのである。早期回想における別の興味深い点は、圧縮され単純なので、早期回想を集団の調査のために使えるということである。学校の教室で早期回想を書くように頼むことができる。解釈の仕方を知っていれば、それぞれの子どもについて、非常に有用な像を持つことができる。

早期回想の分析

例証のために、早期回想のいくつかの例をあげ、その解釈を試みよう。私は、人が話す回想以外にはその人について何も知らない。子どもか大人かということも知らない。早期回想に見る意味は、パーソナリティの他の表現と照らし合わせなければならないが、回想をそのままで受け取り、残りのことを推測する能力を鋭くすることで、われわれの技術を訓練することができる。その時、何が正しいかがわかり、一つの回想を別の回想と比べることができる。とりわけ、人が協力に向けて動いているのか、あるいは、そこから離れていこうとしているのか、また大胆か臆病か、支えられ見守られたいか、あるいは、自信があり自立することを欲するか、与える用意ができているか、ただ受け取りたいと思っているかがわかる。

1「私の妹が……」

まわりの世界の誰が早期回想に登場するかに気づくことが重要である。妹が登場すれば、その人が妹に影響を受けたことを確信できる。妹は、他の子どもの成長に影を落とすことになったのである。概して、二人のきょうだいの間には、競争をしているようにライバル関係が見られる。このことはさらなる困難をもたらすことになる。子どもが競争関係に関わっていれば、友好的に協力している時ほどには、他者への関心を事実上広げることはできない。しかし、結論に飛びついてはいけない。ひょっとしたら、二人の子どもたちは仲がいいかもしれないのである。

「妹と私は家族の中で一番年が下でしたから、私は妹が学校に行けるようになるまで学校に行くことを許されませんでした」

ライバル関係がはっきりとする。「妹が私の邪魔をした！　妹は私よりも年下だったが、私は彼女を待つことを強いられた。妹は私の機会を制限した！」。もしもこれがまさに回想の意味であれば、この少女あるいは少年が次のように感じることが予想できる。「誰かが私を制限し、私が自由に成長することを妨げる時が、私の人生における最大の危機である」。〔早期回想を〕書いている人は、おそらく少女である。少年が妹が学校に行けるようになるまで待たされることは、あまりありそうにないと思われる。

「したがって、私たちは同じ日に始めました」

これは、彼女の立場にある少女にとって、最善の育て方と私たちは見なさないだろう。年長なので、後に残らなければならないという印象を与えるかもしれない。いずれにしても、他ならぬこの少女はこの意味で解釈したことがわかる。妹がひいきにされ、自分は無視された、と感じている。このように無視されたことで誰かを責めるだろう。その誰かとはおそらく母親だろう。父親の方を好み、父親に気に入られようとしても、驚くべきではない。

「私たちが初めて学校に行った日に、母がどんなに寂しかったかと皆に話したことをはっきりと覚えています。母はいいました。『あの午後、私は何度も門のところへ行って、娘たちを探した。もう二度と戻ってこないのではないか、と思った』」

これは、母親についての叙述である。母親があまり知的な仕方でふるまっていないことが示されている。これはこの少女による母親の描写である。「もう二度と戻ってこないのではないか、と思った」。母親は、明らかに、非常に愛情深い人だったのである。しかし、同時に、心配性で緊張する人だった。この少女と話すことができれば、母親が妹の方を好んだことについてもっと話すだろう。このようなひいきはわれわれを驚かせないだろう。なぜなら、末っ子はほとんどいつも甘やかされるからである。私はこの回想から、二人の姉妹のうちの姉は、妹との競争関係によって妨げられたと感じた、と結論づけるだろう。後の人生で、嫉妬と競争を怖れる兆候を見出すことが予想できるだろう。自分よりも若い女性を嫌うことを見ることになっても驚かないだろう。生涯を通じてずっと、自分はあまりに年をとりすぎている、と感じる人がいる。そして、多くの嫉妬深い女性は、自分より若い女性に劣っている、と感じている。

2「私の早期回想は、祖父の葬式です。私は三歳でした」

これは少女が書いている。死が彼女に強い影響を与えた。これは何を意味するだろう。彼女は、死を人生における最大の不安、最大の危険と見たのである。子ども時代の彼女に起こった出来事から、彼女は「祖父も死ぬ」と推論した。おそらく、彼女が祖父のお気に入りであり、祖父が彼女を甘やかしたということを見ることになるだろう。祖父母は、大抵いつも、孫を甘やかす。祖父母には両親ほど責任はなく、しばしば子どもたちを自分たちに愛着させ、今でも愛情を得ることができることを見せたいのである。われわれの文化においては、老人は自分の価値を確信することが容易ではない。そこで、時に、このことを安直な手段、例えば、不平をいうことで確信しようとする。ここで、祖父が少女を赤ん坊の時に甘やかしたということ、祖父が甘やかせたので、彼女の回想の中に深くとどまることになった、と考えてみたくなる。祖父の死は、彼女にとっては、大きな痛手だった。召使いとその協力者がいなくなったのである。

「棺桶の中の祖父を見たことをはっきりと覚えています。静かに白い顔をして横たわっていました」

私は、三歳の子どもに死者を見せることがいい考えであるとは確信できない。あらかじめ〔死に対して〕準備がされていなければなおさらである。多くの子どもたちが、死んだ人を見て強い印象を受け忘れることができなかった、と私に話してくれた。この少女も忘れていなかった。このような子どもたちは、死の怖れを少なくするか、あるいは、克服しようと努める。しばしば、彼〔女〕らの野心は、医師になることである。医師は、他の人よりも死と闘うことに訓練されている、と感じるのである。医師が早期回想をたずねられたら、それには、しばしば死についての何らかの回想を含んでいるだろう。「静かに白い顔をして横たわっていました」──これは何か見られたものの回想である。おそらく、この少女は、世界を見ることに関心がある視覚タイプである。

「それからお葬式で、棺桶が下ろされた時、私はざらざらした箱の下から引っ張り出された紐を思い出します」

また彼女は見たものを話している。このことから彼女が視覚タイプであることを確かめることができる。

「この経験は、親戚、友人、あるいは知人で、あの世へと行った人のことが話される時は、いつも怖いという感覚を残したように思います」

またもや、死が彼女に与えた強い印象を見ることができる。彼女に話しかける機会があれば、私はたずねるだろう。「大人になったら何になりたい？」と。おそらく、「医師」という答えが返ってくるだろう。もしも答えなかったり、答えることを避けたりすれば、私は提案するだろう。「医師か看護師になりたくない？」。彼女が「あの世」に言及する時、死の怖れを克服する補償の一つのタイプを見ることができる。全体としての彼女の回想から学んだことは、祖父は彼女に対して優しかったこと、そして、死が、彼女の心の中では大きな役割を演じているということである。彼女が人生から引き出した意味は「われわれは皆死なければならない」というものである。これは無論本当だが、誰もがこのことにとらわれているわけではないのである。心を占めることができる関心は他にもある。

3「三歳の時、父が……」

最初から、父親が、突然現れる。この少女は、母親よりも父親に関心があった、と仮定できる。父親への関心は、常に、成長の第二段階である。子どもは、最初は、母親により関心がある。なぜなら、最初の一、二年は、母親との協力は非常に緊密だからである。子どもは、母親を必要とし、母親に結びつけられる。子どもの心の追求はすべて母親と結びついている。もしも子どもが父親に向かえば、母親は負けたのである。子どもは、自分の状況に満足していない。これは、一般に、弟か妹が誕生したことの結果である。この回想の中に、弟か妹の話が出てきたら、われわれの推測は確かめられるだろう。

「父が私たちに二頭のポニーを買ってくれました」

子どもが一人ではないことがわかる。もう一人のことが出てくるか興味がある。

「端綱で家に連れてきました。三歳年上の姉は……」

われわれの解釈を変えなければならない。われわれは、この少女が姉だと予想していたのだが、妹であることがわかった。おそらく姉は母親のお気に入りだったのである。これが、少女が父親と二頭のポニーのプレゼントに言及した理由である。

「姉は、一方のロープを手にとって、誇らしげに通りをポニーを連れて歩きました」。ここは姉の勝利がある。「私のポニーはもう一頭のポニーを急いで追いかけて行き、私には追いつけないほど速く歩きました」――これは姉がリードしたことの結果である――「そして、私を引っ張ったので、私は泥の中に転んでしまいました。輝かしいものになると期待していた経験が惨めな結末になりました」。姉が勝利し、点数を稼いだのである。この少女がいっているのは、次のような意味であることを確信できる。「注意しなければ、姉がいつも勝つだろう。私はいつも負けている。私はいつも泥の中にいる。安全になる唯一の方法は、一番になることだ」。また、姉が勝利し、母親についたことも理解できる。これが妹が父親の方に向かったことの理由である。

「私が後に姉よりも上手に馬に乗れるようになったことは、この時の失望を少しも和らげませんでした」。われわれの仮定はすべて確かめられた。二人の姉妹の間で行われた競争を見ることができる。妹は感じた。「私はいつも後れを取っている。追い越さなければならない。他の人を追い抜かなければならない」。これは、私が以前に叙述したタイプであり、第二子や末子に非常によく見られる。このような子どもたちは、いつも兄か姉をペースメーカーとして持っており、いつも追いつこうと努めている。この少女の回想は、彼女の態度を強化する。それは彼女にこういっているのである。「もしも誰かが私より前にいれば、私は危険に曝される。いつも先頭でなければならない」

4「私の早期回想は、姉にパーティや他の社交的な行事に連れて行かれたというものです。姉は、私が生まれた時、十八歳でした」

この少女は、社会の一員として自分を思い出している。おそらく、この回想には、他の人よりも高い程度の協力が見つかるだろう。十八歳年上の姉は、彼女にとっては母親のような存在で、彼女をもっに思われる。

とも甘やかしたに違いない。しかし、姉は、子どもだった妹の関心を非常に知的な方法で広めたよう

「私が生まれるまでは、姉は四人の男の子の家族の中でただ一人の女の子だったので、当然、私を見せびらかすことを喜びました」。これは私たちが思っていたほどあまりよいことには聞こえない。子どもが「見せびらかされる」時、子どもは、社会に貢献する代わりに、社会に賞賛されることに関心を持つようになるかもしれない。「だから姉は、私をかなり小さい時からあちこちに連れていってくれました。このようなパーティで私が覚えているただ一つのことは、何かいうように絶え間なく促されたことです。『あのご婦人に名前をいいなさい』というようなことです」。これは間違った教育の方法である――この少女が吃音や、他の話す困難があっても驚くべきではない。子どもがどもる時は、それは、通常、話すことがあまりに強調されたからである。自然にストレスなしに他の人とコミュニケーションを取る代わりに、自分を意識し、賞賛を求めるように教育されたのである。

「私がまた思い出せるのは、何も話そうとはせず、家に帰ると叱られたことです。それで、私は、出かけていって人と会うことが嫌いになりました」。われわれは解釈をすっかり変えなければならない。今や、最初の回想の背後にある意味は「私は他の人と結びつくようにされたが、私はそれが不快だった。この経験のために、協力することを嫌うようになった」というものであることがわかる。それゆえ、彼女が今も人と会うことが嫌いであるということが予期できるはずである。彼女は、他の人と一緒であれば、目立つことを期待されている、と信じ、彼女にそれを期待するのはあまりに荷が重いと感じているので、困惑し、自意識が強くなることが期待できる。仲間の間での安堵感や対等感から離れるようになったのである。

5「私が小さかった時の大きな出来事を今もよく覚えています。四歳頃だった時に、祖母が私たちのところへにやってきたのです」

祖母は、通常、孫を甘やかすことを私たちは見てきた。しかし、今までのところでは、祖母が孫たちをどのように扱っているかはわからない。「私たちのところにきている間に、私たちは四世代で写真を撮りました」。この少女は、家系に非常に関心を持っている。祖母の訪問とその時撮った写真のことを非常に鮮やかに覚えているので、おそらく、彼女は家庭と結びついてる、と結論づけることができる。われわれが正しければ、彼女の協力する能力が、家族の範囲を超えていないことを見つけるだろう。

「別の街へ行って、着いた後、写真屋さんで白い刺繍の着いた服に着替えさせられたことをはっきりと覚えています」。おそらく、この少女も、視覚タイプである。「四世代の写真を撮る前に、弟と私が写真を撮ってもらいました」。ここにも、家族への関心を見る。弟は家族の一員であり、おそらく、おとうととの関係について、もっと多くのことを聞くことになるだろう。「弟は、私の横で肘掛けにすわらされ、真っ赤なボールを持たされました」。今や、この少女の主たる闘いがわかる。彼女は、弟の方が自分よりも好まれている、と自分にいっているのである。彼女は弟が生まれ、末っ子として甘やかされるという地位を奪われたことが気に入らなかった、と推測できるかもしれない。「私たちは笑うようにいわれた」。これは、彼女にとって、次のことを意味する。「私を笑わせようとするが、何を笑うというの。弟を王座につけ、真っ赤なボールを渡したのに、私には何をくれたというの」

「それから四世代で写真を撮りました。私以外の皆はよく写ろうとしました。私は笑うのを拒みました」。彼女は、家族に対して攻撃的である。家族は、彼女に十分親切ではないからである。この最初の回想において、彼女は、彼女の家族がどんなふうに彼女を扱ったかを伝えるのを忘れていない。「弟は、笑うようにいわれた時、とてもすてきに笑いました。とってもかわいかったです。この日から、私は、写真を撮られるのが大嫌いです」。このような回想は、私たちの多くが、人生に立ち向かう方法についての優れた洞察をわれわれに与える。われわれは一つの印象を取り上げて、それをすべての行動を正当化するために使うのである。われわれはそこから結論を引き出し、その結論が論破できない事実であるかのように行動する。彼女がこの写真を撮った時に、不快だったのは明らかである。今も、写真を撮られるのを嫌っている。何かをこれだけ嫌いな人は誰でも、その嫌いなことを正当化し、説明全体の重みに耐える何かを経験の中から選び出す。この最初の回想は、これを書いた人のパーソナリティについての二つの主たる手がかりをわれわれに与えてくれた。一つは、彼女が視覚タイプであるということ。もう一つは、そして、より重要なのだが、彼女が家族に結びついているということである。彼女の最初の回想の唯一の行動は、彼女の家族の枠の中に置かれている。彼女は、おそらく、社会生活に適応していないのである。

６「私の早期回想の一つは、一番最初のものではないとしても、私が三歳半の時に起こった出来事です。私の両親のところで働いていた少女が、私のいとこと私を地下室へ連れて行き、りんご酒を飲ませたのです。私たちは、それを大変気に入りました」

地下室があって、その中にりんご酒があることを発見するというのは興味深い経験である。これは探検の旅だった。この段階で結論を引き出さないといけないとすれば、次の二つのことの一つを推測するかもしれない。おそらく、この少女は、新しい経験を楽しむのであり、人生へのアプローチにおいて勇敢である。他方、おそらく、われわれを騙して迷わせる、より強い人がいるということを意味している。回想の残りがどちらなのかを決める手助けになる。「少し後で私たちはまた飲みたくなって、飲もうとしました」。これは勇気のある少女である。彼女は自立したいと思っている。「やがて、足の力が抜け、歩けなくなりました。そして、りんご酒を全部床にこぼした時、地下室はじめじめしました」。ここで、われわれは、酒類醸造販売禁止主義者の誕生を見る。

「私は、この出来事が、りんご酒や他のアルコール類が嫌いなことと何か関係があるのかはわかりません」。またもや、一つの小さな出来事が人生への態度全般の理由とされている。それを常識的に見れば、その出来事はこのような結論を導くには十分重要には見えない。しかし、この少女は、ひそかに、それをアルコール飲料が嫌いなことの十分な理由にしたのである。おそらく、彼女は、誤りから学ぶ仕方を知っている人であることを見るだろう。おそらく、非常に自立していて、間違っていれば自分を正すことが好きなのである。

この傾向は、彼女の人生全体を特徴づけるかもしれない。あたかも、次のようにいっているかのようである。「私は間違うかもしれない。でも、間違いがあることがわかればそれを訂正する」。そうであれば、彼女は、非常にいい性格であることになる。活動的で努力し勇気があり、いつも自分と状況を向上させ、有用でよい人生を送りたいと思っている。

これらすべての例において、われわれは、推測の技術において訓練しているにすぎない。われわれは、結論が正確であることを確信できる前に、人の他の性格傾向を見る必要がある。いくつか症例を取り上げてみよう。そこでは、あらゆる表現において、人格の一貫性を見ることができる。

不安神経症の三十五歳の患者が私のところにきた。彼は、家から出る時にだけ、不安になった。時折、仕事に就くことを強いられたが、事務所に行くと、一日中、うめいて泣いた。夜、家に帰り、母親と一緒にいる時にだけそうすることを止めた。早期回想をたずねられると、次のようにいった。「四歳の時、家で窓の近くですわっていました。通りを見て、そこで人が働いているのを興味深く見ていました」。彼は他の人が働くのを見たいのである。彼自身は、ただ窓の側にすわって、人を見ていたい。彼の状況を変えることができるのなら、他の人がすることに協力できないという思いこみから解放することによってだけである。これまでのところでは、彼が生きる唯一の方法は、他の人に支えられることだった。われわれは、彼の見方をすべて変えなければならない。彼を責めても何もならない。薬やホルモン製剤を使っても納得させることはできない。しかし、彼の早期回想は、彼が興味を持つ仕事を提案することを容易にする。彼の主たる関心は見ることにある。近視であることがわかった。しかし、このような不利な点があっても、見えるものにより注意を払った。仕事を始められる年になっても、仕事をせずに見続けたかった。しかし、二つのことは必ずしも矛盾しない。治癒した時、彼はこの主たる関心に沿った仕事を見つけた。アートショップを開き、そうすることで、自分のやり方で社会と分業に貢献することができたのである。

三十二歳の患者が治療にやってきた。失語症だった。ささやくような声でしか話せなかった。この状態が二年間続いた。ある日、バナナの皮で滑って転倒し、タクシーの窓にぶつかった時に始まって以来である。二日間吐き、その後は、偏頭痛がするようになった。脳震盪であることは疑いなかったが、喉には器質的な変化がないので、最初の脳震盪は、なぜ彼が話せないかを十分説明できなかった。八週間の間、まったく話せなかった。彼の事故は今や法廷で争われたが、困難なケースだった。彼は事故を全面的にタクシー運転手のせいにし、補償を会社に訴えている。何かの障害を見せることができれば、訴訟でずっと強い立場にいられることは理解できる。彼が不正直だという必要はないが、大きな声で話さなければならない動機を持たないのである。ひょっとしたら、事故のショックの後、実際に話すことが困難だったのだが、それを改める理由がないのである。

患者は喉の専門家に診てもらったが、悪いところは見つからなかった。早期回想をたずねられると、次のようなことをわれわれに語った。「私はゆりかごの中で仰向けで揺れていました。留め金が外れるのを見たことを覚えています。ゆりかごが落ちてきて、私は大きな怪我をしました」。誰も落ちたくはないが、この男性は落ちることを過度に強調し、その危険に集中している。それが、彼の主たる関心である。「私が落ちるとドアが開き、母が入ってきてショックを受けました」。最初の母親の注目を落ちることで得たのである。しかし、回想は非難でもある。「母は私を十分世話してくれませんでした」。同様に、タクシー運転手は間違っていて、タクシーを所有していた会社も間違っていた。誰も彼を十分に世話しなかったのである。これは、甘やかされた子どものライフスタイルである。他の人に責任を着せるのである。

彼の次の回想も、同じストーリーを語っている。「五歳の時、二十フィートの高さから落ち、私の上に重い板が落ちてきました。五分かそれ以上私は話せませんでした」。この男性は、話せなくなることに熟練している。話せなくなることの訓練を受けているのであり、倒れることを話そうとはしないことの理由にする。私はこれを妥当な論理だとは思わないが、彼はそのように思っている。彼はこの方法に経験があり、今や倒れたら、自動的に話せなくなるのである。これが誤りであり、倒れることと話せないことには連関はないことがわかった時にだけ、とりわけ事故の後、二年もの間ささやき続ける必要がないことを理解した時にだけ治癒しうる。

しかし、この回想において、彼はなぜ理解することが困難であるかをわれわれに示している。「私の母が出てきました」と彼は回想を続ける。「そして、非常に興奮しているように見えました」。どちらの機会にも、彼が倒れたことは母親を驚かし、彼に注目させることになった。彼は大騒ぎされ、注目の中心にいたい子どもだった。どのように不運を補償されたいと思っているかが理解できる。同じような状況では、他の甘やかされた子どもたちも同じことをするかもしれない。しかし、彼〔女〕らが皆、同じように話せなくなるわけではない。これは、われわれの患者の商標なのである。つまり、経験から築き上げたライフスタイルの一部なのである。

満足のいく仕事が見つからないということで不平をいう二十六歳の患者が私のところにきた。八年前に、父親によって斡旋業に就かされたが、それが好きにはなれず、最近その仕事を辞めた。他の仕事を探したがうまくいかなかった。不眠と、しばしば起こる自殺願望も訴えた。斡旋業の仕事を辞めた時、家から出て別の街で仕事を見つけたが、母親が病気であることを知らせる手紙が届き、家族と共に住むために帰った。

この話から、彼は母親に甘やかされ、父親が彼に権力を行使しようとしたのではないか、と推測できた。おそらく、彼の人生は父親の厳格さに対する反発であることを見出すはずである。家族の中での位置を問うと、末っ子で、ただ一人息子であると答えた。姉が二人いた。上の姉はいつも彼をこき使い、下の姉もすることは大体同じだった。父親は、絶え間なく彼にがみがみ小言をいった。彼は家族全員に支配されている、と非常に強く感じた。母親だけが唯一の友人だった。

十四歳まで学校に行った。その後は、父は彼を農業学校に行かせた。買うことを計画していた農場で彼が手伝えるためである。少年は学校では成績がよかったが、農業には就きたくはない、と決心した。彼を斡旋業の会社に就かせたのは父親だった。その会社に八年勤めたことはどちらかというと驚くべきだが、その理由は、母親のためにできるだけのことをしたいというものだった。

子どもの時、彼はだらしがなく、臆病で、暗闇と一人にされることを怖れた。だらしのない子どものことを聞けば、彼〔女〕の後から片付ける人をいつも探さなければならない。暗闇と一人にされることを怖れる子どものことを聞けば、いつも注目を引くことができ、慰める人を探さなければならない。この若者の場合、それは母親だった。彼は友だちを作るのが容易でないと思ったが、知らない人の間では、十分社交的だと感じていた。恋愛をしたことはなかった。恋愛には関心がなく、結婚したくなかった。親の結婚を不幸なものと見なしていた。そのことから、自分は結婚することを拒んだ理由がわかる。

父親は斡旋業の仕事を続けるようになおも圧力をかける。彼自身は、むしろ広告業界に転身したいが、家族がこの仕事のために訓練するお金を出さないことを確信している。あらゆる点で、彼の行動の目的は、父親と対立することであることがわかる。斡旋業の会社にいた時も自活していたが、広告の訓練をするためにお金を使おうとは思いもよらなかった。彼は、今や、それを新しく父親に対する要求と見なしているのである。

彼の早期回想は、明らかに、甘やかされた子どもの厳格な父親への抗議であることを示している。父親のレストランで、どのように働いたかを覚えている。皿を洗い、それをテーブルからテーブルへと移すことが好きだった。彼が皿に勝手に触るやり方が父親を怒らせ、客の前で平手打ちをした。彼は、早期回想を、父親が敵であり彼の人生の全体が父親に対する闘いであることの証明として使う。依然として、本当に働きたいとは思っていない。父親を傷つけることができさえすれば、完全に満足するだろう。

彼の自殺願望は簡単に説明できる。あらゆる自殺は非難である。そして、自殺を考えることで「すべては父親のせいだ」といっているのである。仕事に満足できないことは、父親にも向けられる。息子は父親が提案するあらゆる計画を斥ける。しかし、彼は甘やかされた子どもであり、仕事において自立することはできない。本当は働きたくないが、母親とはいくぶんかは協力しようとしている。しかし、この父親との闘いは、どのように彼の不眠を説明するのだろうか。

夜眠れなければ、次の日、仕事の準備ができていない。父親は、彼が働くことを期待するが、少年は疲れており働けるとは思わない。もちろん、「働きたくない。強制されたくない」ということはできるだろう。しかし、彼は、母親と家族の財政状態のことが心配である。ただ仕事をすることを拒めば、父親は、彼は見込みがなく、援助することを断るだろう。口実を持たなければならない。これが、明らかに望んでいない不幸——不眠によって、与えられるのである。

最初は、夢は見ない、と彼はいう。しかし、後には、しばしば繰り返される夢を思い出す。誰かが壁に向かってボールを投げると、そのボールが、いつもはねて飛んで行ってしまうという夢を見る。これは取るに足らない夢のように思われる。夢と彼のライフスタイルの間に関係を見出すことはできるだろうか。

私たちは彼にたずねる。「それから何が起こるのですか」。彼は私たちにいう。「ボールがはねて飛んでいくと、いつも私は目が覚めるのです」。今や彼の不眠の全体の構造を明らかにした。彼は、夢を彼を起こす目覚まし時計として使っているのである。皆が、彼を押し進め、駆り立て、したくないことをすることを強いる、と想像する。誰かが壁にボールを投げる夢を見る。この時点で、いつも目を覚ます。その結果、次の日は疲れ、疲れると、働くことができない。父親は、彼に仕事をさせたいと思っている。そこで、この回り道の方法で父親を負かしたのである。父親との闘いだけを見れば、彼をこのような武器を発見する非常に知的な人だと考えるだろう。しかし、彼のライフスタイルは、彼にとっても他の人にとっても、あまり満足できるものではなく、われわれは、彼がライフスタイルを変える援助をしなければならない。

私が彼に夢を説明すると、彼は夢を見なくなったが、それでも時々、夜中に目を覚ます。夢の目的がわかったので、もはや夢を見続ける勇気を持たないが、それでも、次の日、疲れてしまう。彼を助けるためにわれわれは何ができるだろうか。唯一可能な方法は、彼を父と和解させることである。彼の努力のすべてが、父をいらだたせ負かすことに向けられている限り、何も解決しないだろう。私はいつもそうしなければならないように、患者の態度には正当化があることを認めることから始める。「あなたのお父さんはまったく間違っているように思える」と私はいう。「いつも権威をふりかざすことは賢明なことではない。おそらく、お父さんは、病気で治療が必要だ。でもあなたは何ができるだろう。お父さんが変わることは期待できない。雨が降っていると仮定しよう。何ができるだろう。傘を持っていったり、タクシーに乗れる、でも、雨と闘ったり、負かそうとしても無駄だ。今は、あなたは雨と闘って時間を費やしている。これが、あなたの力を見せることであり、雨に勝っている、と思っている。でも、実際には、他の誰よりも、あなた自身を害しているのだ」

私は、彼に、彼の問題——仕事についての迷い、自殺願望、家出、不眠のすべての根底にある一貫性を見せる。そして、これらすべてにおいて、父親を罰するために、どのように自分自身を罰しているかということを見せる。私は、また、次のような助言をする。「今夜寝る時に、時々、目を覚ましたくなると想像しなさい。明日、疲れることができるためです。明日、あまりに疲れていて、仕事に行けず、お父さんがかんしゃくを起こすと想像しなさい」。私は、彼に真実に直面してほしいのである。彼の主たる関心は父親を困らせ傷つけることである。この闘いを止めさせない限り、どんな治療もかいがないだろう。彼は甘やかされた子どもである。われわれは皆、そのことがわかる。そして今や、彼自身もそれがわかるのである。

状況は、いわゆるエディプス・コンプレックスに似ている。この若者は、父親に害を与えることに心を奪われており、母親に非常に愛着がある。しかし、性的な問題ではない。母親は彼を甘やかし、父親は共感してこなかったのである。正しくない子育てと、自分の地位についての誤った解釈が彼の問題だった。遺伝は彼の問題には何の役割も果たしてない。彼はその問題を部族の酋長を殺し食べた野蛮人からの本能として得たのではない。自分自身の経験から創り出したのである。このような態度は、どんな子どもにも新たに引き起こされる。子どもに、この母親がしたように甘やかせる母親と、この父親がそうだったように厳格な父親を与えさえすればいいのである。もしも子どもが父親に反抗し、自分自身の問題を解決しようとする時に自立して進んでいかなければ、このようなライフスタイルを採用することがいかに容易か理解できる。

第五章　夢

ほとんどすべての人が夢を見るが、夢を理解している人はほとんどいない。これは驚くべきことである。夢を見ることは、結局、人間の心の普遍的な活動である。人は常に夢に関心を持ってきた。そして、常にそれが何を意味するか知りたいと思ってきた。この関心は、人類のもっとも初期の時代にまで遡ることができる。しかし、概して、夢を見る時に、何をしているか、あるいは、なぜそもそも夢を見るのかはわかっていない。私の知る限り、包括的でもあり科学的でもあろうと試みる夢の解釈には二つの理論しかない。精神分析のフロイト学派と個人心理学の学派である。この二つのうち、おそらく、個人心理学者だけがコモンセンスのあるアプローチをした、と主張するだろう。

過去の夢解釈

夢を解釈する以前の試みは、もちろん科学的ではなかったが、考察に値する。少なくとも、それは人が夢をどのように見て、夢を見ることへの態度がどのようなものであったかを明らかにするだろう。夢は、心の創造的な活動の所産である。もしも、過去において、人が夢の役割をどのような仕方で理解してきたかを調べれば、夢の目的の理解に非常に近づくことになるだろう。われわれの調査の最初から、夢が未来に何らかの関係があることが当然のこととされてきていることがわかる。人はしばしば何かの守護霊、神、あるいは、先祖が、夢の中で心を支配すると感じてきた。他方、困難に直面した時に、夢を導きとして使った。

古代の夢の本は、夢を見た人の夢を説明し、どのように未来を予言したかを示している。原始人は、夢の中に、前兆と預言を探した。ギリシア人とエジプト人は、自分の未来の生活に影響を与える聖なる夢を見ることを希望して神殿へ行った。このような夢は、治癒力があり、身体や精神の困難を除去すると見なされた。アメリカ・インディアンは、清め、断食、入浴によって、夢を引き出そうと努力をした。そして、行為を夢が与えた解釈に基づかせた。旧約聖書においては、夢は、いつも何か未来のことを明らかにする、と解釈される。今日でも、正夢を見たと主張する人がいる。そのような人は、夢の中で自分が千里眼であり、夢は何らかの形で予言的である、と考えている。

科学的な視点からは、このような見方は笑うべきである。私が初めて夢の問題を解くことを試みた時から、夢を見ている人は、覚醒していてすべての能力をよりよく持っている人よりも、未来を予言することにおいて悪い立場にいることは、私には明らかに思えた。夢が、日常の思考よりも知的で予言的であるというようなことはありそうもない、と思えた。むしろ、夢は、混乱しており、混乱させるのである。しかし、この夢を未来に結びつける伝統は、何か理由があって、存在するに違いない。おそらく、その中に真理を見つけることは可能である。もしもわれわれがその適切な文脈においてその伝統を見れば、われわれが探していたまさにその手がかりを与えるかもしれない。

われわれは、夢が問題に対する答えを提供すると見なされてきたことを見てきた。人が夢を見る時の目的は、未来に対する案内を探し、問題を解決することである、と結論づけてもいい。これは、夢は未来を予言するという見方とはまったく違う。われわれは、依然として、人がどんな種類の解決を求めているか、どこでそれを見つけることを期待しているかを考察しなければならない。夢によって与えられるどんな解決も、状況の全体についてコモンセンスによる吟味をした後で到達される答えほど適切ではないことは明らかであるように思える。実際、人は、夢を見る時に、眠りの中で問題を解決することを希望しているといっても過言ではない。

フロイト派の見解

フロイト派のアプローチは、夢を科学的に理解できる意味を持っているものとして扱おうと試みる。しかし、フロイト派の解釈は、いくつかの点で、夢を科学の領域から追い出した。例えば、それは、心の働きは昼間と夜とでは違うということを前提にする。「意識」と「無意識」は互いに対立するものとされ、夢は日常の思考の法則とは矛盾する、それ自身の特別の法則を与えられている。このように矛盾があるところではどこでも、非科学的な態度が見られる。原始人と古代の哲学者の思考においては、概念を強い対立として扱い、それらを反対物として見なしたいという欲求に出会う。対立する、あるいは、両極の思考は、神経症者の間に非常にはっきりと例証される。人は、しばしば、左右、男女、寒暖、軽重、強弱は矛盾するものだと信じている。科学的な見地からは、それらは矛盾ではなく差異である。それらは、何らかの虚構の理想にどれだけ近似しているかに従って並べられる、秤の上の点である。善と悪、正常と異常は、実際、矛盾でもないのである。睡眠と覚醒、夢の中での思考、昼間の思考を矛盾と扱うどんな理論も非科学的である。

もう一つの本来のフロイト派の見解の問題は、夢が性的な背景を持つということである。これも夢を、人の普通の努力と活動から切り離した。もしも本当であれば、夢はパーソナリティの全体ではなく、それの一部の表現にすぎないことになる。フロイト派自身、夢を純粋に性的に解釈することは不適切であると見て、フロイトは、夢の中に無意識の死の欲求の表現も見ることができる、と示唆した。おそらく、これが、ある意味で正しい。夢は、われわれが気づいたところでは、問題を安直に解決する試みである。そして、夢は、夢を見た人が勇気を欠いていることを明らかにしている。しかし、フロイト派の言葉は、高度に比喩的であり、パーソナリティの全体が、どのように夢の中に反映されているか見つけることができない。またもや、夢の生活は、覚醒時の生活から厳格に切り離されているように思える。フロイト派の理論においては、多くの興味深い、貴重なヒントが与えられる。例えば、とりわけ有用なヒントは、重要なのは夢それ自体ではなく、夢の根底にある思考であるということである。われわれは、個人心理学において、いくぶん似たような結論に到達する。フロイト派の精神分析に欠けているのは、心理学の科学のための最初の必要条件である。即ち、人格の一貫性と、すべての思考、言葉、行動における個人の統一性の認識である。

この欠点は、夢解釈の決定的な問い――「夢の目的は何か。なぜ、われわれは、そもそも夢を見るのか」へのフロイト派の答えに見ることができる。精神分析家は答える。「人の満たされない欲求を満たすことである」。しかし、この見方は、決してすべてのことを説明しないだろう。例えば、もしも夢が失われたり、忘れられたり、理解できないのならば、どこに満足があるのか。すべての人が夢を見るが、自分の夢を理解する人はほとんどいない。夢を見ることからどんな喜びを得ることができるだろう。もしも夢の生活が昼間の生活から切り離され、夢によって与えられる満足が前者において行われるのなら、おそらく、われわれは、夢を見る人にとっての夢の目的を理解できるだろう。しかし、このように説明することで、われわれは、パーソナリティの一貫性を失ってしまった。夢は、もはや覚醒している人には、どんな目的も持たないことになるだろう。

科学的な見地からは、夢を見る人と覚醒している人は同じ人である。そして夢の目的は、この一貫したパーソナリティに適用されなければならない。人間の一つのタイプにおいては、夢の中での願望の実現のために努力することを、パーソナリティ全体に結びつけることができるだろう。このタイプは、甘やかされた子ども、いつも「どうすればほしいものを手に入れることができるだろうか。人生は私に何を与えてくれるだろうか」とたずねている人である。このような人は、夢の中で、あらゆる行動でしているように、欲求の充足を探すかもしれない。そして、実際、仔細に見れば、フロイト派の理論は、甘やかされた子どもの一貫した心理学であることがわかるだろう。そのような子どもは、本能は決して否定されてはならないと感じ、他の人が存在することを不当であると見なし、常に「なぜ私は隣人を愛さなければならないのか。私の隣人は私を愛してくれるのか」とたずねる。

精神分析は、甘やかされた子どもの前提に基づいている。そして、この前提をもっとも完全な詳細で作り上げる。しかし、欲求充足のための努力は、優越性の追求の何百万の表象の一つにしかすぎず、それをパーソナリティのすべての表現の中心的な動機付けとして受け入れることはできない。さらに、本当に夢の目的を発見すれば、このことは、夢を忘れる、あるいは、夢を理解できないことが、どんな目的に役立つかを理解する助けとなる。

個人心理学のアプローチ

これは、私が、四半世紀前、夢の意味について探求を始めた時に、私に直面したもっとも争点の多い問題だった。私は、夢の生活が覚醒時の生活とは矛盾しないことがわかった。それは、いつも人生のもう一つの動きと表現に並行している。昼間に優越性の目標を目指して努力していれば、夜も同じ問題に従事しているのである。誰もが、覚醒時の生活において持っているのと同じ問題を夢の中でも根底において持っている。夢は、それゆえ、ライフスタイルの産物であり、ライフスタイルと一貫していなければならない。

ライフスタイルを強化する

次の考察が、夢の目的を明らかにするのにすぐに役立つ。われわれは夢を見る。そして、朝には、通常、夢を忘れる。何も残っていないように思える。しかし、これは本当だろうか。何も残っていないのだろうか。何かが残っているのである。夢が喚起した感情が残されているのである。映像は残らない。夢の理解も残っていない。ただ感情の余韻がある。夢の目的は、それが喚起する感情のうちにあるに違いない。夢は、感情をかき立てる手段、道具でしかない。夢の目的は、後に感情を残すことである。

人が創り出す感情は、常に、ライフスタイルと一貫していなければならない。夢の中での思考と昼間の思考の違いは、絶対的なものではない。両者に厳格な違いはない。違いを短くいえば、夢を見ている時には、覚醒時よりも現実に触れることが少ないが、実際に現実との断絶はない。もしも昼の間にある問題に悩まされていれば、眠りも悩まされる。眠っている間にベッドから落ちないという事実は、現実との接触がまだあることを示している。親は通りで大きな音がしても眠ることができるが、子どものちょっとした動きにも眼を覚ます。眠りの中においてさえ、われわれは、外の世界との接触を保ったままである。しかし、感覚器官はなくなるわけではないが働きを弱め、現実との結びつきは少なくなる。夢を見る時、われわれは一人である。社会の要求はあまり緊急にわれわれを圧迫しない。われわれは、眠っている時の思考において、われわれのまわりの状況をそれほど正直に扱うことを余儀なくされない。

緊張から解放され、われわれの問題を解決できることを確信していれば、眠りが妨げられることはない。夢を見ることは、静かで穏やかな眠りを妨げる。夢を見るのは、問題の解決を確信しておらず、現実が眠っている時にさえ、われわれを圧迫し、われわれが困難に直面している時だけである、と確信できる。

今や、われわれの心が、眠りにおいて、どのように問題に直面するか吟味することができる。状況の全体を扱っていないので、問題はより容易に現れるだろう。そして、与えられる解決は、われわれからはもっともわずかな適応を要求するだろう。夢の目的は、夢を見る人のライフスタイルを支持、強化し、それにもっともふさわしい感情を喚起することである。しかし、なぜライフスタイルは支えられることが必要なのか。一体、何がそれを脅かすというのだろう。それは、現実とコモンセンスからだけ攻撃される。それゆえ、夢の目的は、コモンセンスの要求に対して、ライフスタイルを守ることである。これがわれわれに興味深い洞察を与える。コモンセンスに従って解決したくはない問題に直面していれば、その態度は夢の中で喚起される感情によって強めることができる。

最初は、これは覚醒時の生活に矛盾しているように思えるが、実際には矛盾はない。われわれは、覚醒している時とまさに同じ方法で、感情を喚起するのである。もしも誰かが困難に直面し、コモンセンスを使ってそれに取り組みたくはなく、むしろ古いライフスタイルを追求したければ、ライフスタイルを正当化し、それを満足のいくものに見えるようにするためにできるあらゆることをするだろう。例えば、目標は、努力したり、働かず、他者に貢献することなしにお金を得ることであるかもしれない。ギャンブルが可能性として思い浮かぶ。彼〔女〕は、ギャンブルでお金を失い、ひどい目にあったことを知っている。しかし、安楽に過ごし、すみやかに金持ちになりたいと思う。彼〔女〕は何をするだろう。賭けをしてお金を儲け、車を買い、贅沢に暮らし、金持ちとして皆に知られる自分を想像する。このイメージによって行動へと自分を促す感情を喚起するのである。ついには、コモンセンスから離れていき、ギャンブルを始める。

同じことは、より日常的な状況で起こる。われわれが働いている時に、誰かが見て楽しんだ劇の話をすれば、仕事を辞め、劇場に行ってみたくなり始める。恋をしていれば、自分のために未来を想像し、実際には打ちのめされていても、未来を快いものとして想像するだろう。時には、もしも悲観的になっていれば、未来について陰鬱なイメージを持つが、いずれにしても、感情を喚起するだろう。そして、われわれは、いつも自分の中に喚起する感情の種類に気づくことによって、その人がどんな人かをいうことができる。

しかし、夢の後に感情以外の何も残らないのであれば、コモンセンスに何が起こったのだろう。夢を見ることは、コモンセンスに敵対することである。われわれは、おそらく、感情によって欺かれたくはなく、科学的な仕方で進みたい人が、あまり夢を見なかったり、まったく夢を見ないことを見るだろう。他の人は、自分の問題を普通の有用な手段で解決したり、あるいは、コモンセンスによって解決したいとは思わない。コモンセンスは、協力の一つの面であり、協力の訓練をあまり受けていない人は、コモンセンスを嫌う。このような人はしばしば夢を見る。自分のライフスタイルが勝利し、正当化されることを願う。現実の挑戦を避けたいと思う。夢はライフスタイルと現在の問題の間に橋渡しをし、その際、ライフスタイルにどんな適応も回避させる試みである、とわれわれは結論づける。ライフスタイルは、夢の作家、プロデューサー、ディレクターである。それは、常に人が必要とする感情を喚起するだろう。夢の中に、人の他のすべての特色と行動の中に見出さないものは何一つ見出すことはできない。われわれは夢を見ようが見まいが問題に同じ仕方でアプローチするが、夢は、われわれのライフスタイルのために支持と正当化を提供するのである。

もしもこれが本当であれば、われわれは夢を理解する新しい、そして、非常に重要なステップに到達する。夢においては、われわれは自分自身を騙しているのである。すべての夢が、自己陶酔、自己催眠である。その目的はすべて、特定の状況に対処するために、もっともよく準備できる気分を創り出すことである。夢の中に、日常の生活において見られるのとまったく同じパーソナリティを見ることができるはずであるが、いわば、心の仕事場において、日中に使われる感情を準備するのを見るだろう。われわれが正しければ、夢の組み立て、それが用いる手段においてさえ、自己欺瞞を見ることができるだろう。

われわれは何を見出すだろうか。まず第一に、ある種の映像、事件、出来事の選択を見る。この選択については、以前に言及したことがある。過去を振り返る時、映像と出来事のアンソロジーを編集する。この選択には偏りがあること、回想のコレクションから自分の優越性の目標を支持する出来事だけを選択するのである。それが、回想を支配する目標である。同様に、夢を構築する時、われわれのライフスタイルを強化し、特定の問題に直面する時に、われわれのライフスタイルがわれわれに要求する出来事だけを選び出す。この出来事の選択は、このように、われわれの現在の問題に関連するライフスタイルの意味を表しているのである。夢において、ライフスタイルはそれ自身の方法を要求する。この困難に現実的に対処することはコモンセンスを要求するだろうが、ライフスタイルはそれに屈することを拒む。

象徴と隠喩

夢は他のどんな力を引き出すだろうか。夢は、もっぱら隠喩と象徴から形作られるということが、もっとも最初の時から観察され、われわれ自身の時代では、フロイトがそのことを特に強調した。一人の心理学者がいっている。「われわれは夢の中では詩人である」。夢はなぜ詩と隠喩の言葉で語るのだろうか。答えは単純である。もしも隠喩や象徴を用いずに話したら、コモンセンスから逃れることができないのである。隠喩と象徴は濫用される。それらは異なった意味を結びつけ、二つのことを同時に語ることができる。そのうちの一つは、おそらく、まったく誤っている。不合理な結論が、隠喩と象徴から、引き出されうる。それらは、感情を喚起できる。われわれは、それらを日常生活において使うこともできる。もしも誰かを正したければ、こういうかもしれない。「そんな赤ちゃんのようであってはいけない！」。何か的外れなこと、ただ感情にだけ話しかけられたことが、隠喩を使う時にはいつも忍びこんでくる。おそらく、大きな人は小さな人に対して腹を立てていう。「彼は虫けらだ。踏みつけてやろう」。彼は、自分の怒りを、比喩によって、正当化しているのである。

比喩は、表現のすばらしい道具だが、われわれは、それを自分を欺くために使う。ホメロスが、野を蹂躙するギリシア人の軍隊をライオンのようだと叙述する時、彼はわれわれに堂々としたイメージを与える。彼が貧しくて、汚い兵士たちが、平原を這うことを正確に叙述したいと思うのだろうか。

否——ホメロスは、われわれに、兵士たちをライオンと見なしてほしいと思ったのである。われわれは、それが本当のライオンではないことを知っているが、もしも詩人が、兵士たちがどのようにあえぎ汗をかいたか、どのように勇気を奮い立たせ、あるいは、危険を避けたか、どんなに甲冑が古かったかなど多くのこのような細かいことを叙述したとしたら、われわれは、感銘を受けなかっただろう。比喩は、美、想像、空想のために用いられる。しかし、比喩と隠喩を用いることは、誤ったライフスタイルを持った人にかかれば、常に危険であることを強調しなければならない。

学生が試験に直面している。問題は簡単で、勇気とコモンセンスを持ってそれにアプローチするべきである。しかし、逃げることがライフスタイルであれば、戦争で闘っている夢を見るかもしれない。彼〔女〕はこの簡単な問題を比喩的に描く。そして、怖れることがずっと正当化される、と感じる。あるいは、深淵の端に立ち、落ちることを避けるために、走って後戻りしなければならないという夢を見る。彼〔女〕は、回避する手段、一種の現実逃避としてこのような感情を創り出さなければならない。そして、試験を深淵と同一視することで自分を欺く。同様に、夢でしばしば用いられる別の策略を明らかにすることができる。それは、問題を取り上げもともとの問題のエッセンスだけが残るまで、それを還元し煮詰めることである。そうすると、残ったものは比喩の中で表現され、あたかもそれが元々の問題と同じであるかのように扱われる。

例えば、別のもっと勇気があり、より長い人生の見通しを持った学生は、自分の仕事を終え、試験をやりとげたいと思う。しかし、それでも支えが必要であり、自分を元気づけたいと思う——ライフスタイルが、それを要求するのである。試験の前夜、山の頂上に立っている夢を見る。彼〔女〕が置かれている状況の像は非常に単純化されている。彼〔女〕の人生のあらゆる状況のもっとも小さな部分だけが表されている。彼にとって、試験の問題は大きなものであるが、その多くの面を排除し、成功するという見通しにだけ集中することによって、自分を助ける感情を喚起するのである。翌朝、彼〔女〕は、以前よりも幸福に、さわやかに、勇気に満ちて目覚める。しかし、自分を元気づけたという事実にもかかわらず、実際には、自分を欺いている。コモンセンスの方法では、問題全体に直面せず、単に自信という気分をかき立てただけである。

このように故意に感情を喚起することは、めずらしいことではない。小川を飛び越したい人は、おそらく、ジャンプする前に三まで数えるだろう。三まで数えることは、本当に、そんなに重要なのだろうか。少しも関係がない。しかし、感情を喚起し、力のすべてを呼び起こすために、三まで数える。われわれは、ライフスタイルを入念に仕上げ、固定し、強化するために、あらゆる精神的な資源を持っている。そして、もっとも重要な資源は、われわれ自身の感情を喚起することである。われわれは、この仕事に、夜も昼も毎日従事しているが、それは、よりはっきり、おそらく、夢の中で起こる。

自分自身を欺く方法を例証するために、私自身の夢を使おう。戦争の間、私は戦争神経症の兵士のための病院長だった。戦争で闘えない兵士を診た時、私は彼らにやさしい仕事を与えることで、できるだけ彼らを助けようとした。これが彼らの緊張を大いに軽減し、しばしば、非常に成功した。ある日、一人の兵士が、私のところにやってきた。私がそれまで見た中でもっとも体格が強健な人の一人だった。彼はひどいうつ状態で、彼を診た時、彼のために何ができるかと思った。もちろん、これらの問題のある兵士を皆故郷に帰したいと思ったのだが、私の推薦はどれも上官の審査を受けなければならず、私の善意には限界があった。この兵士のケースは難しかった。しかし時間がきた時、私はいった。「君は戦争神経症だが、非常に強くて健康だ。前線に行かなくてもいいように、やさしい仕事をあげよう」

兵士は家に送り返されないことがわかって非常に落胆し、答えた。「私は貧しい学生で、教えることで、年老いた父と母を養わなければなりません。教えることができなければ、両親は飢えるでしょう。助けることができなければ、二人とも死ぬでしょう」

私は、彼を事務所で働けるように家に送り返すことができたら、と思ったが、私が推薦すれば、上官は怒り、彼を前線に送るのではないか、と思った。結局、私が誠実にできる最善のことをしようと決め、歩哨の仕事にしか適していないことを証明しようとした。その夜、帰宅して眠ると、怖い夢を見た。自分が殺人者である夢を見た。私は暗い、狭い通りを走り回り、私が殺したのは誰なのか考えようとした。私の犠牲者が誰か思い出すことができなかったが、私は感じた。「私は殺人を犯したのだから、もうだめだ。私の人生は終わった。何もかもおしまいだ」

目が覚めた時に私が最初に考えたのは、「私は誰を殺したのか」ということだった。その時、私は思いついた。「もしもこの若い兵士に、事務所での仕事を与えなければ、おそらく、彼は前線に送られ、殺されるだろう。その時、私は殺人者になるだろう」。私を欺くために感情を喚起したことがわかるだろう。私は誰も殺してはいなかった。そして、たとえ、私が予見したわざわいが実際に起こっても、私は有罪にはならないであろう。しかし、私のライフスタイルは、私が危険を冒すことを許さないだろう。私は医師である。私は命を救うためにいるので、命を害するためではない。私がよりやさしい仕事を彼に与えたら、上官は彼を前線に送るかもしれないが、立場はいっそう悪くなるだろう、と再び考えた。もしも彼を助けたいのであれば、できる唯一のことは、コモンセンスのルールに従い、私自身のライフスタイルに思い悩むことではないことを思いついた。私は、それゆえ、彼は歩哨の任務に適していることを証明した。

後の出来事は、コモンセンスに従うことが、常によりよいという事実を確かめた。上司は私の推薦状を読み抹消した。私は思った。「今や上司は、彼を前線に送るだろう。私は、やはり、事務職を彼に与えるべきだった」。私の上司は「六ヶ月の事務職」と書いた。この将校は、その兵士を免除するよう賄賂をもらっていたことがわかった。若者は、それまでの人生で人に教えたことなどなかった。そして、彼が私に語ったことは一言も真実ではなかったのである。彼が私に話したのは、私が彼に楽な仕事を与えるためであり、彼が賄賂を送った上司が、私の推薦状にサインすることができるようにするためだった。その日から、私は、夢を見るのを止めた方がよいと思った。

夢が、われわれを欺くよう意図されているという事実は、それがめったに理解されないという事実を説明する。われわれが夢を理解したら、夢はもはや感情と情動を喚起する力を持たず、われわれを欺くことはできないだろう。われわれはコモンセンスの方法で進むことを好み、夢の促しに従うことを拒むだろう。その結果、夢が理解されたら、夢はその目的を失うだろう。

夢は現在の現実の問題とわれわれのライフスタイルの間の架け橋であるが、われわれのライフスタイルは、どんな強化も必要としないはずであり、現実と直接、結びつくはずである。夢には多くの種類がある。そして、すべての夢は、人が直面する特別の状況との関連で、ライフスタイルを強化することが必要であると感じている点を明らかにする。それゆえ、夢の解釈はいつも各人に独自である。そこで、象徴と隠喩を公式で解釈することは不可能である。夢は人が自分自身の特別の状況の解釈から引き出されるライフスタイルの創造物だからである。私が夢のより典型的な形のいくつかを短く叙述するのは、夢の文字通りのガイドを与えるためではなく、夢とその意味を一般的に理解できる援助をするためである。

よくある夢

多くの人が飛ぶ夢を見たことがある。この夢への鍵は、他のすべての夢と同様、それが喚起する感情にある。飛ぶ夢を見た後には、うきうきした気分と勇気が残る。それは下から上へと導く。困難の克服と、容易で努力のいらないものになる優越性の追求が描かれる。飛ぶ夢は、われわれが自分には勇気があると想像させる。前向きで野心があり、眠っている時ですら、自分を野心から解放することができない。このような夢は「私は行くべきか、行くべきでないのか」という問題を伴い、提案される答えは「私の行く手を邪魔するものはない」である。

落ちる夢を見たことがない人もほとんどない。これは非常に注目すべきである。落ちる夢は、人間の心が困難を克服することよりも、自己保存や失敗を怖れることで一杯であることを示している。これは、伝統的にわれわれが子どもたちに警告をし、警戒させることを思い出せば理解できる。子どもたちはいつも警告されるのだ。「椅子の上にのるな！　はさみを放しなさい！　火から離れて！」子どもたちは、常に、虚構の危険に囲まれてもいる。しかし、人を臆病にすることは、実際の危険に対処することの助けにはならないだろう。

身体が麻痺したり、電車に乗り遅れる夢を繰り返し見る時には、その意味は、通常、次のようである。「この問題が私の側では何も干渉する必要なしに通り過ぎてくれたら嬉しいのに。問題に直面することを回避するために、私は回り道をしなければならない、遅れて着かなければならない。列車を通過させなければならない」

試験の夢を見る人も多い。時には、こんなに年がいってから試験を受けていることを知って驚いたり、ずっと前に首尾よくやりとげた教科について、試験を受けなくてはならないことがわかって驚く。

ある人にとっては、次のような意味である。「あなたは、目前の問題に直面する準備ができていない」。次のようなことを意味する人もある。「あなたはこの試験に以前に通った。そして目下直面している試験にも通るだろう」。ある人の象徴は、決して他の人の象徴と同じではありえない。われわれが、夢において、主として考察しなければならないことは、それが後に残す気分であり、ライフスタイルの全体と一貫性があるということである。

ケーススタディ

ある時、三十二歳の神経症の患者が治療にやってきた。彼女は、第二子で、大抵の第二子のように、非常に野心的だった。いつも一番になりたいと思い、非の打ち所のない仕方で、彼女のすべての問題を解決したかった。私のところにきた時には神経が衰弱していた。年上の既婚の人と恋愛関係にあったが、その人が仕事で失敗した。彼と結婚したいと思ったが、離婚することができなかった。こんな夢を見た。彼女は田舎にいた時に、アパートを貸した男性が移り住んですぐに結婚したが、賃貸料を払えなかった。彼は、正直でも勤勉でもなかったので、追い立てるしかなかった。われわれはすぐにこの夢が彼女の現在の問題と何か関係があることがわかる。彼女の恋人は、貧しく、彼女を養うことができなかった。比較を強めたのは、夕食に払うだけのお金を持たずに彼女を連れ出したことである。夢の効果は結婚に反対する感情を喚起することである。彼女は野心のある女性であり、貧しい人とは結婚したくない。彼女は、隠喩を使って自分にたずねる。「もしも彼が私のアパートを借りて、それの支払いができないとしたら、このような賃借人にどうするだろうか」。答えはこうだ。「立ち退かなければならない」

しかし、この既婚の男性は、彼女の賃借人ではなく、彼と同じ人ではありえない。家族を養えない夫は、賃貸料を払えない賃借人と同じではない。問題を解決するために、そして、より確信を持って、ライフスタイルに従うために、彼女は自分に「私は彼と結婚してはいけない」という感情を与えるのである。このようにして、彼女は、問題の全体にコモンセンスの仕方で近づくことを避け、問題のわずかな部分だけを選択するのである。同時に、彼女は、愛と結婚の問題の全体を、あたかもそれが隠喩によって十分に表現されるかのように最小化している。「男性が私のアパートを借りる。もしも払えなければ、追い出されなければならない」

個人心理学の治療技法は、常に人が人生の課題に直面する時に勇気を増すことへと向けられているので、夢が治療の過程で変化し、より自信のある態度を表すであろうことは容易に理解できる。治療終結時のうつ病の患者の最後の夢は、次のようなものだった。「私はベンチに一人ですわっていました。突然、激しい雪嵐になりました。幸い、私はそれを逃れることができました。家の中の夫のところへ急いで入ったからです。それから、私は夫が新聞の広告欄で適当な仕事を探すのを手伝いました」。患者は、夢を自分で解釈することができた。彼女が夫と和解する気持ちをはっきり示している、と。最初は、彼を嫌っていて、彼の弱さと生計を十分稼げず、やる気がないことをひどく不満に思った。夢の意味は「夫と一緒にいる方が、一人で自分を危険に曝すよりもいい」というものである。われわれは、患者の結論に賛成するかもしれないが、夫と結婚に甘んじる方法は、心配する親戚が与えることを習慣にする助言の趣がある。一人でいることの危険が過度に強調され、勇気と自立心を持って協力する用意がまだあまりできていない。

十歳の少年が診療所に連れてこられた。学校の教師は彼が意地悪で品行が悪い、と訴えた。学校でものを盗み、それを他の子どもの机に入れて、その子どものせいにした。このような行動は、他の人に恥をかかせ、自分ではなく他の人の方が悪いということを証明しなければならない、と感じる時にだけ起こる。これが彼のアプローチであるならば、彼はそれを家族の中で学び、家族の中に罪悪感を持たせたい人が誰かいるに違いない、と推測できる。この十歳の少年は、通りで妊婦に石を投げ、そのことで問題になった。おそらく、彼の年でも、妊娠について知っていただろう。彼は妊娠ということが好きではなかっただろう、と思う。そして、誕生を彼が喜ばなかった弟か妹がいるかどうか見なければならない。教師のレポートでは、彼は近所の厄介者と呼ばれている。他の子どもの邪魔をし、名前を呼び、彼〔女〕らについて悪評をいいふらす。少女を追いかけて叩く。このことから、おそらく、彼が競争しているのは妹であることがわかる。

彼は、事実、二人の子どもの第一子であることがわかった。四歳の妹がいるのである。母親は、彼は妹を愛していて、いつも妹によくしている、という。これはとても信じがたい——このような少年が、妹を愛することは不可能だからである。後に、われわれの疑いが正当であったことがわかるだろう。母親も、自分と夫の関係は申し分がない、と主張する。これは、子どもにとっては不幸である。明らかに、親は彼の誤りのどれにも責任がない。それは、彼自身の悪い本性、運命、あるいは、おそらくは誰か遠い先祖から由来するに違いないということになる。

われわれは、われわれのこれらの理想的な結婚のケーススタディにおいて、しばしば、このような優れた親とこのような恐るべき子ども！のことを聞く。教師、心理学者、法律家、裁判官が皆、これらのわざわいの証人となる。そして、実際「理想の」結婚は、このような少年にとって、大きな問題を引き起こす。母親が、父親に専念していれば、子どもを苛立たせるかもしれない。母親の注目を独占したいのであり、他の誰であれ母親がどんな愛情を見せても怒るかもしれない。もしも幸福な結婚が子どもにとって害があり、不幸な結婚はもっと悪いのであれば、どうするべきなのか。 われわれは、子どもに最初から協力的であるようにさせなければならない。この少年は甘やかされた子どもである。母親の注目を保ちたいのであり、十分な注目をされていないと感じる時は、いつでも問題を故意に起こし始めるのである。

ここでも、われわれの疑いをただちに確かめることができる。母親は、自分では決して子どもを罰しない。父親が帰ってから、子どもを罰するのを待つ。おそらく、母親は、自分はあまりに弱く、男だけが命令、支配し、罰するのに十分強い、と感じている。ひょっとしたら、少年にずっと自分に愛着してほしいのであり、愛情を失うことを怖れているのである。どちらの場合も、母親は、少年を父親への関心と父親との協力から離している。そして、二人の間に摩擦が起こらないわけにいかない。父親は妻と家族に専念していると聞いているが、少年のために、仕事を終えた後、帰宅することをひどく怖れている、と聞いている。父親は子どもを非常に厳格に罰し、しばしば打つ。少年は父親が嫌いではない、とわれわれは聞いている。これもまた不可能である。彼はただ感情を隠すことに非常に巧みになったのである。

彼は妹を愛しているが、上手には遊ばず、しばしば、妹を平手打ちしたり蹴ったりする。彼は、居間でリクライニングシートで眠る。妹は両親の部屋の子ども用のベッドで眠る。もしもわれわれがこの子どもの立場に置き、彼に共感できれば、親の部屋にある子ども用ベッドは気になるだろう。われわれは、子どもの心で考え、感じ、見ようとしているのである。彼は、母親の注目の中心にいたいと思っている。夜は、妹が母親にあまりに近い。彼は、母を自分に近づけるために闘わなければならない。少年は非常に健康である。彼の出産は正常で、七ヶ月母乳で育った。初めてミルクを飲まされた時、彼は吐いた。この嘔吐の呪縛は三歳まで続いた。おそらく胃が弱かったのだろう。今はよく食べ、栄養状態もいいが、胃への固執は続いた。彼はそれを弱点と見なしている。今や、なぜ彼が妊婦に石を投げたか理解できる。彼は食べ物に嫌気がしていたのである。もしも彼の前に置かれたものが気に入らなければ、母親は彼にお金を与え、彼は出かけて好きなものを買う。それにもかかわらず、彼は近所をまわり、親が食べるものを十分与えない、と訴える。これは彼が磨き上げた策略である。いつも同じである。彼の優越感を回復する方法は、誰か他の人を中傷することである。

われわれは、今や、彼が診療所にきた時に述べた夢を理解することができる。「僕は西部のカウボーイだった」と彼はいった。「メキシコに送られ、アメリカまで闘って帰らなければならなかった。一人のメキシコ人が私にかかってきた時、僕は胃を蹴った」。夢の気分は「僕は敵に囲まれている。僕は闘わなければならない」である。アメリカでは、カウボーイは英雄と見なされている。彼は、少女を追いかけ、人の胃を蹴ることが英雄的だと思っている。われわれは、既に、胃が彼の人生で大きな役割を果たしていることを見た。彼はそれをもっとも傷つきやすい場所だと見ている。彼自身、胃が弱く、父親は神経症的な胃痛の問題があり、いつもそれについて不平を唱えていた。胃はこの家族ではもっとも重要な位置づけがされている。少年の目的は人のもっとも弱いところを打つことである。

彼の夢と行動は、まさしく同じライフスタイルを示している。彼は夢の中に生きているのであり、もしもわれわれが彼を夢から覚まさせることができなければ、同じように生き続けるだろう。彼は、父親、妹、小さな子どもたち、とりわけ、少女と闘うだけではなく、彼の闘いを止めさせようとする医師とも闘いたいと思っている。夢の衝動は、行動を続け英雄になり、他の人を征服するよう刺激する。彼が自分を欺いていることがわからなければ、どんな治療も彼を助けることはできない。

彼の夢は診療所で彼に説明された。彼は敵国で暮らしている、と感じており、彼を罰し、メキシコに引き留める人は皆、メキシコ人である。彼らは皆、敵である。診療所に次にきた時、われわれは彼にたずねた。「この前会った時から何があったかい？」。彼は答えた。

「悪い子どもだった」

「何をしたの？」

「少女を追いかけた」

今や、これは告白以上のものである。それは自慢であり攻撃である。ここは彼をよくしようとしている診療所である。それなのに、悪い子だったといっているのである。彼はいう。「よくなるなんて期待するな。お前の胃も蹴ってやる」。彼に何ができるだろう。彼はまだ夢を見ていて、英雄を演じているのである。われわれは、彼が英雄の役割から得られる満足を少なくしなければならない。

彼にたずねた。「君のいう英雄は、本当に少女を追いかけるのかい。それはどちらかというと、貧しい種類の英雄主義ではないかね。もしも君が英雄になるのなら、大きくて、強い女の子を追いかけるべきだ。あるいは、ひょっとしたら、少女を追いかけるべきではないのかも」。これは治療の一面である。彼の目を開かせ、彼のライフスタイルを続けたくはないようにしなければならない。古いドイツのことわざがいっているように彼のスープに唾を吐かなければならない。この後、彼は、もはやスープが好きではなくなるだろう。治療の別の面は、協力し、社会的に有用な仕方で重要性を求める勇気を彼に与えることである。人生の有用な面に留まり、失敗することを怖れなければ、誰も反社会的な行動をとらない。

一人で住み、秘書の仕事をしている二十四歳の女性が、上司がいばりちらして彼女の生活を耐え難いものにする、と訴えた。友達を作れず、つきあっていくことができないとも感じている。経験上、友達とつきあうことができないとすれば、他の人を支配したいからである、と信じたくなる。そのような人は、実際には、自分にしか関心がなく、その目標は個人的な優越性を見せることである。おそらく、上司は彼女と同じ種類の人なのである。このような二人が会うと、困難が起きるのは必至である。この女性は七人きょうだいの末子で、家族のペットである。トムというニックネームをつけられた。いつも少年になりたいと思っていたからである。このことが彼女が自分の優越性の目標を個人的な支配にあると見たのではないかというわれわれの疑いを増す。男性的であることは主人になること、他者を支配するが、自分は支配されないことである、と彼女は思うのである。

彼女はきれいだが、人が彼女を好きなのは、顔がきれいだからであり、顔が醜くなったり、傷がつくことを怖れている。美人は、われわれの社会では他の人を印象づけ支配するのが容易だと考え、彼女もこのことはよくわかっていた。しかし、彼女は少年になりたいのであり、男性の仕方で支配したいのである。その結果、自分が美しいことには特に関心を持っていない。

彼女の早期回想は、男性に脅かされるというものである。今も、泥棒や攻撃する人の犠牲になることを怖れている。男性的でありたい少女が泥棒や攻撃する人を怖れるのは、奇妙に見えるかもしれない。しかし、実際には、それほど奇妙なことではない。彼女の目標を規定するのは、弱いという感覚である。彼女は、自分が支配し服従させることができる状況の中にいたいのであり、他のすべての状況を排したいのである。泥棒と攻撃者は彼女に支配されることはないので、そのような人は皆、破壊したい。安直な仕方で男性的であり、失敗すれば、酌量すべき事情に訴えたいと思う。このよく見られる女性の役割への不満、私が「男性的抗議」と呼んでいることは、いつも緊張感を伴っている。「私は女性であることとの不利に対して闘っている」

同じ感情を夢の中にもたどれるかを見てみよう。彼女はしばしば一人にされる夢を見る。彼女は甘やかされた子どもだった。彼女の夢は「私は見守られていなければならない。私を一人にさせておくのは、安全ではない。他の人が私を攻撃し、征服するかもしれない」という意味である。彼女がしばしば見る他の夢は、財布をなくすというものである。彼女はいっているのである。「気をつけろ。何かをなくす危険がある」。彼女は何も失いたくはない。とりわけ、他者を支配する力を失いたくない。人生の中の一つの出来事、財布をなくすことを全体を表すために選んでいるのである。夢が感情を創り出すことによって、いかにライフスタイルを強化するかということについてもう一つの例がある。彼女は財布をなくしていないが、なくしたという夢を見る。そして感情は後まで残る。

もう一つのもっと長い夢が、彼女の態度をさらにはっきりと見る助けになる。「たくさんの人がいるスイミングプールに行きました。そこで、私が人の頭の上に立っているのに気づいた人がいます。誰かが私が頭の上に立っているのを見て叫んだように思いました。それで、私は危うく落ちるところでした」。もしも私が彫刻家なら、まさにこの仕方で、彼女の像を刻んだだろう。他の人を台座として頭の上に立っているというふうに。これが、彼女のライフスタイルであり、これが彼女が喚起したい感情である。しかし、彼女は、自分の立場を危ういと見ている。そして、他の人も、彼女の危険を認識するべきだと考えている。頭の上に立ち続けることができるためである。水の中で泳ぐことは安全とは感じていない。これが彼女の人生のすべての物語である。「少女なのに男であること」が、彼女の心理的な目標になった。彼女は、大抵の末子のように、非常に野心があるが、自分の状況に適切に反応するよりも、優れていると見られることを欲する。そして、絶え間なく失敗する怖れにつきまとわれている。彼女を援助しようとするなら、彼女を女性の役割と和解し、怖れと男性についての過大評価を取り除く方法を見つけ、仲間の中で友好的で対等であると感じる援助をしなければならない。

十三歳の時に弟を事故で亡くした少女は、次のような早期回想を語った。「弟が赤ちゃんで歩き始めようとしていた時、立ち上がるために椅子をつかんだら、椅子が彼の上に倒れました」。ここにも、別の事故がある。彼女が、世界が危険であることに強く印象づけられたことがわかる。「私がもっとも頻繁に見る夢は」と彼女は語った。「とても変なのです。いつも通りを歩いているのですが、そこには私には見えない穴があります。歩いていると、穴の中に落ちます。中には水があって、水に触ると、ぎくりとして目が覚め、その時、心臓が激しく鼓動を打っています」

われわれは、彼女が思うほどこの夢を変だとは思わない。しかし、彼女がそれで自分自身を驚かせることを続けるならば、それを不思議であると考え、理解できない。夢は彼女にいっている。「気をつけろ。あなたが知らない危険がある」。しかし、夢はそれ以上のことを語っている。もしも既に落ちていたら、落ちることはできない。落ちる危険があるのであれば、他の人よりも上にいると想像しなければならない。最後の例におけるように、彼女はいっているのだ。「私は優れているが、落ちないように、いつも気をつけていなければならない」

われわれは、別のケースで、同じライフスタイルが、早期回想と夢の中で働いているか見てみよう。少女はわれわれにいう。「アパートが建てられるのを見ることに関心があったことを覚えています」。彼女は協力的である、と推測できる。少女が、家を建てることに参加することは期待できないが、関心を持っているということから、他の人と仕事を共有することを楽しんでいることを示している。「私は少し小さくて、非常に高い窓の横に立っていました。窓ガラスが透き通っていたことを昨日のことのように覚えています」。彼女がそれが高いことに気づいていれば、心の中で高いことと小さいことの対比を考えているに違いない。彼女は「窓は大きく私は小さかった」といっているのである。彼女が普通よりも小さいことを聞いても、私は驚かないだろう。そして、これが、大きさを比較することに大いに関心を持たせることである。彼女が非常にはっきりと覚えていることに言及することは、一種の自慢である。

彼女の夢に戻ろう。「他の何人かの人が、私と一緒に車に乗っていました」。彼女は協力的である。他の人と一緒にいるのが好きである。「私たちはドライブし、森の前で止まりました。皆、車から降りて、森まで走って行きました。大体の人は、私よりも大きかったです」。ここでもまた彼女は背の違いに気づいている。「でも何とかエレベーターに乗るのに間に合いました。地下一〇フィートにある立杭まで下りて行きました。私たちは、ここから外に出たら、空気が私たちを汚染するだろうと思いました」。今や、彼女は危険を描いている。大抵の人は、ある種の危険を怖れている。人間はあまり勇気がない。しかし、彼女は続ける。「私たちは外に出ましたが、まったく安全でした」。ここに楽観主義を見ることができる。もしも協力的であれば、いつも勇敢で楽観的である。「そこに一分間いました。もう一度上っていって、すぐに急いで、車まで走って戻りました」。私は、この少女がいつも協力的であることを確信しているが、大きく背が高くなりたいと思っているという印象がある。あたかも、つま先で立っているかのような緊張をここで見るだろう。しかし、それは、彼女が他の人を好きであることと協力して何かを達成することに関心があることによって相殺されるだろう。

第六章　家族の影響

母親の役割

誕生の瞬間から、赤ちゃんは母親との結びつきを求める。これが、赤ちゃんの行動のすべての目的である。何ヶ月も、母親は、赤ちゃんの人生において、もっとも重要な役割を演じる。協力の能力が最初に発達するのは、この状況においてである。母親は赤ちゃんに他の人間との最初の接触、自分以外の誰かへの最初の関心を与える。母親は赤ちゃんにとって、社会生活への最初の橋である。母親や、母親の代わりとなる他の誰ともまったく結びつくことができない赤ちゃんは、必ず死ぬだろう。

この結びつきが、非常に親密で遠くまで及ぶという事実は、後になっても、遺伝の影響のようなどんな特徴も突き止めることができないということを意味している。遺伝されたかもしれないすべての傾向は、母親によって、適応、訓練、教育、改造された。母親のスキル、あるいは、スキルの欠如が、子どものすべての可能性に影響を与えた。母親のスキルということでわれわれが意味しているのは、ただ子どもと協力し、子どもに母親自身と協力することを説得する能力である。この能力は、一連の規則として教えることはできない。新しい状況は毎日起こる。母親の洞察と理解を子どもの必要に適用しなければならない無数の点がある。母親は子どもに関心があり、愛情を得て、子どもの幸福を確保することに関心を持っている時にだけ、このスキルを獲得することができる。

われわれは、母親の態度をそのあらゆる活動の中に見ることができる。赤ちゃんを抱き上げる時、抱く時、話しかける時、風呂に入れ、食事をさせる時はいつでも赤ちゃんと結びつく機会を持つことができる。もしも母親が仕事に熟練していなかったり、あるいは、関心がなければ、ぎこちなくなり、赤ちゃんは抵抗するだろう。子どもを入浴させることを学んだことがなければ、子どもは、入浴の時間を不快な経験だと思うだろう。母親と結びつく代わりに、母親から逃れようとするだろう。母親は、赤ちゃんをベッドに寝かせる方法、あらゆる動きと自分が出す音に習熟しなければならない。赤ちゃんを見守り、一人にしておくことに習熟しなければならない。赤ちゃんの環境の全体――新鮮な空気、部屋の温度、栄養、睡眠時間、身体の習慣と清潔を考慮しなければならない。母親は、あらゆる場合に、子どもが母親を好きになるか嫌いになるか、協力するか、協力を拒むようになるかの機会を与えているのである。

母性のスキルに特別の秘密はない。あらゆるスキルは関心と訓練の結果である。母性の準備は、人生の非常に早い時期に始まる。最初のステップは、少女の自分よりも年下の子どもへの態度、赤ちゃんと将来の仕事への関心に見られる。少年と少女にまさに同じ仕事が待ち受けているかのように教育することは勧められない。スキルのある母親を持とうとするならば、少女は母性に向けて教育され、母親になることを好み、それを創造的な活動と見なし、後に、自分の役割に失望しないような仕方で教育されなければならない。

われわれの西洋の文化は、不幸にして、母性を高く評価しない。少年が少女よりも好まれ、社会における少年の役割がより優れているならば、少女が将来の仕事を嫌いになるのは当然である。誰も従属的な位置に満足することはできない。このような少女たちが結婚し、自分自身の子どもを持つという予想に直面する時、何らかの仕方で抵抗を示す。子どもを生みたくないか、その準備ができていない。そのことを期待しない。創造的で興味のある活動とも見なさない。

これはおそらくわれわれの社会のもっとも大きな問題であるが、それに直面する努力はほとんどされていない。人間社会の全体は、女性の母性への態度によって規定されている。ほとんどどこにおいても、人生における女性の役割は、過小評価され、第二義的に扱われている。子ども時代においても、少年が、家事は召使いがする仕事であり、それを助けるために少しでも家事をすることは恥であるかのように見ていることが見られる。家を管理すること、家政は、あまりにしばしば、女性に開かれた仕事ではなく、女性に任された嫌な仕事と見なされている。

もしも女性が家事と家政に本当に興味を持つことができ、それによって、他の人の生活を軽くし豊かにできる芸術だと本当に見ることができれば、女性はそれを世界の他の誰とも比肩しうる仕事にすることができる。他方、男性にはあまりに卑しい仕事だと見なされたら、女性が自分の仕事に抵抗、反抗し、男性と対等であり、尊重され、能力を最大まで発達させる機会を持つ資格があることを証明し始めることは――このことは最初から明白であるべきだが――驚くべきことだろうか。しかし可能性は、共同体感覚によってだけ十分に発達させられ、共同体感覚は、もしも女性の発達に外側の限界と制限が課せられるのでなければ、女性を正しい方向に向けるだろう。

女性の役割が過小評価されているところでは、結婚生活のすべての調和は損なわれる。子どもを育てることが劣った仕事であると見なす女性は誰も、子どもたちが人生において好ましいスタートを切ることができるためには非常に必要なスキル、ケア、理解と共感を発達させることに専念することはできない。女性の役割に満足しない女性は、人生において、子どもと適切に結びつくことを妨げる目標を持っている。その目標は他の女性のものとは違う。しばしば、自分の個人的な優越性を証明することで頭がいっぱいになる。そして、このような見方からは、子どもたちは邪魔で迷惑なものでしかない。人生における失敗の原因を過去に遡れば、母親がその働きを適切に果たさなかったことがいつも見られる。母親は子どもを好ましい仕方でスタートさせなかったのである。母親が失敗し、自分の仕事に満足しないで、子どもたちに十分な関心を持たなければ、人類全体が危機に曝される。

しかし、母親をその失敗のゆえに罪があると見なすことはできない。罪はない。おそらく、母親自身が協力する訓練を受けてこなかったのであり、結婚生活において、抑圧され不幸だったのである。環境によって混乱し悩んでいるのかもしれない。無力感と絶望感に圧倒さえされている。よき家庭生活の発達を妨げるものは多い。母親が病気であれば、子どもたちに協力したいと思っても、家に帰るとあまりに疲れ果てている。経済状態が悪ければ、食べ物、服、気温がすべて子どもには悪いかもしれない。その上、子どもの行動を規定するのは子どもの経験ではない。それは子どもが自分の経験から引き出す結論である。問題行動のある子どもの背景を調べると、子どもと母親の間の関係に困難があることをしばしば見出す。しかし、同じ困難をよりよく子どもたちに見ることができる。ここで、われわれは、個人心理学の根本的な見方に戻ることになる。性格の発達においては、固定した原因はなく、子どもが目標を得るために経験を使い、それを人生についての見方の根拠にすることができるのである。例えば、子どもの栄養状態が悪ければ、そのような子どもが犯罪者になるということはできない。子どもが、自分の経験からどんな結論を引き出したかを見なければならない。

しかし、もしも母親が母親としての自分の役割に満足していなければ、そのような女性も子どもも困難に遭い、ストレスを受けることは明らかである。しかし、われわれは母性がどれほど強いかを知っている。調査によって、母親の子どもを守る傾向が他のすべての傾向よりも強いことが明らかになってきた。例えば、動物、ねずみや猿の間で、母性は性欲や食欲よりも強く、そこで一つだけ衝動を選ばなければならないとすれば、優勢なのは母性であることが示されてきた。

この追求の基礎は性的なものではない。それは協力の目標から由来する。母親はしばしば子どもを自分の一部であると見なす。母親は、子どもを通して人生の全体と結びついている。母親は自分が生と死の力を持っていると感じる。あらゆる母親において、われわれは、ある程度は、子どもを通して、実際に何かを創り出したという感覚を見つけることができる。母親は神が創造するような仕方で創造した、といっていいくらいである。無から生命を創り出したのである。母性の欲求は、実際、人間の優越性追求、神に似るという人間の目標の一つの側面である。それは、われわれに、この目標がいかに人類と深い共同体感覚に一致した他者への関心のために用いられるかという、もっともはっきりした例をわれわれに与える。

もちろん、どんな母親も子どもが自分の一部であるという感情を誇張し、子どもを自分の個人的な優越性の目標に利用しようとすることがあるかもしれない。母親は、子どもを自分に全面的に依存させ、子どもの人生をコントロールしようと試みるかもしれない。子どもがいつも母親に結びついたままでいるためにである。七十歳の農業を営む女性のケースの例を引こう。彼女の五十歳になる息子は、まだ母親と暮らしていた。二人とも同時に結核にかかった。母親は助かったが、息子は病院に搬送され死んだ。母親は息子の死を聞かされた時、こういった。「私は男の子を無事育て上げることは決してないことを知っていました」。母親は、子どもの人生のすべてに責任がある、と感じていたが、決して子どもを社会の完全な一員にしようとはしなかった。われわれは、彼女が息子と築いた結びつきを広げ、彼をまわりの人と協力するように導くことに失敗した時に、母親がどれほど誤っていたかを理解し始めることができる。

母親の関係は単純ではない。そして、子どもたちとの関係も過度に強調されてはならない。これは子どもたちだけではなく、母親にも当てはまる。一つの問題が過度に強調されて他のすべての問題が無視されるほど重視されれば、われわれが焦点を当てる一つの問題ですら有効に取り組むことはできない。母親は、自分の子どもたち、夫、母親のまわりの社会の全体とつながりを持っている。この三つの絆には等しい注目が与えられなければならない。三つのすべては冷静にコモンセンスを持って直面されなければならない。もしも母親が子どもたちとの結びつきだけを考えるのなら、子どもを甘やかしてだめにすることを避けることはできないだろう。そのような母親は子どもたちが自立心と他者と協力する能力を発達させることを困難にするだろう。子どもたちと結びつくことに成功した後は、母親の次の課題は、子どもの関心を父親を含めてまで広げることである。この課題は、母親が父親に関心を持っていなければ、ほとんど不可能であることがわかるだろう。母親は子どもの関心を社会環境、つまり、家族の中の他の子どもたち、友人、親戚、仲間の人間全般へも向けなければならない。母親は、子どもに信頼に値する仲間の人間の最初の経験を子どもに与えなければならず、それから、この信頼と友情をそれが人間社会の全体を含むところまで広げる準備ができていなければならない。

もしも母親が子どもが自分だけに関心を持つようにさせていれば、子どもは、後に他者に関心を持たせようとするあらゆる試みに腹を立てるだろう。子どもは、常に母親からの支えを探し、母親の注目を競っていると子どもが見なす人であれば誰にも敵意を感じるだろう。

母親が、夫や家族の他の子どもたちに示すどんな関心も、剥奪と感じられるだろう。そして子どもは「私の母は、私に属しているのであって、他の誰にも属していない」という見解を発展させるだろう。

大体において、現代の心理学者たちは状況を誤解してきた。例えばエディプス・コンプレックスというフロイトの理論においては、少年は母親と恋に落ち、母親と結婚したいと思い、父親を憎み、殺したいと思う傾向を持っている、と仮定されている。このような誤りは、もしもわれわれが子どもたちの発達を理解していれば、決して起こりえないだろう。エディプス・コンプレックスは、母親の注目の中心になって、他のすべての人を排除することを願う子どもにはっきりと現れるだろう。このような欲求は性的なものではない。それは、母親を従属させ、完全にコントロール下に置き、自分の奉仕者にさせたいという欲求である。それは、母親に甘やかされ、共同体感覚が他の世界を含まなかった子どもにだけ起こりうる。いつも母親とだけにつながっていた少年が、母親を愛と結婚の課題を解決する試みの中心にしたというケースも稀にあるが、このような態度の意味は、彼が母親をのぞいては誰とも協力することを考えることができなかったということだろう。他のどんな女性も、母親ほどにはいいなりになるとは信じることができなかったのである。エディプス・コンプレックスは、このように、いつも誤った育児の人為的な産物である。われわれは、遺伝的な近親相姦の本能が存在することを仮定したり、実際、このような逸脱が、その起源を性に持っているということを想像する根拠を持っていない。

母親が子どもを自分にだけ結びつけようとすると、子どもは、もはや母親の近くにはいることができない状況に置かれる時にはいつもトラブルがある。そのような子どもが、例えば、学校に行くと、あるいは、公園で子どもたちと遊ぶ時、子どもの目標は、常に母親の近くに留まることだろう。どんなふうにであれ、母親から離れることに腹を立てるだろう。いつも母親をそばに連れて行き、母親の考えを独占し、自分に注目させたいと思う。子どもの意のままである行為がたくさんある。いつも弱く、優しい、共感に訴える母親のお気に入りになるかもしれない。事が彼の思うように進まなければ、どれほど世話されることが必要かを示すために、しくしく泣いたり病気になるかもしれない。他方、怒りを爆発させるかもしれない。反抗的になったり、あるいは、注目されるために、母親と議論するかもしれない。問題のある子どもたちの中には、無数の種類の甘やかされた子どもがいる。そのような子どもは、母親の注目を得ようとし、母親以外のまわりの人からのあらゆる要求に抵抗する。

母親が犯す誤りを矯正する最善の方法は、すべての子どもたちを母親の世話から引き離し、子どもたちを保育士や施設に連れて行くことであると想像することは笑うべきである。われわれが母親の代わりを見つけようと試みる時はいつでも、われわれは母親の代わりを務める人を探しているのである。ちょうど母親がしているように、子どもたちに自分に関心を持たせる人である。子どもたち自身の母親を〔他者に関心を持てるように〕訓練する方がずっとやさしい。

時には発育がよくなかった子どもたちに対して施設で実験がされてきている。保育士やシスターが、子どもに個別のケアをするために見つけられた。あるいは、母親が自分の子どもと同じように世話をできる家庭で養育された。結果は、養母がよく選ばれたなら、常に大いに改善することがわかった。このような子どもたちを育てる最善の方法は、母親、父親、家庭生活の代わりを見つけることである。そして、もしもわれわれが子どもたちを親から引き取るのならば、われわれがするであろうすべてのことは、親の条件を満たすことができる他の人を探すことだろう。母親の愛情と関心が重要であることは、非常に多くの子どもが、孤児、庶子、あるいは、望まれない子どもや離婚した親の子どもであるという事実からも見ることができる。

継母の役割が困難であることはよく知られている。最初の結婚で生まれた子どもは、しばしば継母と闘う。問題は解決できないわけではない。私は多くの非常に成功した継母に会ってきた。しかし、女性は、あまりにしばしば、状況を十分に理解しない。おそらく、子どもたちは、母親を亡くした時、注目を得るために父親に向かい、父親に甘やかされる。今や子どもたちは、父親の注目を奪われたと感じ、継母を攻撃するのである。継母は闘い返さなければならないと感じ、子どもたちは、今や実際に抗議できる原因を持つことになる。継母は、子どもたちに挑戦したのであり、子どもたちは、以前に増して闘う。子どもとの闘いはいつも勝ち目のない闘いである。子どもは、打ち負かされることはなく、闘うことでは協力するように説得されない。このような闘いにおいては、もっとも弱い者が勝利する。与えることを拒む何かが子どもに要求される。それは決してこのような手段によっては得ることができない何かである。もしもわれわれが協力と愛は決して力によっては得られないことを知れば、数え切れない多くのストレスと無用な努力がこの世界においてなしで済まされるだろう。

父親の役割

家庭生活における父親の役割は、どの点から見ても、母親の役割と同じほど重要である。最初は、父親と子どもの関係は、母親との関係ほど親密ではない。われわれは、既に、母親が子どもの関心を父親を含むために広げることができなければ起こるいくつかの危険について述べた。結婚が不幸である場合、状況は、子どもにとって危険に満ちている。子どもの母親は、家庭生活において、父親を含めることができないと感じるかもしれない。子どもを全面的に自分にだけ留めたいと思うかもしれない。おそらく、両方の親が、子どもを人質として個人的な闘いにおいて使う。どちらも子どもを自分に結びつけ、パートナーよりも愛されたいと思う。

子どもたちが親の不和を見れば、子どもたちは、親を最後まで闘わせるのが非常に巧みである。このようにして、どちらが子どもをよりよく支配できるか、あるいは、より甘やかすことができるかを見るために競争が生じるかもしれない。子どもたちの環境がこのようであれば、協力するように子どもを訓練することは不可能である。子どもにとって他の人の間で協力することの最初の経験は、親の間の協力である。もしも親の協力が十分なものでなければ、子どもに協力することを教えることは期待できない。その上、子どもが結婚と両性のパートナーシップについての最初の考えを得るのは、親の結婚からである。不幸な結婚の子どもたちは、最初の印象が正されなければ、結婚について悲観的な見方をして育つことになる。異性を避けようとするか、あるいは、アプローチに必ず失敗すると確信するようになるだろう。このように、子どもは、もしも親の結婚が社会生活の協力的な部分、社会生活の産物、それへの準備でなければ、大いにハンディを背負うことになるだろう。結婚は、互いの幸福、子どもたちの幸福、社会の幸福のための二人のパートナーシップであるべきである。もしもこれらのどの点であれ失敗すれば、結婚は人生の要求を満たすことはできない。

結婚はパートナーシップなので、どちらが優越するというものであるべきではない。この点は、われわれが慣れているよりも、もっと緊密な考察をする必要がある。家庭生活の営みの全体において権威を使う必要はない。そして、一人が特に傑出しているか、あるいは、他の人よりも重視されていれば、不幸である。もしも父が短気であり、他の家族を支配しようとすれば、息子は、男性から期待されることについて、誤った見方をするようになるだろう。娘はもっと苦しむことになるだろう。彼女たちにとって、結婚は一種の従属、隷属に思えるだろう。時には、大人の生活においては、他の女性に性的な関心を育むことで、男性に対して身を守ることを求めるようになるだろう。

　もしも母親が支配的で家族の他のメンバーにがみがみいえば、立場は逆転する。少女たちは、おそらく、母親を真似て、彼女たち自身も鋭く批判的になるだろう。少年たちは、常に守りに回り、批判を怖れ、自分たちを従属させる試みに目を光らせる。時には、専制的なのは、母親だけではない。姉、妹、そして、おばも、少年をそのような場に追い込むために団結する。彼は控えめになり、決して進んで前に出て、社会生活に加わろうとはしなくなる。女性は皆同じようにがみがみいい、口やかましい態度を取るのではないか、と怖れ、女性をすべて避けようとするだろう。誰も批判されたくない。しかし、もしも批判から逃れることを人生の主たる関心にすれば、社会との関連のすべてが影響を受ける。あらゆる出来事を見る時に、それを「私は征服者か、あるいは征服されるのか」という見地から判断する。他者とのあらゆる関係を、潜在的な敗北、あるいは、勝利と見る人にとっては、いかなる仲間としての関係も可能ではない。

　父親の課題は、数語でまとめることができる。父親は、自分が妻と子どもと社会に対して優れた仲間であることを証明しなければならない。父親は、人生の三つの課題――仕事、交友、そして愛――に適切に対処しなければならない。そして、家族の世話と保護において、妻と対等の資格で、妻と協力しなければならない。父親は、女性の家庭生活における役割はぞんざいに扱われてはならないことを忘れるべきではない。母親を退位させることではなく、母親と共に働くことが、父親の課題である。たとえ家族の経済的な支えが父親によるとしても、それを分かち合うことの問題であることを強調することは、とりわけ重要である。父親は自分が何もかも与え、他の家族は受けるばかりであると見せることがあっては決してならない。よき結婚においては、父親が稼ぐという事実は家庭における分業の結果にすぎない。多くの父親は、自分の経済的な立場を、世帯を支配するための手段として使っている。家庭に支配者はいるべきではない。そして、不平等の感覚を創り出すあらゆる機会が避けられるべきである。

すべての父親は、われわれの文化は男性の特権的な地位を過度に強調してきたということ、その結果、妻は男性と結婚した時、ある程度は支配され、劣った地位に置かれることを怖れているという事実に気づくべきである。妻が家族の支えに経済的に貢献しているかどうかに関わりなく、もしも家庭生活が真に協力の場であれば、誰がお金を稼ぎ、それが誰に属するかは問題にならないだろう。

父親の子どもたちへの影響は非常に重要なので、子どもたちの多くは、生涯を通じて、父親を自分たちの理想と見るか、あるいは、最大の敵と見なす。罰、とりわけ体罰は、子どもたちにとって常に有害である。友情の精神で与えられないどんな教えも誤った教えである。不幸にして、家庭の父親が、子どもたちを罰する仕事を与えられている。これが不幸であることには多くの理由がある。まず第一に、それは母親の側に、女性は子どもを本当のところは育てることができず、女性は自分を助ける強い腕を必要とする弱い生き物であるという確信があることを明らかにしている。もしも母親が子どもたちに「お父さんが帰ってくるまで待っていなさい」といえば、男性を人生における最終の権威、真の力であると見なすことを子どもたちに準備しているのである。次に、それは、子どもたちの父親との関係を妨げ、父親をよき友人であると見なす代わりに、子どもたちを怖れさせる。おそらく、自分の手で子どもに罰を与えることで、子どもたちへの支配力を失うことを怖れる女性もいるだろう。しかし、父親に罰を任せることでは問題を解決することはできない。子どもたちは、復讐者を助けのために呼んだからといって、母親を責めないということにならない。多くの母親は、依然として「父親にいいつける」という脅しを子どもたちに従順を強いるための手段として用いている。男性の人生の役割について、子どもたちは、どんな種類の結論を引き出すだろうか。

もしも父親が人生の三つの課題に有用な仕方で対処していれば、父親は家庭の不可欠な一部、よき夫、よき父親である。父親は他の人とくつろいでいなければならず、友人を作ることができなければならない。友人を作れば、父親は既に彼の家庭を彼のまわりのより広い社会の一部にしているのである。彼は孤立しないであろうし、伝統的な考えに縛られないだろう。家庭の外からの影響は家庭の中へと入り、父親は子どもたちに共同体感覚と協力への道を示すだろう。

しかし、もしも夫と妻が別々の友人を持っていれば、非常に危険である。二人は、社会の同じグループの中で生き、友情によって離されてはならない。もちろん、私は、夫婦はしがみついていて、一人で出かけるべきではないといっているのではないが、二人が一緒であることに障害があるべきではない。このような困難は、例えば、夫が妻を友人のサークルへ紹介したくない時に起こる。その場合は、社会生活の中心は家庭の外にあることになる。子どもの成長において、子どもたちが、家庭はより大きな社会の一単位であって、家庭の外にも信頼できる人がいることを知ることは、非常に価値のあることである。

もしも父親が父親自身の両親、姉妹、兄弟と仲良くしていたら、協力する能力があることの好ましい兆候である。もちろん、父親は家を出て自立しなければならないが、このことは、父親はもっとも親しい親族を嫌いになり、縁を切るということを意味しない。時には、二人がまだ親に依存している時に結婚することがあるだろう。そして、自分たちと家庭を結ぶつながりを誇張するだろう。彼〔女〕

らが「家」という時、親の家のことをいっているのである。もしも依然として自分の親を家庭の中心と見なしているならば、自分自身の真の家庭を確立することはできないだろう。ここに、関係するすべての人の協力する問題がある。

時には、男性の両親が嫉妬する。息子の生活について、そのすべてを知りたいと思い、しばしば、新しい家庭において困難を創り出す。妻は十分に価値を認められているとは感じず、夫の両親が干渉することに腹を立てる。これは、とりわけ、男性が親に逆らって結婚する時に起こりがちである。親が間違っていたかもしれないし、そうでなかったかもしれない。息子が結婚する前であれば、息子の選択に不満であれば、反対することはできる。しかし、結婚した後は、できることは一つしかない。結婚が成功することを確実にするためにできることのすべてをしなければならないのである。家族の違いが避けられないのであれば、夫は困難を理解するべきであって、それについて心配するべきではない。夫は親の反対を自分たちが誤っていることと見なすべきではない。正しいのは、彼、息子であることを証明するために、最善を尽くすべきである。夫と妻が親の願いに屈する必要はないが、もしも協力があり、妻が夫の両親は自分たちのではなく妻である自分の幸福と利益のことを考えていると感じることができるのならば、明らかにうまくいく。

あらゆる人が、父親に大いに期待する一つの機能は、仕事の課題の解決である。父親は職業のための訓練を受けなければならず、自分と家族を扶養しなければならない。妻がこのことの援助をし、後には、おそらく子どもたちも援助するかもしれないが、われわれの西洋の文化では、経済的な責任は、主として男性にかかっている。この問題を解くことは、父親は働き、勇敢でなければならないということ、仕事を理解し、その利点と不利な点を知らなければならないということ、仕事において他者と協力し、他者に尊敬されなければならないということを意味する。

それは、さらに、これ以上の意味がある。父親は、自分自身の態度によって、子どもたちに仕事の課題に対処する方法についての例を示すのである。それゆえ、この問題に首尾よく取り組むために必要なことを調べなければならない。それは、人類の全体に有用でその幸福に貢献する仕事を見つけることである。彼自身が自分の仕事を有用であると見なしているかは、あまり大きな問題ではない。重要なことは、それが実際に有用であるべきであるということである。われわれは彼の言葉を聞く必要はない。もしも彼が自慢をする自己中心的な人であれば哀れである。しかし、同時に、彼がしている仕事が共通の善に貢献しているのであれば、大きな害はない。

今や愛の課題――結婚と幸福で有用な家族生活の構築――の解決について扱おう。夫への主な要求は、パートナーに関心を持つべきであるということである。人が別の人に関心があるかを見ることは、非常に容易である。もしも関心があれば、パートナーと同じことに関心があり、パートナーの幸福を自分自身の自発的な目的にする。関心を証明するのは愛情だけではない。万事がうまくいっていることの十分な証拠と見なさなければならないあまりに多くの種類の愛情がある。夫は妻にとっての仲間でなければならない。そして、妻を喜ばせることを喜びにしなければならない。二人のパートナーが、自分たちの共同の幸福を自分だけの幸福よりも高く位置づける時にだけ、真の協力は生じる。各々のパートナーは、自分自身よりも相手により関心を持たなければならない。

夫は、妻への愛情をあまり公然と子どもの前で見せるべきではない。夫婦の愛は、子どもへの愛と比べることはできないというのは本当である。両者はまったく別のことであり、どちらももう一方によって減るわけではない。しかし、時には、子どもたちが両親が互いへの愛情をあまりに見せつけると、自分自身の状況が脅かされていると感じる。子どもたちは嫉妬し、親の間にもめ事を引き起こしたいと思う。

性的なパートナーシップも軽んじられるべきではない。性的なことを説明する時に、父親が息子に、母親は娘に情報を先回りして与えるのではなく、子どもがその目下の成長段階で知りたいと思い、理解できることだけを説明することも重要である。今日は子どもたちが十分理解できるよりもはるかに多くのことを説明する傾向があると思う。このことは、子どもたちが準備できていない感情や感覚を呼び起こすことになる。このようにして、性的なことは軽視されている。この方法は、子どもたちに正直ではなく、あらゆる性的な情報を子どもたちから隠すというこれまでの方法と変わりはない。子どもが何を知りたいかを知り、子ども自身が考えている問題に答えるのが最善であり、子どもに大人の考えで誰もが知っておくべきことを強いることではない。われわれは、われわれが子どもに協力していて、子どもが課題の解決を見出す援助をすることに関心があるという子どもの信頼と感情を保たなければならない。もしもこれができれば、大きな誤りをすることはない。

お金は過度に強調されたり、喧嘩の主題にされるべきではない。お金を自分で稼いでいない女性は、夫たちが、通常、認識しているよりもずっと敏感で、浪費を非難されると深く傷つけられたと感じる。家計の問題は協力的な仕方で解決されるべきである。妻や子どもが、父親が負担できる以上に支払わせていいわけはない。最初から誰もが依存したり、ひどく扱われていると感じることがないように支出についての同意がされるべきである。

父親は、お金だけで子どもの将来の安全を保障できると考えるべきではない。私は、かつて、アメリカ人が書いた興味深いパンフレットを読んだことがある。そこには、非常に貧しい家庭に生まれた金持ちの男が、どのようにして自分の子孫を貧困から守りたいと思ったかが述べられていた。彼は、弁護士のところへ行き、どうすればそれができるかをたずねた。弁護士は、何世代を守れば満足なのか、と彼にたずねた。金持ちの男は、十世代に提供したいと答えた。

「わかりました。できますよ」。そう弁護士は答えた。「でも、この第十世代は、皆で五百人以上の先祖を持ち、それぞれがまた、あなたと同じだけの子孫を持つことになることをわかっておられますか。他の五百の家族が親戚だと主張できるでしょう。彼はもはやあなたの子孫でしょうか」

われわれは、ここで、われわれが、われわれ自身の子孫のためにすることが何であっても、共同体全体のためにしているという事実のもう一つの例を見ることができる。われわれは、われわれの仲間とのこの結びつきから逃れることはできない。

家族の中では権威は不必要だが、真の協力はなければならない。父親と母親は共に働かなければならず、子どもたちの教育に関するすべてのことについて合意しなければならない。父親も母親も、子どもたちの間でえこひいきを見せるべきではないことは、非常に重要である。えこひいきの危険は、いくら強調してもしすぎることはない。子ども時代のほとんどすべての勇気くじきは、他の誰かがひいきされているという感覚から生じている。時には、この感覚はまったく正当でないこともあるが、真の平等があるところには、そのような感覚が生じるはずもない。少年が少女よりもひいきされるところでは、少女の間の劣等コンプレックスはほとんど避けることができない。子どもたちは、非常に敏感で非常に優秀な子どもでも、他の子どもがひいきされているという疑いから、人生において誤った道を歩むこともありうる。

時には、子どもたちの一人が、他の子どもたちよりも早く、あるいは、より好ましい仕方で成長する。

この場合、この子どもにより愛情をそそがないことは困難である。親はどんなものであれ、このようなひいきを見せることを避けるに十分な経験があり、習熟しているべきである。さもなければ、よりよく成長する子どもは、他のすべての子どもに影を落とし勇気をくじくだろう。他の子どもは、よりよく成長する子どもを妬み、自分自身の能力を疑い、協力する能力は阻まれるだろう。親が子どもたちの誰もひいきしていないというだけでは十分ではない。子どもたちの誰であれ、その心の中にある、このようなえこひいきのどんな疑いにも油断なく警戒していなければならない。

注目と無視

子どもたちは、すぐに注目を得る方法を見つけ出すことの達人になる。例えば、甘やかされた子どもたちは、しばしば、暗闇の中で一人にされることを怖れる。彼〔女〕らが怖れるのは暗闇そのものではない。母親が自分の近くにくるようにさせることを試みる時に怖れを使うのである。あるこのような甘やかされた子どもは、いつも暗闇の中で泣いた。ある夜、母親が泣き声に応じて入ってきて、子どもにたずねた。「なぜ怖がるの」「とっても暗いから」。子どもが答えた。しかし、母親は、今や彼の行動の目的がわかった。「私がきたから少しでも暗くはなくなった?」。暗闇そのものは重要ではない。彼が暗闇を怖れることは、母親から離されることが嫌いであることを意味するだけだった。彼のすべての感情、力、精神力は、母親がきてもう一度子どもの近くにいなければならない状況を作り出すことに関わっている。彼は泣いたり、呼んだり、眠れなかったり、あるいは、何か他の仕方で自分を厄介者にすることで、母親を自分の近くにいさせようと努めるだろう。

教育者と心理学者の注目を常に引きつけた一つの感情は怖れである。個人心理学においては、われわれはもはや怖れの原因を見つけ出すことに関わらず、むしろ、その目的を突き止めることに関わる。甘やかされた子どもは皆、怖れに苦しんでいる。彼〔女〕らが注目を引けるのは、彼〔女〕らの怖れによってである。そして、この感情をライフスタイルの中へ組み込むのである。甘やかされた子どもは、それを母親の近くに居続けるという目標を確保するために使う。臆病な子どもは、甘やかされてきたが、もう一度、甘やかされたいと思う子どもである。

時には、この甘やかされた子どもたちは、悪夢を見、眠っている間に叫ぶことがある。これはよく知られた症状である。しかし、眠りは、それが覚醒の反対のものであると考えられていた限りは、理解することは困難だった。しかし、これは誤りだった。眠りと覚醒は反対ではなく、同じことの差異なのである。子どもは、夢の中で、昼間とほとんど同じような仕方でふるまう。状況を自分の有利になるように変えるという子どもの目標は、子どもの身体と心の全体に影響を及ぼす。そして、いくらかの訓練と経験を積んだ後で、この目標を達成するためのもっとも成功を収める手段を見つけるのである。眠っている時ですら、目的に適う思考、絵、記憶が心に浮かんでくる。甘やかされた子どもは、いくらか経験した後、悪夢を喚起するような思考を、母親を自分に近づけるために用いる方法を発見する。甘やかされた子どもは、大きくなってからも、しばしば、不安な夢を見続ける。夢の中で怖れることは、注目を得るための習慣にまで結晶化した何度も試みられ調べられた方法なのである。

不安をこのように使うことは非常に明白なので、夜の間に何の問題も起こさない甘やかされた子どものことを聞けば驚くだろう。注目を引くための欺瞞のレパートリーは非常に多い。寝間着が不快だといったり、水を飲みたいという子どもがいる。また、泥棒や怪物を怖れる子どもたちもいる。親が枕元にいないと寝つけない子どももいる。私が治療した一人の子どもは、夜中にまったく問題を起こさないように思えた。彼女の母親は、子どもは夢を見たり目を覚ますことなく熟睡し、まったく問題を起こさない、といった。問題を起こすのは昼間だけだった。私はこのことに驚いた。私は、母親の注目を引きつけ、母親を近くにこさせることに役立つあらゆるトリックを示唆した。この少女はそのどれも使わなかった。ついに説明を思いついた。

「子どもさんはどこで寝るのですか」

私は母親にたずねた。彼女の答えはこうだった。

「私のベッドの中でです」

病気はしばしば甘やかされた子どもの避難所である。というのは、病気になれば、それまで以上に甘やかされるからである。このような子どもが、病気が治った後すぐに、問題行動のある子どもであるサインを示し始めることはよく起こる。最初は、病気が子どもを問題行動のある子どもにさせたように見える。しかし、実際には、またよくなっても、病気だった時に彼になされた大騒ぎをよく覚えているのである。母親は、病気の時に甘やかせたようには、もはや子どもを甘やかすことはできない。そこで、子どもは、問題行動をすることで、親に復讐するのである。時には、他の子どもが病気になることで、注目の中心になったことに気づく子どもが、自分も病気になりたい、と思い、病気に感染することを期待して、病気の子どもにキスをすることさえある。

ある少女は、四年間入院していて、医師と看護師に非常に甘やかされた。最初は、家に帰ると、親にも甘やかされたが、数週間すると親の注目は減った。彼女が何かがほしいといっても、それを拒まれると指を口の中に入れて「私は入院していたのよ」といったものだ。彼女は、自分が病気であることを絶え間なく他の人に思い出させ、自分がいた好ましい状況を再び作り出そうと試みたのである。

病気や受けた手術についてしばしば話したがる大人にも、この少女と同じ行動を見ることができる。他方、親にとって問題だった子どもが、しばしば病気の後に変わり、もはや親をわずらわさなくなることがある。われわれは、既に器官劣等性が子どもにとっては余分の重荷であることを見たが、それが性格の悪い傾向を説明するためには十分ではないことも見た。それゆえ、われわれは、身体の問題を治療することが、それ自体で、変化と何か関係があるのか疑う。

家族の第二子の男子である、ある少年が虚言、盗み、学校の無断欠席、残酷、不服従によって、大きな問題を起こした。教師は彼をどうしていいかわからず、矯正学校に入れるべきだといった。この時、彼は病気になった。股関節結核になり、ギブスをはめて六ヶ月寝たきりだった。回復した時、彼は家族の中でもっとも行儀のよい子どもになった。われわれは、彼の病気がこの効果をもたらしたとは信じない。そして、すぐに変化は、彼の前の誤りを認識したことによることが非常にはっきりとした。彼は、親はいつも他のきょうだいをひいきにしており、自分はいつものけ者にされていると思っていた。病気の間、彼は自分が注目の中心にいて、皆に世話され助けられていることがわかった。そして、彼は自分がいつも無視されているという考えを止められるほど十分賢明だったのである。

きょうだい間の対等

今やわれわれは、家族の協力の等しく重要な部分、子どもたち自身の間での協力に到達する。子どもたちが対等と感じなければ、人類の共同体感覚は確固たるものにはならないだろう。少女と少年が互いに対等であると感じなければ、両性の間の関係は、非常に大きな問題を起こすことになるだろう。多くの人が「なぜ同じ家族の子どもなのに、こんなに違うのか」とたずねる。ある科学者たちは、それを遺伝子が違うことの結果として説明することを試みてきた。しかし、われわれは、これが迷信にすぎないことを見てきた。子どもの成長を若い木の成長と比べてみよう。一群の木が一緒に育っていても、それの一つ一つは、実際には、非常に異なった状況の中にある。もしも一つの木が、太陽と土により恵まれて早く育てば、その木の発達は、他のすべての木の成長に大きな影響をもたらす。それは他の木に影を落とす。根は伸び、他の木の栄養を奪い取る。他の木は、成長を妨げられ大きくならない。同じことは、きょうだいの中の一人だけが優秀である家庭にも当てはまる。

われわれは、父親も母親も、家族の中で支配的な位置を占めるべきではないということを見た。父親が非常に成功したか、あるいは、才能があれば、子どもたちは、しばしば、父親の業績に匹敵することはできない、と感じる。子どもたちは、勇気をくじかれる。人生への関心は減る。これが有名な男性、女性の子どもたちが、時に、親や他の社会にとって失望であることの理由である。その結果、親がその職業で成功していれば、家族の中で成功をあまり重視しないのがいい。さもなければ、子どもたちの成長は妨げられるだろう。

同じことが、子どもたち自身にも当てはまる。もしも一人の子どもが特別によく成長すれば、その子どもが、大いに注目されひいきされるということはありそうなことである。それは、その子どもには喜ばしい状況だが、他の子どもたちは違いを感じ、そのことに腹を立てる。人が怒ったり、いらいらすることなしに、他の誰かよりも低く評価されるという経験に耐えることはできない。優秀な子どもは他のすべての子どもを損ないうる。そして、他の子どもたちは皆、精神的な刺激の欠如で苦しんで成長していくことになる。彼〔女〕らは優越性の追求を止めないだろう。この追求には終わりがないからである。しかし、それは、非現実的、あるいは、社会的に有用ではないような方へと向きを変えることもある。

家族布置

個人心理学は、家族の中での位置に感じられた相対的な利点と不利な点をたずねることで、非常に広い調査の仕事の領域を開いた。この問題をもっとも簡単な形で考察することを可能にするために、親が子どもを育てる時によく協力していて最善を尽くしていると仮定しよう。家族におけるそれぞれの子どもの位置は、それでも大きな影響を及ぼし、それぞれの子どもは他の子どもとはまったく違う状況の中で成長するだろう。われわれは、状況は家族の中の二人の子どもたちにとって決して同じではないことを繰り返さなければならない。そしてそれぞれの子どものライフスタイルは、子ども自身の特有の状況へ自分を適応させる試みを反映するだろう。

第一子

第一子は皆、ある期間一人だったが、突然、弟や妹が生まれた時に、新しい状況へ自分を適応させることを強いられたという経験を持っている。第一子は、通常、大いに注目され甘やかされる。家族の中心にいることに慣れている。あまりにしばしば、まったく突然に、準備もなしに、自分がいた地位から追い出されたことに気づく。他の子どもが生まれ、もはや一人ではないのである。今や親の注目をライバルと共有しなければならない。このような変化は常に衝撃を与える。多くの問題行動のある子どもたち、神経症者、犯罪者、アルコール依存者、性倒錯者は、このような状況の中で困難を感じ始めたのである。彼〔女〕らは、弟、妹が生まれたことを深く心に刻み、その時の王位を剥奪されたという感覚がライフスタイルの全体を形作ったのである。

第一子の次に生まれる弟や妹も、同じように、自分の地位を失うかもしれないが、おそらくは、第一子ほどは強くは感じないだろう。彼〔女〕らは、既に、他の子どもと協力することを経験しており、一度も、自分だけが世話と注目の唯一の対象になったことはない。第一子にとっては、それは完全な変化である。きょうだいが誕生した時に、実際に無視されるのであれば、第一子が状況を容易に受け入れることを期待することはできない。もしも恨みを抱けば、それを支持することはできない。もちろん、彼〔女〕が親に愛されていることを感じるようにさせていれば、もしも彼〔女〕が自分の位置が確かなものであり、そして、とりわけ、もしも弟や妹の誕生に注意深く準備されており、弟、妹を世話することに協力する訓練がされていれば、危機は悪い影響なしに通り過ぎるだろう。しかし、通常は準備されていない。新しく生まれた子どもは、たしかに、注目、愛情、感謝を彼〔女〕から奪い取る。そこで母親を自分に取り戻そうとし、注目を得る方法を考え始める。時には、母親が、二人の子どもたちに、もう一人の子どもよりも自分に母親を関わらせようとして、こちらやあちらに引っ張られるのを見ることができる。

第一子は、力を使い、新しい策略を考えつくことが上手にできる。このような状況で、第一子が何をするかは、当然、想像できる。第一子は、もしもわれわれが彼に代わって彼の目的を追求するならばするであろうようなことをまさにするだろう。われわれは、母親を心配させて闘い、母親がわれわれを見過ごすことができないことをするだろう。第一子も同じことをするだろう。ついには、彼〔女〕は、母親の我慢を枯渇させるだろう。彼〔女〕は、絶望的な闘いをすることで、できることをすべてするだろう。母親は彼〔女〕が引き起こす問題に疲れ果てる。そして、今や、もはや愛されないということがどんなことかを経験することを実際に始めるのである。母親の愛を求めて闘っていたのに、結果として愛情を失う。背景に押しやられたと感じるが、行動によって、実際に、押しやられるのである。彼〔女〕らは、自分は正しかったと感じる。「知っていた」と彼〔女〕はいう。他の子どもたちが間違っていて、自分は正しいのである。罠にはまったかのようである。闘えば闘うほど、彼〔女〕の立場は悪くなる。終始、自分の状況についての見方は確かめられる。あらゆることが自分は正しいといっている時に、どうして闘いを断念することができようか。

このような闘いのすべてのケースにおいて、われわれは個々の状況を調べなければならない。もしも母親が闘い返せば、子どもは短気で、手に負えなくなり、批判的で、反抗的になるだろう。母親に反抗すると、父親が、しばしば、自分の以前の有利な位置を更新する機会を提供する。子どもは、父親により関心を持ち、父親の注目の愛情を得ようとする。第一子は、しばしば父親をより好む。子どもが父親を好む時は、いつもこれが二番目の段階であることを確信できる。最初は、母親に結びついていたのだが、今は母親は第一子の注目を失い、母親への非難として愛情を父親に移したのである。もしも子どもが父親を好むならば、われわれはその前に子どもが挫折を経験したことを知っている。自分が拒まれ、追い出されたと感じた。彼〔女〕はそれを忘れることができず、ライフスタイルの全体は、この拒絶という感覚をめぐって作られるのである。

このような闘いは、長く続き、時には、生涯にわたって続く。子どもは、あらゆる状況で闘い、抵抗し、闘い続ける訓練をしてきた。おそらく、彼〔女〕の関心を引ける人は誰もいない。そこで、彼〔女〕は絶望し、誰の愛情も得ることができない、と想像する。気難しくなり、控え目になり、他の人と結びつくことができない。子どもは孤立する訓練をする。このような子どもの行動と表現はすべて、過去へ、自分が注目の中心だった過ぎ去った時に向けられることになる。

このため、第一子は、通常、何らかの仕方で、過去への関心を示す。過去を振り返り、過去について話すのが好きである。過去の崇拝者であり、未来について悲観的である。時には、自分の力、自分が支配する小さな王国を失った子どもは、他の人よりも力と権威の重要性を理解する。大きくなると、権力の行使に参加することが好きになり、支配と法律の重要性を誇張する。すべてのことは、支配に従ってなされるべきであり、如何なる法も変えられるべきではない。力は、常にそれを持つ資格があるものの手に保持されているべきである。われわれは、子どもの時代におけるこれらの影響が、保守主義に向かう強い傾向をもたらすことを理解できる。このような人が自分のためによい地位を確立すれば、他の人が自分の地位を奪い、王座から下ろすという意図を持って後ろから近づいてくるのではないか、といつも疑うようになる。

第一子の位置は、特別な問題を提供するが、利点となるように用いられ、向きを変えられる位置である。もしも第一子が、弟や妹が生まれた時に、既に協力に向けて訓練されていれば、何の害も被らない。このような第一子の中に、他の人を守り、援助したいと思うようになる人を見ることがある。そのような人は、父親か母親を模倣する訓練をする。しばしば、下のきょうだいに対して、父親か母親の役割を果たす。きょうだいの世話をしたり教えたり、きょうだいの幸福に責任を感じる。他の人を保護したいと努めることは、誇張されると、他のきょうだいを依存させ続けたり、支配したいという欲求になることもあるが、これらは望ましいケースである。

ヨーロッパとアメリカにおける私自身の経験では、私は、問題行動のある大多数の子どもたちが、第一子で、次が末子であることを見てきた。これらの極端な順位が、もっとも大きな問題をもたらすことは興味深い。われわれの教育方法は、第一子の困難を解決することにまだ成功していない。

第二子

第二子はまったく違う順位、他の子どもたちと比べることができない状況の中にいる。生まれた時から、第二子は他の子どもと〔親の〕注目を共有する。それゆえ、第一子よりも協力に少し近いところにいる。まわりには人が多く、第一子が第二子に対して闘い、押し戻しているのでなければ、非常にいい位置にいるのである。しかし、第二子のもっとも重要な事実は、子ども時代を通じてペースメーカーを持っているということである。いつも年齢と成長の点で、自分の前にいる子どもがいて、絶え間なく追いつくために努力するよう刺激されるのである。典型的な第二子は、すぐにわかる。競争しているかのように、誰かが一歩か二歩前にいて、追いつくためには急がなければならないかのようにふるまうのである。いつも全力を出す。絶え間なく兄に優り、征服しようと苦戦する。

聖書にはすばらしい心理学的な洞察が含まれている。典型的な第二子はヤコブの物語に美しく描かれている。ヤコブは一番になってエサウの地位を奪い、エサウを打ち負かし優りたかった。第二子は後ろをのろのろ歩いているという感覚にいらだたされ、他の人に追いつこうと一生懸命になる。そしてしばしば成功するのである。第二子は、しばしば、第一子よりも才能があり成功する。ここで、われわれは、遺伝がこのような成長に関係があることを示唆することはできない。もしも先をより早く行くとすれば、そうするよう一生懸命になったからである。大きくなって家庭から出ていっても、しばしば、ペースメーカーを利用する。第二子は、自分を自分よりも有利な位置にあって自分をしのごうとしていると思う誰かと比べる。

このような特性を見るのは目覚めている時だけではない。その特性は、パーソナリティのあらゆる表現にその印を残し、夢の中でも容易に見られる。第一子は、例えば、しばしば落ちる夢を見る。頂上にいるのだが、自分の優越性を保てるか確信できない。他方、第二子は、しばしば競争している夢を見る。汽車を追いかけたり、自転車競争をしている。時には、これらの忙しい、急いでいる夢は非常に特徴があるので、夢を見ている人が第二子であることを容易に想像できる。

しかし、鉄則はないといわなければならない。第一子のようにふるまうために第一子である必要はない。状況が重要なのであって、誕生順位が重要なのではない。大きな家族では、後から生まれた子どもは、時に第一子と同じ状況にいる。おそらく、二人の子どもが年の差があまりなく続いて生まれ、それから、長い間隔を空けて三番目の子どもが生まれ、さらに、他の二人が続いたのである。三番目の子どもは第一子のあらゆる特徴を見せるかもしれない。第二子についても同じである。典型的な「第二子」は四人あるいは五人の子どもが生まれた後に現れるかもしれない。二人の子どもが年が接近して育ち、他のきょうだいから離される時は、二人はいつも第一子と第二子の特徴を見せるだろう。

時には、第一子が、この競争に負けることがある。その時、第一子が問題行動を始めることを見るだろう。時には、自分の地位を維持して、弟、妹を押さえつけることができる。その時には、第二子が問題を起こす。第一子の兄の下に第二子の妹がいるというのは、第一子にとって、非常に困難な地位である。彼は妹に負けるという危険を冒すことになる。彼は、おそらく、そのことをわれわれの現在の社会において、大いに恥ずかしいことと見なす。少年と少女の間の競争関係は、二人の少年の間、あるいは、二人の少女の間の競争よりも激しい。

この闘いにおいては、少女が本性的に有利である。十六歳までは、少女の方が、少年よりも身体的にも精神的にもより早く成長するからである。しばしば、兄が闘いを断念し、怠惰になり勇気をくじかれるということが起こる。そこで、こそこそした手段で、例えば、自慢したり、嘘をいって優越性を得ようとする。このようなケースにおいては、少女が勝つといってもまず間違いはない。われわれは、少年があらゆる種類の誤った道を歩むのを見るが、他方、少女は問題を楽々と解決し、驚くほどの進歩をとげるのを見るだろう。このような困難は避けることができるが、危険は前もって認識されていなければならず、どんなものであれ、損害をこうむる前に〔回避の〕手段を取らなければならない。悪い結末は、対等で協力的な成員から成る家族においてのみ避けることができる。そのような家庭では、競争する必要がなく、子どもが自分は脅かされていると感じ、自分の時間を闘いの中で過ごさなければならない理由がないのである。

末子

末子を別として、すべての子どもには、後からやってくる子どもがいるので、王位から転落することがありうる。しかし、末子は王座から転落することはできない。後からくるきょうだいがおらず、ペースメーカーがたくさんいるからである。末子は常に家族の赤ちゃんで、おそらくもっとも甘やかされる。甘やかされた子どもであれば誰もが持つ問題に直面するが、非常に刺激され、大いに競争するので、末子は、しばしば、並外れてよく発達し、他の子どもたちよりも早く成長し、すべての子どもに優る。末子の位置は人間の歴史を通して変わらない。われわれのもっとも古い伝説において、末子がいかに兄や姉よりも優っているかという話が見られる。

聖書においては、征服するのは常に末子である。ヨセフは、末子として育てられた。ベニヤミンが十七年後に生まれたが、彼はヨセフの成長には何の役割も果たさなかった。ヨセフのライフスタイルは、典型的な末子のライフスタイルである。彼は夢の中においてさえ、いつも優越性を主張する。他の人は彼の前に跪かなければならない。彼は他のすべての人を影の中に置く。きょうだいたちは彼の夢を非常によく理解した。困難なことではなかった。というのも、ヨセフといたからであり、彼の態度は非常に明らかだったからである。彼〔女〕らも、ヨセフが自分自身の中で喚起した感情を経験した。ヨセフを怖れ、抹殺したいと思った。しかし、ヨセフは、最後であることによって一番になった。後に、ヨセフは家族全体の柱と支えになった。

末子は、しばしば、家族全体の柱である。これは偶然ではない。これはいつも知られてきたことであり、末子の力についての物語が語られてきた。末子は、実際、非常に有利な位置にある。親ときょうだいに助けられ、野心と努力を大いに刺激され、後ろから攻撃したり、あるいは、注目を逸らす人は誰もいないからである。

しかし、既に見たように、末子は、問題行動のある子どもの二番目に大きなグループを形成する。このことの理由は、末子が家族全体に甘やかされる仕方にある。甘やかされた子どもは、決して自立できない。末子はいつも野心があるが、すべての子どもたちの中で、もっとも野心のある子どもは怠惰な子どもである。怠惰は勇気くじきと結びついた野心の印である。この野心は非常に強いので、人はそれを実現する見込みはほとんどない。末子は、時には、何一つ野心があるとは認められないが、これはあらゆることにおいて優れていたいからである。末子がどれほど劣等コンプレックスを持つかということも明らかである。末子のまわりの人は皆、年上で、力があり、経験もあるからである。

単独子

単独子は、独得の問題を持っている。ライバルはいるが、きょうだいがライバルではない。競争しているという感覚は、父親に向けられる。単独子は、母親に甘やかされる。母親は、子どもを失うことを怖れ、自分の傘下に置きたいと思う。単独子は、いわゆる「マザーコンプレックス」を発達させる。母親のエプロンの紐にしがみつき、父親を家族の全体像から排除したいと思う。このことも、もしも父親と母親が協働し、子どもに父親と母親の両方に関心を持たせれば防ぐことができる。しかし、大抵のケースでは、父親は母親よりも子どもに関わることが少ない。第一子が、時には、非常に単独子に似ることがある。第一子は父親よりも優れたいと思い、自分よりも年上の人と一緒にいることを楽しむ。

単独子はしばしば後から弟や妹が生まれることを死ぬほど怖れる。家族の友人は「弟や妹を持つべきだ」という。単独子はこんなふうになるかもしれないことを非常に嫌う。いつも注目の中心にいたいのである。これこそが自分の権利である、と実際に感じており、もしもこの立場が挑戦されたらひどい目にあった、と感じる。単独子の成長を危うくする別の状況は、臆病な環境に生まれてきた場合である。もしも親が医学的な理由でこれ以上子どもを持てないという場合、単独子の問題を解決できるためにできることはない。しかし、このような単独子が、それ以上子どもを持てなかったであろう家族の中にしばしば見られる。親は臆病で悲観的である。経済的に一人の子ども以上を扶養できないだろう、と感じている。全体の雰囲気は、不安に満ちており、子どもはひどく苦しむ。

もしも家族の中で子どもたちの間隔が長ければ、それぞれの子どもたちが単独子の特徴のいくつかを持つことになるだろう。状況はあまり好ましくはない。私はしばしば「家族にとってどれくらい子どもの間隔を空けるのが一番いいと思うか」「子どもたちは間を空けずに生んだ方がいいか、それとも、子どもと子どもの間は離す方がいいか」とたずねられる。私の経験から、私は最善の間隔は三年ほどだというだろう。三歳になれば、子どもは弟か妹が生まれたら協力することができる。三歳であれば、家族の中に一人以上の子どもがいることがありうるということを理解できる。一歳半か、二歳であれば、子どもとこのことについて話し合うことはできない。われわれの議論を理解できない。それゆえ、下に子どもが誕生するということに対して子どもを適切に準備することはできないだろう。

女の子ばかりの家族の中で育てられた単独子の男の子は、行く手に困難が待ち構えている。父親が一日の大半いなければ、まったく女性的な環境の中にいることになる。母親、姉、妹、おそらくヘルパーしか見ない。自分が違うと感じ、孤立して育つ。これは女性たちが彼を束になっていじめる場合に特に当てはまる。彼女たちは皆で力を合わせて彼を育てなければならないと思うか、うぬぼれていい理由はないということを証明したいと思う。多くの対立と競争がある。中間子であれば、おそらくは最悪の立場にいることになる。上と下の両方の側から攻撃されるからである。第一子であれば、後から非常に激しい競争者である妹から追われる危険がある。末子であれば、甘やかされる。

女の子ばかりの中の一人の男の子の状況はあまり好ましいものではないが、問題は、他の子どもたちに会うことができる積極的な社会生活を持っていれば解決される。さもなければ、女の子に囲まれて、少女のようにふるまうかもしれない。女性的な環境は、両性が混じった環境とは非常に異なる。もしも家庭が標準化されず、その中の人の好みに従って整えられると、女性が住む家庭は小ぎれいでさっぱりしており、色も注意深く選ばれ、無数の細部に注目が払われるだろう。男性と少年がいれば、それほどきれいに片付いてはいない。乱雑であり、騒がしく、家具が壊れている。女の子の中の一人の男の子は、女性的な趣味と人生について女性的な見方を持って成長する傾向がある。

他方、このような雰囲気に強く反撃し、自分の男性性を強調するかもしれない。その時、常に防御する側にいて、女性に支配されないよう決心する。自分の個性と優越性を主張しなければならないと感じるだろうが、常にある程度の緊張状態にあるだろう。彼の成長は極端に進む。非常に強くなるように自分を訓練するか、非常に弱くなるように訓練するかどちらかである。男の子の中の一人だけの女の子は、ほとんど同じ仕方で、非常に女性的な性質か、あるいは、男性的な性質を発達させやすい。その結果、生涯にわたって安全ではなく無力であるという感覚につきまとわれる。これは研究と調査に値する状況である。われわれはそれに毎日出会うことはない。それについて多くのことをいう前に、より多くのケースを調べなければならない。

大人を研究した時は、私はいつも子ども時代の初期に与えられ、その後もずっと残っている印象を見てきた。家族の中の位置は拭いがたい特徴を人のライフスタイルに残す。あらゆる発達の困難は、家族の中での競争と、協力の欠如によって引き起こされる。われわれの社会生活を見渡し、あるいは、実際、われわれの世界全体を見て、なぜ競争がそれのもっとも顕著な面であるかを見れば、人はあらゆるところで征服者になること、他の人を圧倒して優るという目標を追求していることを認めなければならない。この目標は、子ども時代の初期における競争の訓練と、自分が家族全体の対等の部分ではないと感じてきた子どもたちが競争的な追求努力をしたことの結果である。われわれは、これらの不利を子どもたちを協力するようによりよく訓練することによってだけ、取り除くことができる。

第七章　学校の影響

学校は家族の伸ばされた手である。もしも親が、子どもたちの訓練を引き受け、子どもたちを人生の課題を解決するために十分に適応させることができれば、学校教育の必要はないだろう。かつては、子どもは、しばしば、ほとんど家庭の中だけで訓練された。職人は、息子たちを自分の技術を身につけるように育て、自分自身の父親と自分の一切の経験から獲得した技術を教えるだろう。しかし、われわれの現在の文化は、われわれにより複雑な要求を課すので、親の仕事を軽減し親が始めたことを続けるために、学校が必要である。社会生活は、われわれが家庭で与えることができるよりも高度な教育を社会の成員から要求する。

アメリカにおいては、学校は、ヨーロッパにおいて起こったすべての段階を通過しなかったが、それでも権威主義的な伝統の遺物を見ることができる。ヨーロッパの教育の歴史においては、最初は、王子と貴族だけが学校教育を受けた。彼らは価値が与えられていた社会の唯一の成員だったのであり、他の人は自分の仕事をすることだけを期待され、それ以上のことは望まれていなかった。後になって、社会にとって価値があると見なされる人の範囲が拡大された。教育は宗教団体に引き継がれ、選ばれたわずかな人だけが、宗教、芸術、学問、プロの技術の訓練を受けることができた。

工業技術が発達し始めると、この古い形の教育は十分ではなくなった。より広い教育を求める闘いが続いた。村と町の教師は、しばしば、靴直し職人であり、仕立屋だった。彼らは手に棒を持って教えたが、その結果は非常に不十分なものだった。宗教学校と大学だけが芸術と科学を教え、時には皇帝すら書いたり、読めるようにはならなかった。今や労働者が読んだり書いたり、計算をしたり、図面を描くことが必要になった。そこで、われわれが知っているような公立の学校が設立されることになった。

しかし、これらの学校は、常に政府の理想に一致して設立された。そして、時の政府は、上流階級の利益のために訓練され、兵士になるような従順な臣民を持つことを目指した。学校のカリキュラムは、この目的に即したものだった。私自身は、オーストリアでこれらの条件が一部残っていた時代を思い出すことができる。もっとも特権が少ない階級が、彼らの地位に適当な仕事に適応し従順であるようにさせられていた時である。しかし、この種の教育が十分ではないことがますます明らかになっていった。自由が育った。労働者階級がいよいよ強くなり、より高い要求をするようになった。公立学校はこれらの要求に適応するようになった。そして、今や子どもたちが、自分のために考え、文学、芸術、科学に親しむ機会を与えられ、われわれの人間文化全体を共有し、それに貢献するために育つことが、普遍的な教育の理想になった。われわれは、もはや、子どもたちを生計を立てたり、工場で働くためにだけ教育したくはない。われわれは仲間がほしいのである。文化という共通の仕事の中で、対等で、自立した、そして責任のある協力者がほしいのである。

教師の役割

学校改革を提案する人は皆、知っていようといまいと、社会生活における協力の程度を高める方法を探している。これが、例えば、性格教育の要求の背後にある目的である。そして、もしもこの観点で理解すれば、それは明らかに正しい要求だろう。しかし、概して、教育の目的と技術は、まだ完全には理解されていない。われわれは、子どもたちをお金を稼ぐだけではなく、人類にとって益となる仕方で働くように訓練する教師を見つけなければならない。彼〔女〕らは、この仕事の重要性を感じ、それを果たす訓練を受けなければならない。

性格教育の重要性

性格教育はまだ試験段階である。われわれは法廷を考慮から外さなければならない。そこでは、真剣で組織的な性格教育の試みがなされていないからである。しかし、学校においても、結果はあまり満足のいくものではない。既に家庭生活で失敗した子どもたちが学校にくるが、子どもたちの誤りは、授業を聞き訓戒をどれだけ受けても減ることはない。それゆえ、教師が学校における子どもの成長を理解し援助するように、教師を訓練するしかない。

これが私自身の仕事の大部分を占めてきた。私はウィーンの学校の多くは世界を導くと信じている。他のところでも、子どもたちを診て、子どもたちのケアについて助言をする精神科医はいる。しかし、教師がどんな助言をするかについて精神科医と考えを同じくし、どのようにそれを実行するかを理解していなければ、そのことがどんな役に立つというのか。精神科医は、子どもを週に一度か二度診る。おそらく、日に一度ということさえあるだろう。しかし、精神科医は、実際には、環境、家族、家族の外、学校自体からの影響を知らない。精神科医は、子どもの栄養状態をよくするべきだ、とか、あるいは、甲状腺の治療を受けるべきだ、と書き留める。おそらく、子どもを個人的にどう治療するかというヒントを教師に与えるだろう。しかし、教師は精神科の処方の目的を知らないのであり、誤りを回避する経験がない。自分自身が子どもの性格を理解していなければ何もできない。精神科医と教師の非常に緊密な協力が必要である。教師は、精神科医が知っているすべてのことを知っていなければならない。子どもの問題について議論した後で、援助を受けることなしにさらに自分自身でやっていけるためにである。たとえどんな不測の事態が生じても、教師は、ちょうど精神科医がいればするのと同じように、何をするのか理解していなければならない。もっとも実際的な方法は、われわれがウィーンにおいて確立したような児童相談所である。この方法については、この章の最後の方で書きたい。

子どもが初めて学校に行く時、子どもは社会生活における新しい課題に直面している。そしてこのテストは、子どもの発達におけるどんな誤りも明らかにするだろう。今や、以前よりも、広い場で協力しなければならない。もしも家庭で甘やかされてきたのであれば、おそらく保護された生活から去りたくはないし、他の子どもたちと一緒になりたくはないだろう。このようにして、学校でのまさに最初の日に、甘やかされた子どもの共同体感覚には限界があるのを見ることができる。子どもは泣くかもしれないし、家に連れて帰ってほしいと思うかもしれない。学校の課題と教師に関心を持たないだろう。話されていることを聞こうとはしないだろう。いつも自分のことばかり考えているからである。自分にしか関心を持たなければ、学校で後れを取ることは明らかである。親は、しばしば、問題のある子どもについて、家庭では何の問題もない、問題は学校だけで起こる、とわれわれに語る。しかし、家庭では、子どもはことのほか好ましい状況にいると感じているのではないか、と推測できる。そこではどんなテストもないので、発達上の誤りは明らかにはならない。しかし、学校では、もはや甘やかされないので、状況を敗北として経験するのである。

ある子どもは、学校での最初の日から、教師が何をいっても、それに対して笑ってばかりいた。学校で課題には関心を示さず、精神発達遅滞に違いないと考えられた。彼を診た時、私は彼にいった。「みんながなぜ君はいつも学校で笑っているのか不思議に思っているよ」

彼は答えた。「学校は親がでっちあげた冗談だ。親は子どもたちをばかにするために学校にやらせるんだ」

彼は家ではいじめられており、あらゆる新しい状況が、彼に対する新しい冗談である、と確信していた。私は、彼に、自尊心を保つ必要性を過度に強調していること、すべての人が彼をばかにしようとしているわけではないということを示すことができた。その結果、彼は学校の課題に関心を持つことができ、非常に進歩した。

教師と子どもの関係

子どもたちの困難に気づき、親の誤りを正すことが、教師の課題である。このより広い社会生活に準備ができている子どもたちがいる。そのような子どもたちは、既に家庭で他者に関心を持つ訓練がされている。しかし、準備ができていない子どももいる。そして問題に準備できていなければいつも、躊躇したり、しりごみする。遅れているが、たしかに精神発達遅滞ではない子どもは皆、社会生活への適応という課題の前でためらっているのである。そして、教師は、子どもが新しい状況に立ち向かう援助をするための最善の位置にいる。

しかし、どんなふうにして助けることができるだろうか。教師はまさに母親がするべきことをしなければならない。つまり、子どもを自分自身に結びつけ、自分に関心を持たせるのである。子どもの未来の適応のすべては、最初に子どもの関心をとらえることにかかっている。このことは、厳格だったり罰することでは決してできない。もしも子どもが学校にきて、教師と仲間の子どもたちとつながることが困難だと思うならば、してはいけない最悪のことは、彼〔女〕を批判し、叱ることである。この方法は、自分が学校が嫌いなのはもっともだということを確信させるだけだろう。もしも私自身がいつも学校で叱られ責められる子どもであれば、私の関心を可能な限り教師から遠くへと逸らすと思う。私は今の状況から出ていき、学校をすっかりやめてしまう方法を探すだろう。学校にこなくなり、悪い生徒、愚かで扱いにくいというふうに見える子どもは、もっぱら、学校がこのように人為的に不愉快な環境にさせられた子どもたちである。彼〔女〕らは実際には愚かではない。しばしば、学校に行かない口実をこしらえることや、あるいは、親からの手紙を偽造することにかけて、大変な巧妙さを見せる。しかし、学校の外では、自分よりも前に学校をさぼった子どもを見つける。この仲間から、学校でよりもずっと認められる。彼〔女〕らが自分の居場所があると感じ、自分が価値があることがはっきりわかるサークルは、学校の教室ではなく、ギャングである。この状況において、われわれは、全体の一部としてクラスの中に受け入れられない子どもたちが、いかに犯罪者として歩む刺激を受けるかを見ることができる。

子どもの学習への関心を喚起する

教師が子どもの関心を引き寄せようとするのであれば、子どもの関心が以前は何であったかを理解し、この関心事や他の関心事において成功できることを確信を持たせるだろう。子どもが一つのことに自信を持てれば、他のことにも関心を持つように促すことは容易だろう。それゆえ、最初から、われわれは、子どもが世界をどのように見て、どの感覚器官がもっとも使われ、最高度まで訓練されてきているかを見出すべきである。見ることに非常に関心のある子どももいれば、聞くこと、あるいは、動くことに関心を持つ子どもがいる。視覚タイプの子どもたちは、目を使わなければならない教科、つまり、地理や図画に容易に関心を持つだろう。教師が講義をしても、視覚タイプの子どもたちは聞かないだろう。聞いて注意することに慣れていないのである。このような子どもたちは、目で学ぶ機会を与えられなければ、学習が遅れることになるだろう。能力や才能を持っていないとされ、遺伝に責めが帰せられるだろう。

もしも誰かが教育の失敗を責められるべきだとすれば、子どもたちに関心を持たせる正しい方法を見出さなかった教師と親である。私は、子どもたちの教育が専門化されるべきだと提案しているのではない。そうではなく、高く発達している関心が、他の関心においても子どもたちを勇気づけるために用いられるべきである、と主張しているのである。今日、教科が、子どもたちにあらゆる感覚に訴える方法で教えられている学校がある。例えば、模型を作ったり絵を描くことが、授業と結びつけられる。この傾向は、さらに促され発達させられるべきである。教科を教える最善の方法は、子どもたちが授業の目的と学んでいることとの実用的価値を理解できるように、人生の他の面と首尾一貫させることである。子どもたちに教科を教えるのか、子どもたちに自分で考えるために教えるのかどちらがいいのか、としばしば問われる。私は、これかあれかという問題ではないと思う。どちらの方法も結びつけることができる。例えば、子どもたちに数学を家を建てることに結びつけて教え、どれだけの量の木が必要なのか、どれだけ多くの人がそこに住むのかなどを発見させることには大きな利点がある。

同時に教えることが容易な教科がある。そして、多くの教師は、しばしば、人生の一つの面を別の面に結びつけることのエキスパートである。例えば、教師は、子どもたちと散歩をして、彼〔女〕らがもっとも関心があるものを見出すことができる。教師は、子どもたちに、同時に植物とその構造、植物の成長と用いられ方、気候の影響、土地の物理的な特徴、人類の歴史、そして実に人生のほとんどすべての面を教えることができる。もちろん、このような教師が、自分が教える子どもたちに本当に関心があることが前提である。しかし、そうでなければ、子どもの教育にはまったく希望はない。

教室における協力と競争

われわれの現代のシステムのもとでは、子どもたちが初めて学校にくる時に、通常、協力よりも競争により準備されていることが見られる。そして、この競争の訓練は学校時代を通じて続く。これは、子どもにとって災いである。そして、たとえ子どもが先んじて、他の子どもたちを負かす努力をしていても、後れを取り、闘いを断念するのと同じほど災いは大きい。どちらのケースにおいても、子どもはもっぱら自分のことにしか関心を持たないだろう。貢献し援助することは、彼〔女〕の目的にはならず、自分のためにできることを確保することが目的になる。家族が、それぞれの成員が全体の対等の部分である単位であるべきであるように、クラスもそのようであるべきである。子どもたちがこの仕方で訓練される時、彼〔女〕らは真に互いに関心を持ち、協力することを楽しむ。私は多くの「問題のある」子どもが、仲間の子どもたちに関心を持ち、協力することで、すっかり変わったことを見てきた。特に一人の子どもに言及したい。彼は、皆が自分に敵対的であると感じていた家庭の出身で、学校でも皆が自分に敵対的だろう、と予期していた。学校の成績は悪かった。親はこのことを聞くと、家で彼を罰した。こういう状況はあまりにしばしば見られる。子どもは学校で悪い成績表をもらい、そのことで学校で叱られる。家に持ち帰ると再び罰せられる。このような経験が一度でもあれば、勇気をくじかれるに十分である。罰を二重に受けるのは悲惨である。子どもが遅れたままであり、クラスで不穏な影響を与えることは、不思議ではない。ついに、彼は状況を理解する教師を見つけた。教師は、他の子どもたちに、この少年がどんなふうに皆が敵だと信じるようになったかを説明した。そして、自分たちが彼の友人であることを彼に確信させる援助をする協力を取り付けた。少年の行動と進歩の全体は信じがたいほど改善した。

時には、子どもたちが本当に互いを理解し、この方向で援助する訓練を受けることができるか疑う人がいる。しかし、私の経験では、子どもたちは、しばしば大人よりもよく理解できる。ある時、二人の子どもを私の診察室に連れてきた母親がいた。二歳の女の子と三歳の男の子である。少女がテーブルによじ登った。母親はひどく叫んだ。非常に驚いて動けなかったが、叫んだ。「降りてらっしゃい。降りてらっしゃい」。少女は、母親に注目しなかった。三歳の男の子がいった。「ずっとそこにいな」。すると、少女は、ただちにテーブルから降りた。彼は妹を母親よりも理解しており、何をするかを知っていたのである。

クラスの統一と協力を増すためにしばしばなされる提案は、子どもたちにクラスの自治を任せることである。しかし、この試みは、教師の指導のもとで注意深く行わなければならない。そして、子どもたちが適切に準備できているかを確かめなければならない。さもなければ、子どもたちは自治について、あまり本気ではないことを見ることになるだろう。子どもたちは、自治を一種のゲームと見なすのである。その結果、子どもたちは、教師よりも厳格になるか、あるいは、集会を個人的な利益を得たり、喧嘩をしたり、他の子どもをやり込めたり、あるいは、優位な位置を獲得するために使うことになる。それゆえ、最初は、教師が見守り、助言をすることが重要である。

子どもの成長を評価する

もしも子どもの知的な発達、性格、社会行動について、子どもの最新の状態を知ろうとするならば、何らかの種類の試験を行うことを避けることはできない。実際、時には、知能検査のような試験は、子どもにとっての救いになりうる。例えば、ある少年は学校の成績が悪かった。教師は下のクラスに入れたい、と思った。そこで、知能検査をすると、上のクラスでもちゃんとやっていけることがわかった。しかし、子どもが、将来どこまで成長するかという限界を決して予言することはできないことは知っていなければならない。知能指数は、子どもの困難に光を当て、それを克服する方法を見つけるためにだけ用いられるべきである。私が経験した限りでは、知能検査の結果は、それが実際の精神発達遅滞を明らかにしない時には、正しい方法を見出せば、常に変えることができる。子どもたちが知能検査で遊ぶことが許され、それがどういうものかがわかり、それを経験する回数を増すことを許される場合は、子どもたちの知能指数のスコアがよくなることを私は見てきた。とりわけ、すべての知能検査は、運命や遺伝によって決められ、子どもの未来の業績に固定的な制限を課するものとして見られるべきではない。

子ども自身も親も、知能検査の結果を知らされるべきではない。子どもも親も検査の目的を知らず、最終的な判定を意味すると考えるかもしれない。教育におけるもっとも大きな問題は、子どもの限界ではなく、子どもが自分に限界があると考えることによって引き起こされる。もしも子どもが自分の知能指数が低いことを知っていれば、絶望して、成功するなどとてもできない、と考えるかもしれない。教育においては、われわれのエネルギーを子どもの自信と関心を増し、子どもが人生についての意味づけによって、自分自身の力に課した制限を取り除くことに向けるべきである。

ほとんど同じことが、学校の成績表に当てはまる。教師は、子どもに悪い成績をつければ、もっと頑張るよう刺激していることになる、とおそらく考えている。しかし、もしも厳格に育てられていれば、子どもは成績表を家に持ち帰ることを怖れるだろう。家に帰れないかもしれないし、あるいは、成績表を書き換えるかもしれない。このような状況で自殺をはかった子どももいる。それゆえ、教師はどんな影響を及ぼすかを考慮すべきである。教師は子どもの家庭生活とその影響については責任はないが、それを考慮に入れるべきである。

もしも親が野心があれば、おそらく子どもが悪い成績表を持って帰ってきた時に、一悶着があり、子どもを責めるだろう。少し優しくて寛大であれば、子どもは前進し成功するよう勇気づけられるかもしれない。子どもが常に悪い成績表を持ち帰り、他の誰もがその子どもがクラスで一番成績が悪いと思えば、子ども自身がそう信じるようになり、そのことを変えることができない事実だと信じるようになる。しかし、もっとも成績の悪い生徒でもよくなることはでき、もっとも有名な人の間でも、学校では遅れていたが自信と関心を回復し、大きな業績を打ち立てるようになるという例はいくらでもある。

子どもたち自身が成績表から何の助けもなくても、他の子どもについて、通常、非常に正しい判断をするということに気づくことは、興味深い。子どもたちは、誰が算数、書き方、図画、ゲームで一番なのかを知っている。そして皆の序列を知っている。しかし、子どもたちの非常によくある誤りは、それ以上どうすることもできない、と信じることである。他の子どもたちは自分よりも進んでおり、決して追いつけない、と信じる。子どもが、この態度を強固に持てば、おそらく生涯にわたって、この思い込みにつきまとわれることになるだろう。大人になっても、自分の位置を他の人との関係で測り、いつも遅れている、と見なすだろう。

学校の子どもたちの大部分は、多かれ少なかれ、彼〔女〕らが通過するすべてのクラスで同じ位置を占める。常に一番に近いか、真ん中ほどか、底辺にいる。この事実をあたかも多かれ少なかれ生まれながらの才能であるかのように見てはいけない。それは、自分で課した制限、楽観主義の程度、彼〔女〕らの活動の場を示しているのである。クラスの最下位にいた子どもが、劇的に変わり、驚くべき進歩をし始めることはめずらしくない。子どもたちは、自己限定に含まれる誤りを理解すべきであり、教師も子どもたちも、普通の知性を持った子どもの進歩は遺伝と関係があるという神話から脱却しなければならない。

自然と環境

教育においてなされるすべての誤りの中で、遺伝が成長に限界を与えるという考えは最悪である。それは、教師と親に自分たちの誤りを言葉巧みにいい抜け、努力を緩め、子どもへの影響の責任を都合よく免れさせる。責任を避けるあらゆる試みに反対するべきである。もしも教育者が本当に性格と知性の発達全体を遺伝に帰するのならば、私は、教育者がその職業でどんなことであれ一体どうすればなしとげることを期待できるのかわからない。他方、もしも教育者が自分自身の態度と働きかけが子どもたちに影響を与えることを認識すれば、責任を逃れることはできない。

私はここで身体の遺伝についていっているのではない。器官劣等性の遺伝は疑いない。このような遺伝する問題が心の発達に対して重要な影響を持つことは、個人心理学において理解されるだけである、と私は信じる。子どもは自分の器官劣等性を意識しており、自分自身の成長を自分の無能力についての判断に一致させて制限する。心に影響を与えるのは劣等性そのものではなく、劣等性への子どもの態度とその後の成長である。それゆえ、子どもに器官劣等性があれば、子どもが、自分は必ずしも知性や性格に欠けている点があるわけではないことを理解することは、とりわけ重要である。われわれは、前章において、同じ器官劣等性が、さらにもっと大きな努力と成功への刺激としてか、あるいは、必ず成長を妨げる障害として見られるということを見た。

私が、初めてこの考えを提案した時、多くの人は非科学的であり、事実と一致しない私自身の私的な考えを出していると私を非難した。しかし、私が私の結論を公式化したのは私自身の個人的な経験からであり、それを支持する証拠は着実に蓄積されてきている。今や他の多くの精神科医と心理学者が同じ見解に到達した。そして、性格が遺伝された傾向であるという考えは迷信と呼んでもいい。人が責任を回避し、人間の行動について運命的な考えをするところではどこでも、性格特性は遺伝するという理論が、ほとんど必ずといっていいほど現れる。そのもっとも単純な形では、子どもは既に生まれた時によいか、悪いか決まっているという考えである。この形においてはナンセンスであることは容易にわかるが、責任を逃れる非常に強い欲求だけが、このような考えが存続することを可能にするだろう。

「善」と「悪」は、他の性格の表現と同様、対人関係の文脈においてのみ意味を持っている。それらは社会的な環境における、われわれの仲間の間における訓練の結果であり、人の行動が「他者の幸福に貢献する」あるいは「他者の幸福に対立する」という判断を含んでいる。子どもは、生まれる前は、この意味での社会関係を持っていない。生まれた時には、どちらの方向へも発達する可能性を持っている。子どもがどちらの道を歩こうかと決めるのは、子どもが環境と自分自身の身体から受ける印象と感覚、及び、子どもがこれらの印象と感覚を解釈する方法に依存するだろう。

知的能力の遺伝についても、このことの証拠は、おそらく善悪ほどは明瞭ではないけれども、同じである。知的能力の発達のもっとも強い要素は関心である。そして、われわれは関心が、遺伝よってではなく、勇気をくじかれたことと失敗を怖れることによって、いかにブロックされているかを見てきた。脳の実際の構造がある程度遺伝されるというのは疑いもなく本当であるが、脳は心の道具であって、起源ではない。そして、どんな障害も、もしもわれわれの現在の知識で克服できないほど重くなければ、脳はそれを補償するよう訓練されうる。われわれは、非常に例外的な程度の能力の背後に、例外的な遺伝ではなく、持続された関心と訓練を見出すだろう。

一世代以上、社会の才能のある一員を輩出してきた家族ですら、遺伝の影響が働いていると仮定する必要はない。むしろ、われわれは、家族の一人の成員の成功が、他の人への刺激として作用し、家族の伝統と期待が、子どもたちが彼〔女〕らの関心を追求し、自分自身を、練習と実践によって、訓練することを可能にした、と仮定することができる。そこで、例えば、われわれが偉大な化学者であるリービッヒが薬局の経営者の息子だったことを知っても、彼の化学における能力が遺伝されたものであると仮定する必要はない。仔細に見れば、彼の環境が彼が関心を追求することを許し、大抵の子どもが化学について何も理解しない年に、既に化学について多くのことに親しんでいたことを見ることができる。

モーツァルトの親は音楽に関心があったが、モーツァルトの才能は遺伝されたものではない。親は彼に音楽に関心を持ってほしいと思い、あらゆる勇気づけをした。彼の環境全体は、彼が小さかった頃から音楽的だった。われわれは、通常、この「早いスタート」を傑出した人の間に見る。彼〔女〕らは、四歳の時にピアノを弾いたり、まだ非常に幼い時に、他の家族のために物語を書いた。彼〔女〕らの関心は長く持続され、訓練は自発的で広範囲に及んだ。彼〔女〕らは勇気を失わず、ためらうことも、あるいは、しりごみすることもなかった。

子どもが、自分で自分自身の発達に課した制限が固定されたものであると信じていれば、限界を取り除くことは、どんな教師も成功しない。もしも子どもに「君は数学の才能を持っていない」ということができれば、教師の人生はもっと楽なものになるかもしれない。しかし、そうすることは、子どもの勇気をくじくだけである。私自身も、このことについて個人的な経験がある。私は、数年の間、教室で数学ができない生徒だった。そして、数学の才能が完全に欠如している、と確信していた。幸い、私はある日、驚いたことに、私の教師を悩ました問題を解けることがわかった。予期していなかった成功が、数学への私自身の態度全体を変えた。以前はこの教科にまったく関心を向けていなかったのに、私は今やそれを楽しみ、あらゆる機会を私の能力を増すために利用し始めた。その結果、私は学校でもっとも数学ができるようになった。この経験が、特別の才能や、生まれつきの能力についての理論が誤っていると私が見ることを助けた。

個人のタイプを認識する

子どもたちを理解する訓練を受けている人であれば誰でも、異なった性格とライフスタイルを区別することは容易である。子どもの協力の程度は、姿勢、見たり聞いたりする仕方、他の子どもたちから取る距離、友達を作る容易さ、注意と集中の能力に見ることができる。宿題を忘れたり教科書をなくしたりすれば、そのような子どもは勉強に関心がない、と考えることができる。なぜ学校が子どもにとって嫌なところなのかを見出さなければならない。他の子どもの遊びに加わらなければ、孤独と自己陶酔の感覚を認めることができる。いつも勉強を手伝ってほしいというのであれば、自立心がなく、他の人に支えてほしいと思っていることがわかる。

ほめられたり、評価される時にだけ、勉強する子どもがいる。多くの甘やかされた子どもたちは、教師の注目を得られる限りは、宿題をちゃんとする。もしも特別に考慮してもらえるという地位を失えば、トラブルが始まる。聴衆がいなければ動けないのである。見てくれる人がいなければ、関心を失ってしまう。いくつかのルールや文章を覚えるようにと頼まれている間は、見事にそれを果たすが、自分で問題を解かなければならないことになると、すぐにどうしていいかまったくわからなくなってしまう。

これはちょっとした失敗に思えるかもしれないが、他者の幸福にとって、もっとも大きな危険であるのは、いつも他者の支えと注目を要求する子どもなのである。もしもこの態度が変わらないままであれば、子どもは、大人になってからも、生涯を通じてずっと他者の支えを必要とし要求し続けるだろう。問題が起きれば、他者が子どものために解決することを強いるように考えられた仕方で反応するだろう。他者の幸福には何の貢献もしないで、仲間にとって永遠に足手まといな人として人生を送るだろう。

注目の中心にいたいという子どもの別のタイプは、もしも自分の思うような位置にいられなければ、いたずらをしたり、クラスの全体を妨害したり、他の子どもたちを堕落させたり、全般的に邪魔をすることで注目を得ようとする。非難しても罰しても、子どもには何の甲斐もないだろう。無視されるくらいなら、罰せられる方を選ぶだろう。悪い行動をして不快な目にあっても、子どもには、そのことで注目を得られるのであるから、正当な代価だと思えるだろう。多くの子どもたちは、罰を個人的な挑戦としか見ていない。それを誰がもっとも長く持ちこたえられるかを見る競技、あるいは、ゲームと見なしている。そして常に勝つ。なぜなら、結果は子どもたちの手に握られているからである。そこで親や教師と闘っている子どもたちは、時には罰せられている時に、泣く代わりに、笑うように自分を訓練することがある。

怠惰な子どもは、怠惰が親や教師への直接の攻撃でなければ、ほとんど常に敗北を怖れる野心のある子どもである。成功という言葉を誰もが違ったふうに理解する。そこで、子どもが何を敗北と見なしているかを見出すことは驚くべきである。他のすべての人に優らなければ負けたと考える子どもは多い。たとえ成功しても、他の誰かがもっと上手にしていたら、負けたと思う。怠惰な子どもは、本当の試験に直面することがないので、敗北の本当の感情を経験することはない。問題を避けたり、他の人と競うかどうかという決断を延期する。他のすべての人は、もう少しでも怠惰でなくなれば、困難を克服できる、と確信している。「やれば何でもできるのに」という、かの至福の白日夢に逃げ込む。失敗した時は、いつでも次のようにいうことで、失敗の重要性を減じ、自尊心を保つことができる。「能力がないのではなく、怠惰なだけだ」と。

時には教師は怠惰な生徒に「もっと勉強したら、クラスで一番賢い生徒になれるであろう」というだろう。何もしないのにこのような評判を得ることができるのであれば、どうして勉強して危険を冒すはずがあろう。おそらく、怠惰であることを止めれば、隠された優秀性の評判は終わりを告げるだろう。なしとげたかもしれないことではなく、実際に行ったことに基づいて判断される。怠惰な子どもにとっての別の個人的な利益は、もしも少しでも何かをすれば、そのことで賞賛されるということである。皆が、ついに方法を変え始めた、と期待する。そして、たとえ同じ仕事でも、勤勉な子どもがしたのであれば気づかれなかったとしても、さらにいっそう勇気づけることに熱心になる。このようにして、怠惰な子どもは、他の人の期待を糧にして生きる。怠惰な子どもは、赤ちゃんの頃から、他の人の努力によってあらゆることが自分のものになることを期待するよう自分を訓練してきた甘やかされた子どもである。

すぐに見て取れる別のタイプの子どもは、同年の子どもの間で主導権を握る子どもである。人類はリーダーを真に必要としてきたが、他のすべての人の最善の利益となるように導く人だけが必要である。リードする大抵の子どもたちは、自分が他の人を支配できる状況にしか関心がなく、この条件においてだけ、仲間に加わるのである。それゆえ、このような子どもたちにとって未来は明るくない。困難は後の人生に必ず起こる。しばしば、このような二人が、結婚、仕事、あるいは、他の対人関係において出会う。その結果は、悲劇的なものになるか、喜劇的なものになる。それぞれが他方を支配し、自分自身の優越性を確立する機会を求める。時には家族の年長の成員が、甘やかされた子どもが自分たちを支配し、専制君主として君臨するのを見て楽しむ。彼〔女〕らは、甘やかされた子どもをあざ笑い、そそのかす。しかし、教師は、これが社会の有用な生活に役立つ性格発達ではないことをすぐに見ることができる。

当然、いつも様々な子どもがいる。そして、子どもたちをすべて同じパターンに切ったり、同じ型に当てはめようとすることは、たしかにわれわれの目的ではない。しかし、われわれがしたいことは、明らかに、敗北と困難へと導く習慣の発達を防ぐことである。そして、この発達は、子ども時代に修正したり、あるいは、防ぐことは、比較的容易である。このような習慣が修正されないところでは、大人の生活における社会的な結末は過酷で有害である。子ども時代の誤りと大人の失敗の間には、直接の結びつきがある。協力を学ばなかった子どもは、後に神経症者、アルコール依存者、犯罪者、あるいは自殺者になる。

子どもの時、不安神経症者は、暗闇、知らない人、あるいは、新しい状況を怖れた。うつ病者は、泣き虫だった。われわれの現代の社会においては、すべての親に接して誤りを避ける援助をすることはできない。もっとも助言を必要とする親は、しばしば、それを決して求めないので援助することができない。しかし、すべての教師に接することはできる。教師を通じて、われわれはすべての子どもたちに接し、既になされた誤りを正し、子どもたちを自立心があり、勇敢で協力的な人生に向けて訓練することができる。ここに人類の未来における幸福のための最大の約束がある。

教育についての考え

われわれは、多人数のクラスにおいてすら、子どもたちの間の違いを観察することができる。そして、区別されない集団のままであるよりは、子どもたちの性格を理解すれば、子どもたちをよりよく扱うことができる。しかし、多人数のクラスはたしかに不利である。何人かの子どもたちの問題は隠され、子どもたちを適切に扱うことは困難である。教師はすべての生徒を親密に知るべきである。さもなければ、子どもたちの関心と協力を引き出すことはできないだろう。子どもたちを、数年の間、同じ先生が担任することは大いに有用である、と私は思う。半年やそこらで教師が変わる学校もある。そうなると、教師は子どもと交わり、問題を見て、発達を追跡する十分な機会を与えられないことになる。もしも教師が同じ子どもたちに三年、あるいは四年関われば、子どものライフスタイルの誤りを見つけて治すのによりよい位置にいることになるであろうし、クラスが協力的な単位になるように援助することも、より容易になるだろう。

子どもが一年飛び級することは、いつも有利であるわけではない。通常、満たすことができない期待が重荷になる。おそらく、上の学年に飛び級することは、もしも子どもが同級生よりもあまりに年上か、あるいは、クラスの他の子どもたちよりも早く成長するのであれば、考慮することができる。しかし、もしもクラスがわれわれがそうあるべきだと提案したような単位であれば、一人の子どもの成功は、他の子どもにとっても有利である。クラスの中に優秀な子どもたちがいれば、クラス全体の進歩が加速され高められる。そして、他の子どもたちからこのような刺激を奪うことは公正ではない。私はむしろ、並外れて賢い生徒には、クラスの普通の仕事に加えて、例えば、絵を描くことのような他の活動と関心が与えられることを勧めたい。これらの活動において成功することも、他の子どもたちの関心を広げ、前に進んでいくことを促すだろう。

子どもたちが留年することは、いっそう不幸なことである。学校の教師は皆、留年する子どもたちが、いつも必ずそうというのではないが、通常、学校と家庭において問題があることに同意するだろう。

わずかながら、留年しても何の問題も起こさない子どもがいる。しかし、大部分の留年する子どもたちは、遅れたままであり、問題は改善しない。彼〔女〕らは、仲間の生徒によくは思われない。そして、自分自身の能力について悲観的な見方をしている。これは困難な問題であり、われわれの現代の学校構造では、留年する子どもがいることを避けることはできない。休日を利用して、遅れた子どもが、ライフスタイルの誤りを認識するよう訓練することで、何とか留年しないようにしてきた教師はいる。彼〔女〕らの誤りが認識されると、子どもたちは次のクラスを必ず成功して終えることができる。実際、われわれが実際に遅れた子どもを援助できる唯一の方法は、次のようである。即ち、自分自身の能力を評価する際に、子どもが犯した誤りを見させることで、子どもを自分自身の努力で進歩するよう解放することができるのである。

子どもたちをできる生徒と進歩が遅い生徒に分け、違うクラスに入れるのを見る時は、私はいつも一つの顕著な事実に気づいてきた。もっとも私の経験はもっぱらヨーロッパでのことであり、同じ観察がアメリカにも当てはまるかどうかはわからない。私は、遅れているクラスで、精神発達遅滞の子どもたちが貧しい家庭の出身の子どもたちと一緒にされていることを見てきた。進んでいるクラスでは、もっぱらより裕福な親の子どもたちが見られた。この事実は十分理解できるように思える。貧しい家庭では学校への準備がよくできていない。親はあまりに多くの困難に直面している。子どもたちを準備するのに多くの時間を割くことができず、おそらく親自身も、子どもたちを援助するに十分なほど教育を受けていない。

しかし、私は、学校によく準備されていない子どもたちが、遅れたクラスに入れられるべきだとは思わない。よく訓練された教師は、準備ができていないことを正す方法を知っているだろうし、準備されていない子どもたちは、よりよく準備されている子どもたちと交わることで進歩するだろう。遅れているクラスに入れられると、子どもたちは、十分その事実に気づき、進んでいるクラスの子どもたちもそれを知って、遅れているクラスの子どもたちを見下す。このことが、勇気くじきと方向を誤った個人的な優越性の追求を大いに生み出す根拠になる。

共学は、原則として、大いに支持するに値する。共学は、少年と少女が互いをよりよく知るようになり、異性と協力する優れた手段である。しかし、共学がすべての問題を解決すると信じる人は、大きな誤りを犯している。共学はそれ自身の特別の問題をもたらすのであり、この特別な問題が認識され処理されなければ、男性と女性の間の疎外は、男子校、あるいは、女子校よりも、共学の学校における方がより大きい。

例えば、困難の一つは、少女の方が十六歳までは少年よりも成長が早いということである。少年がこのことを理解していなければ、少年が自尊心を保つことは難しい。少年は、少女に追い越されたと思って勇気をくじかれる。後の人生で、彼らは異性と競うことを怖れる。敗北したことを覚えているからである。共学に賛成し、その問題を理解している教師は、それによって多くのことをなしとげることができるが、それを完全に認め関心を持っていなければ、失敗するだろう。別の困難は、子どもたちが適切に訓練され監督されていなければ、性の問題が必ず起こるということである。

学校における性教育の問題は非常に複雑である。教室は性教育のための適当な場ではない。もしも教師がクラス全体に話せば、生徒の一人一人が教師のいうことを適切に理解しているかを知るすべがない。そこで、関心を喚起するが、その際、子どもたちがそれに準備ができているか、あるいは、それを自分自身のライフスタイルに適応するようにするかはわからないのである。もちろん、もしも子どもがもっと知りたいと思い、個人的に質問をするのであれば、教師は、誠実にごまかさずに答えるべきである。その時、教師は、子どもが本当に知りたいことは何かを知り、正しい答えに至る正しい道へと進ませる機会を持つことができる。しかし、クラスで何度も性について議論がされるとすれば、不利である。子どもたちの中には、必ず誤解する子どもがいて、性をあたかも重要でないことであるかのように扱うことは有益ではない。

児童相談所の仕事

私が、十五年ほど前に、個人心理学児童相談所を展開し始めたのは、教師を動かし、学校カウンセリング事業を確立するという目的を持ってのことだった。児童相談所は、ウィーンとヨーロッパの他の都市で有用であることがわかった。高遠な理想と高い希望を持つことは非常によいことだが、それらを実現する方法が見出されなければ、理想は価値のないものになる。この十五年の経験の後、私はこの児童相談所が完全な成功を収め、子ども時代の問題を扱い、子どもたちを責任のある市民へと教育するための最善の手段を提供する、といえる。当然、私は児童相談所は、もしも個人心理学に基づいていれば、もっとも成功することを確信しているが、他の学派の心理学と協力していけないわけはない。実際、私はいつも児童相談所が心理学の異なった学派との結びつき、それぞれの学派によって得られた結果を比較することで確立されるべきであることを主張してきた。

児童相談所によって確立された手続きにおいて、教師、親、子どもが直面する問題に経験のあるよく訓練された心理学者は、学校の教師と協力し、教師と共に仕事において生じた問題を議論する。学校を訪問すると、教師の一人、あるいは、他の教師が、子どものケースとその子どもが持っている問題を説明する。子どもはおそらく怠惰か、あるいは、喧嘩早く、学校を無断で休み、盗みを働く、あるいは、勉強が遅れている。心理学者は自分自身の経験を提供し、議論が続く。最初に、問題が現れた状況がどのようであったか、家族生活と子どもの性格の発達が説明される。教師と心理学者は、問題が起こった理由と、それにどう取り組むかを議論する。彼〔女〕らは経験があるので、すぐに解決について意見の一致を見る。

心理学者がやってくる日、子どもと親が出席する。心理学者と教師の間で、どんなふうに親に話せばもっともよいか、どんなふうに親に影響を与え、子どもの失敗の理由を示すのがいいかについて決められた後で、子どもと親が呼ばれる。親は提供できる多くの情報を持っている。そして、議論は、心理学者と親の間で始まり、その際、心理学者は子どもを援助するためにできることを提案する。通常、親はカウンセリングを受ける機会を持てたことを喜び、協力する準備ができているが、もしも抵抗すれば、心理学者、あるいは、教師は似たケースについて議論し、そこから問題の子どもに適用されうる結論を引き出すことができる。それから子どもが部屋に入ってきて、心理学者は子どもに話しかけるが、それは子どもの誤りについてではなく、子どもが直面する問題についてである。心理学者は、子どもの中に適切に成長することを妨げた考えや判断、自分は軽視されたが他の子どもたちは好まれたという考えなどを探す。子どもを責めることはなく、子どもの考え方を理解するために、友好的な会話をする。もしも子どもの特定の誤りについて言及するのであれば、それを仮定のケースとして示し、子どもの考えをたずねる。この仕事に経験のない人は誰もが、子どもがどれほどよく理解し、どれほど速やかに子どもの態度全体が変わることができるかを見て驚くだろう。

私がこの仕事で訓練してきた教師は皆、その点において幸福であり、どんなことがあっても、それを断念しないだろう。それは教師が自分の仕事全体との結びつきをより興味のあるものにし、その努力のすべてをいっそう成功させるだろう。教師の誰もそのことで負担が増えるとは感じない。しばしば、三十分後には、彼〔女〕らに長年つきまとっていた問題を解決できるからである。学校全体における協力の精神は高められ、まもなく、もはや大きな問題はなくなり、治療のために小さな問題だけが引き合いに出されるだけになる。教師自身も心理学者になる。彼〔女〕らはパーソナリティの統一性とそのあらゆる側面と表現の一貫性について理解するようになる。そして、一日の間にどんな問題が現れても、自分で解決することができる。実際、すべての教師が、心理学の訓練を受け、心理学者がいらなくなることがわれわれの希望である。

そこで、例えば、クラスに怠惰な子どもがいれば、子どもたちに怠惰について話し合いをすることを提案できる。教師は「怠惰はどこから由来するだろう」「なぜ怠惰な人がいるのか」「怠惰な子どもはなぜ変わらないのか」「変えられるべきことは何か」とたずねることで、話し合いを始める。子どもたちは、問題について話し、結論に達するだろう。怠惰な子ども自身は、自分が話し合いの主題であることを知らないが、問題は子ども自身のものであり、そこで子どもはそれに関心を持ち、話し合いから多くのことを学ぶ。責められたら、子どもは何も学ばないだろうが、冷静な話し合いを聞くことができれば、問いについて考え、おそらく考えを変えるだろう。

子どもたちと一緒に勉強し遊ぶ教師ほど、子どもたちの心を理解できる人はいない。教師は子どもたちの多くのタイプを見ており、熟練していれば、子どもたちの一人一人と関係を確立することができる。家庭での子どもの誤りが続くか、あるいは、正されるかは、教師にかかっている。教師は、母親と同様、人類の未来の守護者であり、教師がなしうる仕事は計り知れない。

第八章　思春期

思春期とは何か

思春期については山ほどの本があり、それらのほとんどすべては、その主題を個人の性格の全体を変える怖れがある危険な転機を意味しているかのように扱っている。思春期には多くの危険があるが、それが人の性格を変えうるというのは本当ではない。思春期は、成長する子どもに、新しい状況と新しい試験を突きつける。子どもは人生の前線に近づいている、と感じる。思春期には、それまでの人生に見られなかった誤りが現れるかもしれないが、訓練された目には常にそれらを見つけられていたであろう。思春期になると、その〔隠されていた〕誤りが不気味に立ちはだかり、もはや見逃されることはない。

心理的次元

思春期は、ほとんどすべての若者にとって、他の何にもまして一つのことを意味する。もはや子どもではないことを証明しなければならないということである。われわれは、おそらく、子どもに、このことを当然だと思えるよう説得するかもしれない。そして、もしもそれができれば、多くのストレスが状況から取り除かれるだろう。しかし、自分が成熟したことを証明しなければならないと感じるのであれば、必ず自分の主張を過度に強調することになるだろう。

思春期の行動は、その大部分が、自立、大人との対等、男性、あるいは、女性になったことを示したいという願望の結果である。この行動がどの方向を取るかは、子どもが「大人になった」ということに子どもが与える意味次第だろう。もしも「大人になること」が、制約が自由になるという意味であれば、子どもはあらゆる制限に対して闘うだろう。子どもたちが、この段階で、これを行うことはよくある。多くの思春期の男女が、たばこを吸ったり、乱暴な口をきいたり、夜遅くまで出歩いたりし始める。親に対して、思いがけない反発をすることがあり、親は、あんな従順な子どもが、突然、いうことを聞かなくなった、とそのことに対してどうしていいかわからず困惑するかもしれない。しかし、これは実際には態度が変わったということではない。一見、従順だった子どもは、それまでも親に反対していたのだが、より多くの自由と力を得た今になって初めて反対を公然と宣言できると感じたのである。いつも父親に脅され、どう見ても静かで従順な少年がいたが、彼は復讐の機会を待ち堪え忍んでいただけだった。自分が十分強いと感じるや否や、父親に闘いを挑み、父親を殴って家を出ていった。

子どもは、思春期の間、しばしばより多くの自由と自立を与えられる。親はもはや子どもを監視し、守る権利はない、と感じる。しかし、もしも親が監視を続ければ、子どもは、親のコントロールから逃れるために、いよいよ努力する。親が、まだ子どもであると証明しようとすればするほど、そうではないことを証明するためにますます闘うだろう。この闘いから敵対する態度が発達する。そして、その時、われわれは、典型的な「思春期の反抗」の像が与えられる。

身体的次元

思春期の長さについては、厳格な範囲にいつからいつまでかということはできない。通常は十四歳くらいから始まり、二十歳頃まで続くが、時には、十歳や十一歳で思春期に入る子どももいる。この時期には、身体のすべての器官が成長、発達しており、子どもたちは、時には、調整に困難を感じる。背が高くなり、手と足が大きくなり、おそらく、活動的で機敏ではなくなる。うまく折り合いをつけるためには努力しなければならないが、その過程で、笑われたり批判されれば、生まれつき不器用である、と信じるようになる。子どもの動きが笑われるとぎこちなくなるだろう。

内分泌腺も、子どもの成長に貢献している。思春期においては、内分泌腺の活動が高まる。それは完全な変化ではないが(子ども時代に既に働いているからである)、今や分泌は増し、第二次性徴がいっそう明らかになる。少年は髭が生え始め、声変わりが始まる。少女の身体はまるくなり、目に見えて女性らしくなる。これらのことも思春期の男女が誤解しうる事実である。

大人の挑戦

時には、子どもは大人の生活に十分準備ができていないので、大人になってからの職業を選ばなければならなくなり、友情、愛、結婚が近づいてくるとパニックになる。子どもはそれらを処理できるというあらゆる希望を失う。交友に関しては、内気で控え目で、一人になって家にいることを好む。仕事に関しては、魅力のある仕事を見つけることができず、きっと何をしても失敗する、と確信する。愛と結婚に関しては、異性が一緒であれば困惑し異性と会うことを怖れる。話しかけられたら赤くなる。何と返事すればいいか言葉が見つからない。毎日、絶望へと深く深くはまっていく。

このような人は、極端なケースにおいては、人生のどんな問題も処理することができない。そして、誰もそのような人をもはや理解することはできない。他の人を見ることはなく、話しかけたり、あるいは、話を聞くことはない。仕事も勉強もしない。空想の世界の中へと退却する。つまらない性的活動の名残だけがある。これが統合失調症の状態である。この状況は、基本的には、誤りから生じる。もしもこのような子どもを勇気づけることができ、誤った道を歩んでいることをわからせ、よりよい道を示すことができれば治癒する。しかしこれは簡単ではない。これまでの教育の全体が正されなければならないからである。子どもの過去、現在、そして、未来の意味が、私的論理ではなく、客観的でより科学的な光に照らして見られなければならない。

思春期の危険のすべては、人生の三つの課題を前にして訓練が十分できていないことによって引き起こされる。もしも子どもたちが怖れたり人生について悲観的であれば、もっとも努力を必要としない方法を使って、人生の課題に取り組もうとするのは当然である。しかし、これらの安直な方法は、役に立たず、このような子どもは、命令されたり、勧告されたり、批判されればされるほど、奈落の淵に立っているという印象を強くする。われわれが子どもを押せば押すほど、いよいよ子どもは引いてしまう。子どもを勇気づけることができなければ、子どもを援助するあらゆる努力は失敗し、子どもをいっそう害するだろう。子どもが悲観的であり怖れている間は、子どもがさらに努力できると感じることを期待することはできない。

いくつかの思春期の問題

甘やかされた子ども

非常に多くの失敗が子どもの時に甘やかされたことで起こる。そして、親が何でも自分のためにしてくれることに慣れてきた子どもには、大人の責任が近づくことは特別の緊張をもたらす。それでも甘やかされたいと思うが、年がいくにつれて、もはや自分が注目の中心ではないことを見出す。そして、人生は彼〔女〕らを欺き、失望させる。彼〔女〕らは、人為的に暖かい雰囲気の中で育てられたのであり、外の空気はひどく冷たく感じられる。

子ども時代にしがみつく

この時期の間、子どものままでいたいという願いを示す子どもがいる。赤ちゃん言葉で話し、自分自身よりも年下の子どもたちと遊び、永遠に子どものままでいられるというふりをしさえする。しかし、大多数の子どもは、大人のやり方でふるまおうと試みる。あまり勇気がなければ、大人についての一種の戯画を演じる。少年は自由にお金を使うことを楽しんだり、いちゃつき始めたり、セックスをすることを楽しむ大人のふるまいを真似るのである。

軽犯罪

より困難なケースでは、少年が、人生の課題をどのように対処していいかわからないのに、それでいて、外向的で積極的であり続け、犯罪者としての人生を歩み始める。これは既に軽犯罪をしながら見つからなかったり、また見つかることを避けることができるだけ賢いと考えている時に、特にありそうである。犯罪は、人生の課題から、とりわけ生計を立てるという課題からの安易な逃避の一つである。そこで、十四歳から二十歳までの間に非行の発生数が増える。ここでもまた、われわれは新しい発達に直面しているのではなく、より大きな圧力が、既に子どものライフスタイルにあった欠点を露わにしたのである。

神経症的な行動

あまり活動的で外向的ではない子どもの場合は、安直な逃避の方法は神経症である。そして、多くの子どもたちが機能的疾患と神経の病気にかかり始めるのは、思春期においてである。あらゆる神経症的兆候は、人生の課題を解決することを拒否することを正当化することが意図されている。神経症の症状は、社会的な方法で直面する準備ができていない対人関係の問題に直面する時に現れる。困難は大きなストレスを創り出す。思春期の間は、身体の組織がとりわけこのような緊張に対して反応する。すべての器官がいらだち、神経システムの全体が影響を受ける。しかし、このことは、ためらうことと失敗することの別の口実を与える。人は、このような状況において、今は私的にも他者との関係においても、自分は病気のために責任を免れている、と見なし始める。そして、神経症の構造は完成する。

神経症者は皆、最善の意図を持っている、という。彼〔女〕は、共同体感覚と人生の課題に直面することの必要を確信している。しかし、この普遍的な要求は、彼〔女〕自身の場合だけが例外である。彼〔女〕を免ずるのは、神経症それ自体である。態度全体がいっている。「私は私の問題をすべて解決したい。でも、不幸にも、私はそうすることを妨げられている」と。ここにおいて、神経症者は犯罪者とは違う。犯罪者はしばしば悪い意図を持っていることを公言し、その共同体感覚は、隠され抑圧されている。どちらが人間の幸福に対してもっとも害をなすかを決めることは困難である。神経症者は、動機は非常によいのに、行動には悪意があり、利己的で、仲間の人間の協力を妨げることが意図されているように思える。他方、犯罪者は、その敵意は非常に公然としたものであるが、共同体感覚の残滓を抑える努力をしている。

矛盾する期待

思春期には、確立された傾向における明らかな逆転が見られる。多くのことを期待された子どもたちが、勉強や仕事で失敗し始めるのであり、他方、以前はあまり才能がないと思えた子どもたちが、追いつき、思いもよらない能力を表し始める。このことは以前の出来事と矛盾しない。おそらく、非常に前途有望だった子どもが、担ってきた期待を裏切ることになるのではないか、と心配になるのである。支持されほめられている間は、前に進むことができた。しかし、自分で努力する時がやってくると、勇気は衰え、退却する。あるいは、新しく見出された自由によって勇気づけられるかもしれない。彼〔女〕らは、目の前に自分の野心の成就へと向かう道をはっきりと見る。新しい考えと新しい計画に満たされる。彼〔女〕らの創造性は強められ、人間の生活のあらゆる面への彼〔女〕らの関心は、より鮮明で熱烈なものになる。これらは、自分の勇気を保持し、自立が困難と失敗の危険を意味するのではなく、達成し貢献するための機会がより広く開かれていることを意味する子どもたちである。

賞賛と認容を求める

以前は貶められ無視されていたと感じた子どもたちは、おそらく今や、仲間の人間とのよりよい関係を築いた時に、ついに承認されるだろう、と期待し始める。彼〔女〕らの多くは、このような賞賛の渇望にとらわれる。少年が賞賛を求めることにあまりに集中することは危険だが、他方、多くの少女はいっそう自信を欠いており、他者に認められ賞賛されることに、自分の価値を証明する唯一の手段を見る。このような少女たちは、容易に彼女たちをおだてる方法を知っている男の餌食になる。私は家では賞賛されていないと感じ、セックスをし始める多くの少女に会ってきた。それは自分が大人であることを証明するだけではなく、ついに、自分が賞賛され、注目の中心になるという状況を達成できるという空しい希望からである。

非常に貧しい家庭の出身である十五歳の少女の例をあげよう。彼女には兄がいたが、兄は子ども時代にいつも病気がちだった。母親は息子の世話にばかり手を取られ、娘にあまり注意を向けることができなかった。その上、小さかった時、父親が病気で、そのため母親が娘に与えることができた時間は、さらに限られた。

そこで少女は、世話をされるということが何を意味するかに気づき理解する立場にいた。この立場を達成することが常に彼女の願望だったが、それを家庭の中では見つけることができなかった。妹が生まれた。この時には、父親は回復し、母親は自由に赤ん坊に専念することができた。その結果、自分だけが愛と好意を受けなかった、と感じた。しかし、彼女は我慢した。家では行儀がよく、学校ではもっとも勉強ができた。成功したので勉強を続けるよう提案されて高校へ入ったが、そこでは教師は彼女のことを知らなかった。最初は彼女は新しい学校での教育方法を理解できなかった。成績が下がり始め、教師は彼女を批判した。絶え間なく勇気をくじかれた。すぐにほめられることをあまりに強く願っていた。学校でも家でもほめられないことがわかった時、一体何が残されていただろうか。

彼女は、彼女をほめるであろう男性を探し求めた。何回かの経験の後、彼女は家から出て、二週間男性と一緒に住んだ。家族は彼女のことを非常に心配し、見つけようとしたが、おそらく、彼女はすぐに自分の力だけではほめられないことを見出し、こんなふうになったことを後悔し始めた。

次に考えたのは、自殺することだった。少女は家へ次のような短い手紙を送った。「心配しないでください。毒を飲みました。大変幸福です」。実際、彼女は毒を飲んだ。なぜ彼女がそうしたかをわれわれは理解できる。彼女は、実際には、両親が自分のことを心配しているのを知っていたが、もっと親の同情を引ける、と感じた。そこで自殺はしないで、母親がやってきて彼女を見て、家に連れて帰るまで待ったのである。もしも少女がわれわれが知っていること、つまり、彼女の努力はすべて賞賛を得ることに向けられているということを知っていたら、これらの困難は起こらなかったであろう。もしも高校の教師が彼女を理解していたら、このことも問題を防いだであろう。それまで、少女の学校の成績は常に優秀だった。もしも教師が、少女がこの点において敏感であり、もっと注意深く扱うことが必要であることを知っていれば、彼女は勇気をくじかれなかっただろう。

別のケースでは、ある少女は、両親共に性格が弱い家庭に生まれた。母親は常に息子がほしいと思っており、少女が生まれたことに失望した。彼女は女性の役割を低く評価し、彼女の娘もそのことを感じないわけにいかなかった。彼女は、一度ならず、母親が父親に「あの子はまったく魅力的ではない。大きくなった時、誰も彼女のことを好きにはならないだろう」とか「もっと大きくなったらあの子をどうしよう」といっているのを立ち聞きした。この毒気のある環境の中で十年後、彼女は、母親の友人の一人からの手紙を見つけた。それには、娘しか生まれなかったことを慰め、まだ若いのだから、男の子を生めると書いてあった。

少女がどう感じたかを想像することは難くない。数ヶ月後、彼女は叔父を訪問するために田舎に行った。そこにいる間、彼女は知能の低い田舎の少年に会い、彼の恋人になった。彼は彼女から去ったが、その後も同じような行動を続けた。私が彼女を診た時には、既に恋人を何人も持っていたが、その関係のいずれにおいても、適切に賞賛されているとは感じていなかった。彼女が私のところへきたのは、不安神経症になり、一人では家から出られなかったからである。賞賛を得るための一つの方法に満足できないと、別の方法を試した。苦痛と苦しみによって、家族を専制君主として支配し始めた。誰も彼女の許可なしには何もできなかった。泣いて自殺すると脅すのだった。少女に、自分の位置を正しく認識させ、思春期に拒絶されているという感覚を逃れる必要を過度に強調したということを納得させることは困難だった。

思春期の性

少女も少年も、思春期における性的な関係を、大人になったということを証明したいという欲求から過大評価し、誇張する傾向がある。例えば、もしも少女が母親に反抗しており、いつも抑圧されている、と信じていると、しばしば、抗議のために、彼女が会う男性の誰彼かまわず性的関係を結ぶだろう。母親が見つけようと見つけまいとかまわない。実際、母親を心配させることができれば、誰よりも幸福なのである。少女が母親と喧嘩した後に、おそらくは父親とも喧嘩した後に、走って出て行って、最初に会った人とセックスをするということはめずらしいことではない。このような少女は、いい少女だといつも思われ、よく育てられ、こんなふうにふるまうとは決して誰も思いだにしなかったような少女である。しかし、少女たちはあまり罪悪感がない。人生に適切に準備されていない。無視され、劣っている、と感じてきた。そして、このことは、彼女たちに開かれたより強い立場を確保するための唯一の方法なのである。

男性的抗議

甘やかされてきた多くの少女は、自分を女性の役割に適応させることを難しい、と感じる。われわれの文化は、男性は女性より優れており、その結果、少女たちは女性であるという考えを嫌うという印象を常に与える。そこで、彼女たちは私が「男性的抗議」と呼んできたものを示す。男性的抗議はさまざまな種類の行動に表される。時には、男性を嫌い、避けるということだけが表される。時には、このような女性は、男性のことを十分好きだが、男性と一緒になると困惑して話しかけることができず、男性が出席する集まりに出たくない。そして、一般に、性的な事柄について不安になる。しばしば彼女たちは大きくなったら結婚したいと思うが、異性の誰にも近づかず、友情関係を築こうとはしない。

女性の役割を嫌うことがさらに進むと、同性愛、性倒錯、売春が見られる。娼婦は皆、子ども時代の早くから、誰も自分を好きではないという固い確信を持ってきた。彼女たちは、劣った役割へと生まれてきて、どんな男性の真の愛情も関心も得ることはできない、と信じている。われわれは、今や、このような状況においては、彼女たちがどのように自分を捨て、自分の性役割を軽く見て、それをお金を得るための手段としか見ないようになってしまうのか理解できる。この女性の役割の嫌悪は思春期に始まったのではない。むしろ、若い頃から、少女が女性であることを常に嫌っていたということがわかるだろう。もっとも、子ども時代には、彼女は彼女の嫌悪を表す同じ必要も、そうする機会も持たなかったのだが。

「男性的抗議」で苦しむのは少女だけではない。男性であることの重要性を過大視するすべての子どもたちが、男性性を理想と見て、それをなしとげるに十分なだけ自分が強いかどうか疑う。このようにして、われわれの文化において、男性性に置かれた強調は、少女と同じほど、少年にとっても困難なものでありうる。とりわけ、彼らが自分の性的なアイデンティティについて全面的に確信していなければそのようになる。多くの子どもたちは、いつか自分の性は変えられうるという漠然とした考えを持って育つ。そこで、二歳からは、すべての子どもたちが、非常にはっきりと、自分が少年なのか少女なのかを知るということが重要である。

いくぶん少女のように見える少年は、しばしば、とりわけ困難な時を過ごすことになる。知らない人は、時に、少女と間違え、家族の友人ですら「本当は女の子だったらよかったのに」というのである。このような子どもは、自分の外観を十分でないことの印ととって、愛と結婚の問題を自分にとってあまりに過酷であると見なす。性の役割において、よくふるまうことを確信できない少年たちは、思春期の間に、少女を真似る傾向がある。彼らは女性のようにふるまい、過度に甘やかされたうぬぼれの強い、こびを売る、気まぐれな少女のやり方を身につける。

人格形成期

人の異性に対する準備は、その基礎を人生の最初の四年、あるいは、五年に持っている。性衝動は、赤ちゃんの時の最初の数週間に明らかになるが、それが適切な表現を与えられる前は、何もするべきではない。もしも性衝動が刺激されなければ、それの表現は自然なものになり、何の心配をすることはない。例えば、赤ちゃんが生まれて数年の間に、身体を調べたり、おそらくは、自分で身体を触っても心配するには及ばない。しかし、われわれは、子どもと協力し、自分自身の身体にはあまり関心を持たず、自分のまわりの世界により関心を持つように影響を与えるべきである。

これらの自慰の試みを止めることができなければ、話は別である。その時、子どもは自分自身の心を持っていることをわれわれは確信することができる。子どもは性衝動の犠牲者ではなく、むしろ、それを自分自身の目的のために使っているのである。一般に、小さな子どもたちの目的は、注目を引くことである。子どもたちは、親が心配し、ショックを受けていることを感じ、この感情をどうもて遊ぶかを知っている。もしも、彼〔女〕らの習慣が、もはや注目を引くという子どもたちの目的に役立たなければ、それを断念するだろう。

子どもたちに触れる時には、注意しなければならない。親と子どもの間の愛情あふれたハグとキスには、子どもたちへの身体的反応に不適切な刺激がなければ、何も悪いことはない。さらに、子どもたちは、しばしば、大人が子ども時代を思い出すように、父親の書斎にエロチックな本を見つけたり、露骨な映画を見た時にかき立てられた時の感情について、私に語ってくれた。子どもたちを、このような本やフィルムに曝すことを妨げることは望ましい。もしも子どもたちを性欲をかきたてるように刺激しなければ、このような困難を避けることができる。

われわれが先に言及した別の種類の刺激は、子どもたちに性について不必要で不適切な情報を与えることを強いることである。多くの大人は、性教育を伝えることに熱狂的であるように思える。そして、子どもが無知のまま成長することの危険をひどく心配している。われわれ自身や他の人の経験を見れば、そのような人が期待するような破局を見出すことはないだろう。子ども自身が、好奇心を持ち、何かを知りたいと思うまで待つ方がいい。親が注意深ければ、子どもの好奇心を、たとえ子どもが声に出さなくても理解するだろう。子どもが親と良好で友好的な関係を持っていれば、子どもはたずねるだろう。そして、子どもが理解でき、情報を自分のものにできる仕方で答えられるべきである。

親が子どもたちの前で互いの身体的な愛情を過度に見せることを避けることも望ましい。可能なら、子どもたちは、親と同じ部屋で寝るべきではない。そして、少女が兄弟と同じ部屋で寝ないことも好ましい。親は子どもたちの発達に注意を払い、自分を欺くべきではない。親が子どもたちの性格と発達について知らなければ、子どもたちがどんな影響に曝されるかということを知ることは決してないだろう。

思春期への期待

人間の発達の段階があたかも決定的なターニングポイントであるかのように見られ、それに誇張された意味づけがされることはよくあることである。ほとんど普遍的な迷信がある。例えば、思春期は、非常に特別で独自の時であるというものである。更年期も似たような仕方で見られる。しかし、これらの段階は急進的な変化をもたらさない。それらは、単に人生の連続であり、その現象は決定的な重要性を持っていない。重要なことは、人がこのような段階に何を見つけることを期待するかということ、それに人が与える意味、そして、それに立ち向かうためにどんなふうに自分を訓練したかである。子どもたちは、しばしば、思春期が始まると驚く。そして、幽霊がやってきたかのようにふるまう。

もしもわれわれがこの反応を適切に理解すれば、子どもたちは、社会的な条件が子どもたちのライフスタイルに新しい適応を要求するということを除けば、思春期の身体的な事実にまったく影響を受けないことがわかるだろう。しかし、問題は、彼〔女〕らが思春期がすべてのことの終わりである、としばしば信じることである。もはや協力されたり貢献される権利を持たず、誰も彼〔女〕らに何も求めないと考える。思春期の困難のすべては、これらの種類の感情や関心から起こる。

もしも子どもが、自分自身を社会の対等な一員であると見なし共同体に貢献するという課題を理解するよう訓練され、とりわけ、異性を仲間であり対等な人と見なすよう訓練されてきたのであれば、思春期は、子どもに大人の生活の問題への自分自身の創造的で自立した解決を工夫する機会を与えるにすぎない。もしも子どもが他の人よりも劣っていると感じたり、自分の状況について誤った考えをしていたら、思春期における自由に対して準備ができていないことが明らかになるだろう。もしも誰かが子どもに必要なことをするように強いるためにいつもいれば、それをなしとげることができる。〔しかし〕一人にされるとためらい失敗する。このような子どもは、隷属にはよく準備されているだろうが、自由が与えられるとどうしていいかわからないのである。

第九章　犯罪とその予防

犯罪者の心を理解する

個人心理学は、われわれが人間のすべてのさまざまな種類のタイプを認識し、しかも、このように変種があるにもかかわらず、人間は互いに著しく異なってはいないということを理解することの助けとなりうる。例えば、われわれは、犯罪者の行動の中に、問題行動のある子どもたち、神経症者、精神病者、自殺者、アルコール依存者、性的倒錯者の行動に見られるのと同じ種類の失敗を見出す。彼〔女〕らは皆、人生の課題にアプローチすることに失敗している。そして、一つの非常に決定的で顕著な領域において、彼〔女〕らはまさしく同じ仕方で失敗する。彼〔女〕らは皆、共同体感覚において失敗する。仲間の人間に関心を持っていないのである。しかし、ここにおいてさえ、われわれは、彼〔女〕らを他の人から区別することはできない。完全な協力、あるいは完全な共同体感覚の例として引き合いに出せる人は誰もいない。そして、誰もが失敗するが、犯罪者の失敗は、その深刻さの点で、他の人の失敗とは異なっているのである。

優越性の追求

一つの問題が、犯罪者を理解するために、とりわけ重要である。もっとも、この点において、われわれは、犯罪者は残りのわれわれと似ていることを見出すであろうが。われわれは皆、困難を克服したいと思う。われわれは、将来の目標に到達しようと努める。その目標を達成することは、われわれが強く、優越し、完全であると感じる助けとなるだろう。この傾向が安全の追求として言及されたのは、非常に適切なことだった。それを自己保存の欲求と呼ぶ人もあるが、それにどんな名前をつけようと、われわれは、すべての人間の中に、人の人生を通じて流れているこの主要なテーマ――劣等の位置から優越した位置へ、敗北から勝利へ、下から上へと上昇する闘いを常に見出すだろう。それは、われわれのもっとも早い子ども時代から始まり、われわれの人生の最後まで続く。人生は、障害を乗り越え、困難を克服しようとして、この宇宙の殻の上で存在し続けることを意味する。それゆえ、まさにこの哲学を犯罪者の中に見出しても驚くには当たらない。

犯罪者は、すべての行動と態度において、自分が優越し、問題を解決し、困難を克服する努力をしていることを見せる。犯罪者を区別するのは、このような努力をしているという事実ではなく、むしろ、それが取る方向である。もしもその努力がこの方向を取るのは犯罪者が社会生活の要求を理解してこなかったからであり、仲間の人間に関心を持っていないからであることを認識すれば、彼〔女〕の行動が非常にわかりやすいものであることがただちにわかる。

環境、遺伝、変化

私は次の点を強調したい。なぜなら、そうは考えない人がいるからである。そのような人は、犯罪者は人間の規範の例外であり、普通の人とはまったく似ていない、と見なす。例えば、ある科学者たちは、すべての犯罪者は精神の発達が遅れている、と主張する。遺伝に重きを置く人もある。そのような人は、犯罪者は生まれついての悪人であり、犯罪をせざるをえない、と考える。さらに別の人は「一度犯罪者になれば、常に犯罪者である！」という。このような考えに反対する多くの証拠を今や持ち出すことができる。より重要なことには、もしもわれわれがこのような考えを受け入れれば、犯罪の問題を解決する可能性が決してないことになるだろう。われわれは、この人間の災いをできるだけ速やかに終わらせたいのである。歴史は、われわれに、犯罪は常に災いであったことを語るが、今やわれわれはそれについて何かをしたいのである。われわれは「すべて遺伝だ、何もできない」ということで問題を棚上げすることには満足できない。

われわれの環境にも遺伝にも何の強制力もない。同じ家族や同じ環境の子どもたちが、まったく違った仕方で育つ。時には、犯罪者が申し分のない名声のある家族から生まれることがある。時には、しばしば刑務所に入ったり、少年院に入るという経験のある、まったく評判のよくない家庭において、性格も行動もよい子どもたちがいる。その上、後の人生で、改心する犯罪者もいる。そして犯罪心理学者はしばしば、強盗が三十歳になったら落ち着き、よき市民になることを説明することが困難である、としばしば思った。もしも犯罪的な傾向が生まれつきの欠陥であったり、人の子ども時代の環境によって、とりかえしがつかないようにしみこむのであれば、この事実はまったく理解を超えているだろう。しかし、われわれの見方では、このような変化を理解することは難しいことではない。人はおそらく以前より良好な状況にいるかもしれない。以前ほど要求されることはない。そして、ライフスタイルの誤りは、もはや表面に現れることはない。あるいは、おそらく彼〔女〕は犯罪から既に望むもののすべてを手に入れたので、犯罪はもはや人生の目的には役立たないのである。最後に、おそらく、年がいって太ってきて、関節は固くなり、犯罪者の人生には前ほどは向いていないのである。もはや以前ほどはすばやくはない。強盗はあまりにきついものになったのである。

子ども時代の影響と犯罪的なライフスタイル

われわれが犯罪者を更正することができる唯一の方法は、子ども時代の間に、子どもが協力することを学ぶことを妨げることになった何が子どもに起こったかを見出すことである。ここで、個人心理学は、われわれにとって、暗い領域の全体にいくらか光を照らしてきた。われわれは、ずっとはっきりと見ることができる。五歳までに子どもの心は統一したものになる。子どものパーソナリティの糸はまとめられる。遺伝と環境は、子どもの発達にいくらか貢献するが、われわれが関心があるのは、子どもがこの世界に何を持って生まれてきたかとか、あるいは、子どもが遭遇する環境というよりは、子どもがそれらを利用する方法、それらをどのように活用するか、それらをどうするかである。われわれは、実際には、遺伝された能力や無能力については何も知らないので、この面を考察することは、とりわけ重要である。われわれが必要なことのすべては、子どもの状況の可能性と、子どもがいかに完全にその可能性を利用してきたかということである。

すべての犯罪者の酌量すべき理由は、彼〔女〕らが協力することに対しては、ある能力を持っているが、社会の要求にとっては、十分ではないということ、この点において主たる責任は、親、とりわけ、母親にあるということである。母親は子どもの関心の範囲を広げる方法、それを広げ、ついには、他者に関心を持つようにする方法を理解していなければならない。子どもが人類の全体と自分自身の未来の人生に関心を持つことができるような仕方でふるまわなければならない。しかし、母親は、おそらく、子どもが他の誰かに関心を持つことを望まない。おそらく、結婚が幸せではないのである。両親がうまくやっていない。おそらく、離婚を考えているか、あるいは、お互いを嫉妬している。それゆえ、母親は、おそらく、子どもを自分のもとに留めておきたいのである。母親は、子どもを甘やかし、自立することを許さない。このような状況では、協力の発達がいかに限定されたものになるかは、非常に明白である。

他の子どもたちに関心を持つことも、共同体感覚の発達にとって、非常に重要である。時には、もしも一人の子どもが母親のお気に入りであれば、他の子どもたちはその子どもにあまり友好的ではなく、自分たちの仲間に加えようとはしない。この状況が誤解される時、それは犯罪者としての人生の始まりになりうる。もしも家族の中に傑出した能力のある子どもがいれば、その次の子どもには、しばしば、問題行動がある。第二子が、より友好的で魅力的であるということもよくある。そこで、兄は愛情を奪われた、と感じる。このような子どもが、思い違いをして、自分が無視されているという感じにとらわれるのはたやすい。彼は自分が正しいことを証明する証拠を探す。行動はいっそう悪くなる。そこで、いっそう厳しく扱われる。このようにして、彼は自分が妨害され脇へ押しやられたという思いの確証を見出す。権利を奪われたと感じるので、盗みを始める。見つかり罰せられると、いよいよ誰も自分を愛さず、すべての人が自分に敵対しているということの証拠を手にすることになるのである。

親が子どもたちの前でひどい苦境や困難な状況について不平をいうことは、子どもたちの共同体感覚の発達を妨げることになる。同じことは、親が親戚や隣人についていつも非難し、いつも他の人を批判し、悪い感情と偏見を見せていれば起こりうる。子どもたちが、仲間の人間がどんな人かについて、歪んだ見方をして育ったとしてもほとんど驚くには当たらない。ついには親にも反抗しても驚くには当たらない。共同体感覚が妨げられるところではどこでも、自己中心的な態度だけが残るのである。子どもは感じる。「なぜ他の人のために何かをしなければならないのか」と。そして、この心の枠組みの中では人生の課題を解くことができないので、ためらい、安直な逃げ道を探すことを余儀なくされる。苦労して進むことを困難だと思い、他の人を傷つけても何とも思わない。これは闘いである。そして闘いにおいては何でもありである。

犯罪のパターンの発達を追跡できるいくつかの例をあげよう。ある家族で第二子の息子に問題があった。われわれが見た限りでは、彼は非常に健康で、遺伝的な障害は持っていなかった。第一子の息子は両親のお気に入りで、弟はあたかも競争をし、前のランナーに追いつこうとしているかのように、いつも兄がなしとげたことに追いつこうとしていた。彼の共同体感覚は発達しなかった。母親にひどく依存し、自分でできることでもすべて母親から得たいと思った。彼には兄との競争を試みる時に困難な仕事があった。兄は学校のクラスで一番だったが、他方、彼自身は最下位だったのである。

彼の制御し支配したいという欲求は非常に顕著だった。彼は家で年のいった手伝いの女性に命令し、部屋のまわりを歩かせ、兵士のように訓練をしていた。手伝いの女性は、彼のことが好きで、彼が二十歳になっても彼に思いのままにふるまわせた。彼はしばしば不安になり、なしとげなければならない仕事に圧倒されたが、実際には、何もなしとげなかった。困った時には、彼の行動は責められ批判されたけれども、いつも母親からお金をもらうことができたのである。

突然、彼は結婚した。そのことは彼のあらゆる困難を増やすことになった。しかし、彼にとって重要だったことは、彼が兄よりも先に結婚したということだった。彼はこのことを大きな勝利と見なした。このことは、彼の自分自身の価値についての評価が、実際には非常に低いことを示している。このような笑うべき方法で勝ちたかったのである。彼は結婚にはしかるべく準備ができていなかった。そして、彼と妻はいつも喧嘩をしていた。母親が以前ほどにはもはや彼を助ける余裕がなくなった時、彼はピアノを注文し、その代金を払わずに売り払った。このために彼は捕まった。このケースでは、子ども時代に彼の後の経歴のルーツを観察することができる。彼は、ちょうどより大きな木の影になる小さな木のように、兄の影に覆われて育った。彼は、性格のよい兄と比べて、自分が軽視され無視されているという印象を持っていた。

私があげる別の例は、十二歳の少女のものである。彼女は非常に野心的で、両親に甘やかされた。妹がいたが、彼女はこの妹に非常に嫉妬し、彼女との競争心は、家でも学校でも見られた。彼女はいつも妹が好まれ、自分より多くのお菓子やお金が与えられることを警戒した。ある日、学校の友人のポケットからお金を盗んだ。そして見つかって、罰せられた。幸い、私は彼女に状況のすべてを説明することができ、妹にはたちうちできないという彼女の思いこみから彼女を解放することができた。同時に、私は状況を家族に説明し、家族は何とか競争することを止めさせ、妹の方が好まれているという印象を与えることを避けようとした。これは二十年前に起こったことである。少女は今は非常に正直な女性で結婚し、子どもが一人いる。その後は、人生において、大きな過ちをしていない。

犯罪者のパーソナリティの構造

第一章で、私は、子どもたちの発達が特に危険に曝される状況を見たが、この点について短くまとめてみたい。そのような状況を強調することは重要である。個人心理学の発見が正しければ、われわれが実際に協力的な行動へと向けて導くことができるのは、このような状況が犯罪者の見方にどんな影響を与えるかを認識することによってのみだからである。特別の困難を持った子どもたちの三つの主たるタイプは、まず、器官劣等性のある子どもたち、次に、甘やかされた子どもたち、第三に、無視された子どもたちである。

私自身が接触している犯罪者と私が本と新聞で読んだ犯罪の叙述を研究することで、私は犯罪者のパーソナリティの構造を確かめることを試みてきた。そして、私は、常に、個人心理学は、より深い理解への鍵であることを見出した。さらにいくつかの例を出そう。

1　コンラート・Kのケース。彼は父親を別の人の助けを借りて殺害した。父親は少年を無視して、彼を残酷に扱い、家族全員を虐待した。ある時、少年が父親を殴り返した。すると父親は彼を訴えた。裁判官はいった。「君は意地悪で喧嘩早い父親を持っている。どうしようもない」

裁判官自身が少年に口実を与えていることに気づくだろう。家族はトラブルの救済法を見出そうとしたができなかった。それから、父親は、道徳的にだらしない女性を一緒に住むために連れてきて、息子を家から追い出した。この時、少年は、激しい情熱を持っている臨時雇い労働者と知り合いになった。労働者は彼に父親を殺すことを勧めた。彼は母親がいるのでためらったが、状況はどんどん悪い方へと向かった。長く熟慮した後、息子は決心し、労働者の助けを借りて父親を殺した。

ここで、われわれは、息子が父親に対してすら共同体感覚を広げることができなかった事情を見る。彼は、依然として、母親に深く結びついていて、母親を高く評価していた。まだ残っていた共同体感覚を壊す前に、情状酌量する状況が提案される必要があった。残酷さを求める情熱を持った自由労働者からの支えを得て初めて、彼は罪を犯すことができた。

2　マーガレット・ツヴァンツィガー、またの名を「有名な毒殺者」として知られる。彼女は見捨てられた子どもで、小さく、身体に障害があった。このことが――と個人心理学者はいうだろう――うぬぼれが強くなり注目を引きたいと強く願うよう彼女を刺激した。彼女はまた卑屈なほど礼儀正しかった。

ほとんど絶望へと導くことになった多くの冒険の後、彼女は三度女性を毒殺することを試みた。彼女たちの夫を自分のものにするためにである。彼女は自分のものを奪われたと感じ、取り返すために、他のどんな方法も思いつくことはできなかった。彼女は妊娠したと偽り、男性たちを自分のもとに留めるために、自殺を試みた。自叙伝において（非常に多くの犯罪者が自叙伝を書くことを喜ぶ）彼女は個人心理学の見方を無意識に証言しているが、自分自身の発言を理解しているわけではない。「私は、何か悪いことをした時はいつも、『誰も私のことをかわいそうだとは思わない。それなのにどうして私が他の人をかわいそうに思わせてどうしていけないの』と思った」

これらの言葉の中に、われわれは、いかに彼女が犯罪をし、自分をかき立て、情状酌量する理由を探すまでになったかを見ることができる。協力や他者への関心を提案する時に、私がしばしば聞く発言は「でも他の人は誰も私に何の関心も持ってくれない」というものである。

私の答えはいつもこうだ。「誰かが始めなければならない。他の人が協力的ではないとしても、それはあなたには関係がない。私の助言はこうだ。あなたが始めるべきだ。他の人が協力的であるかどうかなど考えることなく」

3　第一子でひどい育てられ方をしたＮＬは、片方の足が不自由で、弟に対して父親の役割を果たした。われわれは、この関係も優越性の目標であることがわかる。おそらく最初は有益な目標だったのである。しかし、おそらく、いつも自尊心と見せびらかしたいという欲求の問題だった。後に、彼は次のようにいって、母親を家から追い出した。「ここから出て行け、この年寄りの鬼婆」

われわれはこの少年を哀れむべきである。彼は母親にすら関心がない。もしもわれわれが彼を子どもの時に知っていれば、どのように彼が犯罪者の道を歩むことになったかを見ることができたであろう。長い間、仕事がなかった。お金を持っていなかった。性病にかかった。ある日、仕事を探しに行ったが見つからず、家に帰る道で、わずかな収入を自分のものにするために、弟を殺した。ここに、われわれは、彼の協力する意志の限界を見る。彼は仕事もお金もなく、性病にかかっていた。いつも限界があって、それを越えると前に進むことができない、と感じるのである。

4　幼い頃は孤児だった子どもが、里親に引き取られたが、この里親が信じがたいほど彼を甘やかせた。その結果、甘やかされた子どもになり、後にひどい成長をした。彼はあらゆる人に自分を印象づけ、常に最善であることを望み、仕事は機敏だった。里親は彼の野心を勇気づけ、彼のとりこになった。彼は虚言をいい、詐欺師になった。できるところではどこででも、お金を手に入れた。里親は貴族だった。彼は貴族的な態度をし、お金をすべて浪費し、親を家から追い出した。

悪い育て方と甘やかしが、彼を正直な仕事には就かないようにさせた。虚言をいってだますことですべての人を出し抜くことを、人生における課題と見なしている。里親の母親は、自分自身の子どもたちと夫よりも、彼を好んだ。この扱いは、彼にあらゆることに権利を持っているという感情を与えたが、自分自身の価値について低い評価をしていることは、彼が普通のやり方では成功できないと感じているという事実に示されている。

犯罪、精神障害、臆病

先に進む前に、すべての犯罪者は精神病者であるという考えを斥けたい。自殺をはかる精神病者はあるが、彼〔女〕らの犯罪はまったく異なった性質のものである。われわれは彼〔女〕らに犯罪の責任があるとは見なさない。彼〔女〕らの犯罪は、彼〔女〕らを理解することに完全に失敗し、彼〔女〕らを扱う方法を完全に誤ることとの結果である。

同様に、われわれは、知性が欠けているので、犯罪を計画する真の犯罪者のただの道具であるような人を排除しなければならない。彼〔女〕らは、しばしば、どんな利益があるかをあざやかに想像でき、ただ隠れ、罪を犯し、罰せられる危険を冒す人に利用される精神発達遅滞の人である。もちろん、同じことは、若い人が年長で経験のある犯罪者に利用される場合にも当てはまる。犯罪を計画するのは、経験のある犯罪者である。子どもたちはそれを実行するようにだまされるのである。

すべての犯罪者は臆病者でもある。彼〔女〕らは、解決するには十分力がないと思う問題を避けている。犯罪だけではなく、人生に直面する方法にも臆病さが見られる。彼〔女〕らは暗闇の中や寂しい場所をこそこそ忍び歩き、彼〔女〕らの犠牲者を驚かし、身を守ることができる前に武器を奪い去る。犯罪者は自分は勇敢だと考える。しかし、われわれは、彼〔女〕らにだまされて同意するべきではない。犯罪は、臆病な人が英雄主義を真似ることである。彼〔女〕らは虚構の個人的優越性を追求し、自分が英雄であると信じることを好むが、これはまたもや人生についての誤った考え方であり、コモンセンスの不足である。われわれは、彼〔女〕らが臆病であることを知っている。そして、彼〔女〕らがわれわれがそのことを知っていることを認識すれば、そのことは彼〔女〕らにとっては大きなショックであろう。自分が警察より一枚うわてである、と考えることは、彼〔女〕らの虚栄心を膨らます。

そして、しばしば考える。「警察は私を決して捕まえることはないだろう」と。

不幸にして、すべての犯罪者の経歴を仔細に調べれば、実際見つかることなく罪を犯してきたことがわかると思う。この事実は嘆かわしい。それでも見つかった時、彼〔女〕らは考える。「今回は十分賢くはなかったが、次は彼らを出し抜こう」。そして、うまくやってのけたら、自分の目標を達成したと感じる。彼〔女〕らは優れていると感じ、仲間に賞賛され高く評価される。犯罪者は勇気があって賢いとする常識的な神話を取り除くことが重要だが、この過程をどこで始めるべきだろうか。われわれはそれを家庭、学校、拘置センターで行うことができる。後に攻撃の最善のポイントを叙述しよう。

犯罪のタイプ

犯罪者は二つのタイプに分けられる。この世界に仲間がいることを知っているが、仲間を経験したことがない人がいる。このような犯罪者は、他の人に対して敵対的な態度を取る。排除され、自分を認めてもらっていない、と感じている。もう一つのタイプは、甘やかされた子どもである。私はしばしば囚人が次のような不平をいうことに気づいてきた。「私が犯罪の道に入ったのは、母が私をあまりに甘やかしたからだ」と。実際これについて詳しく述べなければならないが、私がここで言及したのは、犯罪者は、様々な仕方で、正しい程度の協力ができるように育てられ、訓練されてこなかったことを強調するためだけである。

親は子どもたちを社会のすぐれた一員にすることを望んだかもしれない。しかしどうすればいいか知らなかったのである。独裁的で厳格であれば、成功するチャンスはなかっただろう。もしも子どもを甘やかし、舞台の中心に立つようにさせていれば、子どもに、他の人からよく思われるに値するために何の努力をしないで、ただいるだけで、自分は重要であると思うことを教えただろう。それゆえ、このような子どもたちは、努力を維持する能力を失っている。彼〔女〕らはいつも注目されたいと思い、いつも何かを期待している。もしも満足を得る安直な方法を見出さなければ、そのことで何か、あるいは、誰かを責めるのである。

いくつかの症例

いくつかの症例を検討し、これらの点を例証できるかどうか見てみよう。ただし以下の叙述は、この目的のために書かれたわけではない。最初のケースは、シェルドン及びエレノア・T・グリュックの『五人の犯罪者』からの「ハードボイルドなジョン」のものである。

「私は何でもしたい放題にしようと思ったことはなかった。十五歳か十六歳まで、私は、多かれ少なかれ、他の子どもたちと同じだった。運動が好きで、スポーツに参加した。図書館の本を読み、家にはちゃんとした時間に帰った。それだけだった。それから私の親は私に学校をやめさせて働かせ、毎週五〇セント以外は、私の賃金をすべて取り上げた」

ここで彼は非難をしている。親との関係について質問し、彼の家族全体について公平な見方ができれば、彼が「実際に」何を経験したかわかるだろう。今のところは、彼の発言は、親が協力的ではなかったという確認であるとだけ見なさなければならない。

「私は一年働いた。それから、楽しく過ごすのが好きな女の子とつきあった」

われわれは、しばしば、こういうことを犯罪者の経歴の中に見る。贅沢な趣味を持った少女とつきあうのである。われわれが前に言及したことを思い出してほしい。これは協力の試験と程度の問題である。彼は楽しく過ごしたい少女と出かけるが、一週間に五〇セントしか持っていない。これが愛の問題についての真の解決とはとうていいえないだろう。一つには、少女は他にもいるのである。彼は正しい道の上にはいない。同じ状況にいれば私ならいっただろう。「もしも彼女が楽しい時を過ごしたいのであれば、彼女は私にふさわしい少女ではない」と。これらは、人生において何が重要かについての異なった評価である。

「この街でさえ、週に五〇セントでは、この頃は少女を楽しませることはできない。親は私にこれ以上お金をくれないだろう。私は腹を立て、どうしたらもっとお金を手にすることができるだろう、と絶えず苦しんだ」

コモンセンスはいうだろう。「おそらく、仕事を探せば、もっと稼ぐことができるだろう」。しかし、彼はものごとが簡単に運ぶことを欲する。そして、ガールフレンドを持ちたいと思っても、自分自身の喜びのためであって、他のことのためではない。

「ある日、一人の男がやってきて、私は彼と知り合いになった」

見知らぬ人がやってくる時、そのことは彼にとって別の試験である。正しい協力の能力を持っている少年であれば道を誤ることはないだろうが、この少年は、誤りうる道の上にいる。

「彼は腕のよい、賢い、仕事を知っている有能な仲間で『山分け』をし、汚いことはさせなかった。私たちはこの街で多くの仕事をした。そして山分けをして、ずっとそうしている」

われわれは、親は自分の家を所有している、と聞いている。父親は工場の現場監督で、家族はかろうじて収支の合う範囲内で暮らすことができる。この少年は、三人の子どもの一人で、非行に走るまでは、家族の誰も犯罪を犯したことはなかった。私は、遺伝を信じている科学者がどのようにこのケースを説明するか知りたい。少年は、十五歳の時に、異性とセックスをしたことを認めている。彼は性欲が異常に強いという人がいるだろうと確信している。しかし、この少年は、他の人に関心を持っておらず、快楽だけを欲しているというだけである。彼は実際このような方法で、認められることを求めている。彼は性的な英雄になりたいのである。

十六歳の時、強盗と窃盗の罪で、仲間と共に逮捕された。他にも興味深いことが続いて起こり、われわれがいってきたことを確かめる。彼は成功しているように見られ、少女たちの注目を引き、お金を使うことで彼女たちの気を引きたい、と思う。広縁の帽子を被り、首に赤いバンダナ・ネッカチーフをして、リボルバーをおさめたベルトをしている。西部の無法者という名前を使う。虚栄心のある少年である。英雄のように見られたいと思うが、そうするための他の方法を知らない。彼は責められる限りのあらゆる犯罪をしたが、さらに「もっと多くのこと」をしたと認める。他の人の所有権について、良心の咎めを持っていない。

「人生は生きるに値しないと思う。人類全般に、私は最大の軽蔑以外の何も持ってない」

これらの一見意識的な思考は、実は無意識である。それらが実際に何を意味しているかわかっていない。人生は重荷であると感じているが、なぜそんなに勇気をくじかれているかはわかっていないのである。

「私は人を信頼しなくなった。泥棒は互いを欺くことはないといわれているが、そんなことはない。私は一度一緒だった仲間によくしてやったが、私を裏切った」

「もしもほしいだけのお金を持っていたら、皆のように正直になるだろう。つまり、働かないでしたいことをできるほど十分にお金を持っていたら、ということだ。私は働くのが好きではなかった。

仕事が嫌いだ。これからも働くことはないだろう」

われわれは、この最後の点を、次のように翻訳することができる。「私が犯罪者であることの責任は抑圧である。私は欲求を抑圧しなければならない。それゆえ、私は犯罪者である」。これは多くの考察を必要とする点である。

「私は一度もただ犯罪のために犯罪をしたことはない。もちろん車で場所まで行って、仕事をして逃げる時には、ある種のスリルはあるが」

彼は自分が英雄だと信じており、自分の行動を臆病とは見ていない。

「以前一度捕まった時、私は一万四千ドル相当のダイヤモンドを持っていたが、愚かにも、恋人に会いに行って、彼女のところへ行くために必要なだけ現金に換え、私は捕まった」

このような人は、恋人にはお金を使い、安価な勝利を得る。しかし、それを真の勝利と見なすのである。

「ここの刑務所には学校がある。受けられるすべての教育を受けるつもりだ。でも、矯正するためではなく、自分を社会にとってもっと危険にするためだ」

これは人類に対する非常に激しい態度である。しかし、彼は、人類とは一切関わりたくはない。次のようにいっている。

「もしも私に息子がいれば、首を絞めるだろう。人間をこの世界に送ったということで罪になると思いますか」

さてこのような人をどのようにして矯正したものか。協力の能力を向上させ、人生の評価において、どこで間違ったかを指摘すること以外には方法はない。われわれは、幼年時代の誤りを見直す時にだけ説得できる。このケースでは〔その後〕何が起こったかはわからない。このケースの叙述は、私が重要だと思う点を扱っていない。彼をこのような人類の敵にさせるような何かが子ども時代に起こったのである。推測しなければならないのなら、彼は第一子だったであろう。最初は、第一子が通常そうであるように、大切にされたが、後には、下に子どもが生まれ、王座から転落した、と感じたのであろう。私が正しければ、このようなささいなことですら、協力の発達を妨げうることがわかるだろう。

ジョンは、さらに彼が入っていた内務省認可学校で、ひどい扱いを受けたといっている。彼はその後、この学校をやめたが、その時、社会に対して強い憎しみの感情を持っていた。この点について私はあることをいわなければならない。心理学的な見地からは、刑務所で犯罪者を厳しく扱うことは、すべて挑戦、力の試みとして解釈されるということである。同様に、犯罪者が絶え間なく人が「われわれはこの犯罪の波を終わらせなければならない」というのを聞く時、犯罪者はそれを挑戦と見る。彼〔女〕らは英雄になりたいのである。そして、挑戦されると嬉しくてたまらないのである。彼〔女〕らは、社会があえて犯罪を続けるようにさせている、と感じている。そして、いっそうの決心を持ってそうするのである。全世界と闘っていると思うならば、挑戦を受けること以上に何がより大きな興奮を与えることができるだろうか。

問題のある子どもたちの教育において、子どもたちに挑戦することは、なしうる最悪の誤りの一つである。「誰がより強いかわかるだろう。誰がもっとも長く最後まで持ちこたえることができるかわかるだろう」。このような子どもたちは、犯罪者と同様、自分が強いという感覚に酔っている。そして、十分賢ければ罰せられずにすむと思っている。刑務所や拘留センターでは、スタッフは、時に犯罪者に挑戦するが、これは非常に有害なやり方である。

さて、絞首刑になった殺人者のケースを調べよう。彼は残虐にも二人の人を殺し、そうする前に意図を書き留めた。これによって、私は犯罪者の心で起こる計画がどんな種類のものかを叙述する機会を持つことができる。誰も犯罪を計画なしに行うことはない。そして、計画は常に行為の正当化を含んでいる。このような告白のすべての文献において、私は一度も犯罪それ自体が単純に明瞭に叙述されている例を見たことがない。そして、私は犯罪者が自分を正当化しようとしないケースを見たことがない。

ここに、われわれは、共同体感覚が重要であることを見る。犯罪者すら共同体感覚と折り合いをつけようとしなければならないのである。同時に、彼〔女〕らは犯罪の前に共同体感覚の壁を打ち破るために、共同体感覚を殺す覚悟をしなければならない。同様に、ドストエフスキーの『罪と罰』において、ラスコーリニコフは、二ヶ月の間ベッドに横たわり、殺人を犯すかどうか考える。彼は「私はナポレオンだろうか、それともシラミだろうか」という問いに自分を駆り立てる。犯罪者は、自分を欺き、自分が想像したものへと自分を駆り立てる。現実には、あらゆる犯罪者が、自分は有用な人生を送っていないということを知っており、有用な人生が何を意味するかも知っている。しかし、彼〔女〕はそれを臆病から斥ける。そして、臆病であるのは、有用である能力を欠いているからである。人生の課題は、協力を要求し、彼〔女〕は協力の訓練を受けてこなかったのである。犯罪者は、後の人生において、重荷を取り除きたいと思う。彼〔女〕らは、見てきたように、自分を正当化したいと情状酌量する状況を申し立てる。

ここに先に言及された二人を殺した人の日記からの抜粋がある。

「私は家族から縁を切られた。嫌悪と軽蔑の対象となった（彼は鼻の奇形があった）。ほとんど私の不幸に圧倒された。私を抑えるものは何もない。私はそれにもはや耐えられないと感じる。見捨てられた状態にこもろうか。しかし胃が、空の胃には反対できない」

彼は情状酌量する理由を創り出す。

「私は絞首台で死ぬと予言された。しかし、次のようなことが思い浮かんだ、飢えて死のうと、絞首台で死のうとどんな違いがあるというのか、と」

別のケースでは、一児の母親が予言した。「私は、きっといつか、お前に首を絞められるだろう」。子どもが十七歳になった時、彼は母親の代わりにおばを絞殺した。予言と挑戦は同じ仕方で働く。日記は続く。

「私は結果には関心がない。いずれにしても死ななければならない。私は何者であり、誰も私には関係がない。私が好きな少女は私に会うのを嫌がる」

彼はこの少女を引きつけたかったのである。しかし、彼はしゃれた服もお金も持っていなかった。彼は少女を所有物の一つと見なした。これが彼の愛と結婚の問題についての解決だった。

「みんな同じだ。私は救いか滅びのどちらかを見出すだろう」

説明のためのスペースがもっとあればいいのだが、ここでは、これらの人たちは皆極端と正反対を好きだということを指摘しよう。彼〔女〕らは子どもに似ている。全てか無である。二つの極端から選ぶのである。「飢えか絞首台か」「救いか滅びか」というふうに。

「すべてのことは、木曜日のために計画されている。犠牲者は選ばれている。私は機会を待っている。その時、私は誰もができるわけではない何かをするだろう」

彼は自分にとってだけ英雄である。「それは怖ろしいことで、誰もができるわけではない」。彼はナイフを取り出して、人を驚くべき攻撃で殺した。たしかに、誰もができることではなかった。「羊飼いが羊を駆り立てるように、飢えの苦しみが、人をもっとも凶暴な犯罪へと駆り立てる。おそらく、明日はこないだろう。しかし、それでもかまわない。起こりうる最悪のことは、飢えによって苦しむことだ。私は不治の病に圧倒されている。私の最後の試練は、それが私を裁く時にやってくるだろう。人は犯罪の償いをしなければならないが、それは飢えで死ぬよりはましな死に方である。飢えで死んでも、誰も私に気づかないだろう。今や私の死刑執行に人が集まるだろう。そして、おそらく誰かが、私をかわいそうだと思うだろう。私はやり始めたことをやってしまうだろう。誰も私が今夜感じているほどに恐怖を感じたことはない」

彼は自分が信じているような英雄ではない。反対尋問で彼はいった。「私は心臓まで刺さなかったが、殺人を犯した。私は死刑になる運命であることは知っている。しかし人は非常にすばらしい服を着ていて、私は決してそんな服を着ることはないことを知っていた」。彼はもはや飢えが動機だとはいっていない。今や固定観念になったのは服である。「私は自分が何をしているかわかっていなかった」。彼はそう抗弁した。何らかの仕方で、このような言明を必ず見つけることになるだろう。時には、犯罪者は犯罪の前に酒を飲んで感覚を失う。これらのことはすべて、いかに犯罪者が、共同体感覚の壁を破る努力を一生懸命しているかということを証明するだけである。私は、犯罪者の生活についてのあらゆる叙述において、私がここで明らかにしたすべての点を示すことができる、と信じる。

協力の重要性

さて、私が先に言及したテーマに戻ろう。すべての犯罪者、そして、他のすべての人は、勝利を得て優越の地位に到達するよう努めるという事実である。しかし、これらの目標は実に様々である。われわれは、犯罪者の目標は、常に私的、個人的な意味で優秀であるということであることを見出す。犯罪者は協力的ではない。社会はその成員のすべてから――そしてわれわれは皆互いからも――共通善への貢献と協力の能力を必要とする。犯罪者の目標は、この社会に有用であるということを含まない。そして、これが、すべての犯罪者の実に重要な面である。われわれは後に、これがどうなるかを見るだろう。今の時点では、犯罪者を理解したいのであれば、探すべき主なことは、協力の失敗の程度とそのあり方であるということをはっきりとしておきたい。

犯罪者は協力の能力の点で異なる。他の犯罪者よりも失敗しても深刻にならない人もある。例えば、ある犯罪者は取るに足りない犯罪しかせず、この限界を超えない。大きな犯罪を好む人もいる。リーダーであったり、追随者だったりする。犯罪者の生活の多様性を理解するためには、個人のライフスタイルを吟味しなければならない。

パーソナリティ・ライフスタイル・三つの課題

われわれは、四歳か五歳で、個人に特有なライフスタイルの主要な特色を見出すことができる。それゆえ、ライフスタイルを変えることは容易なことではない、と仮定できる。それは、ある人の独自のパーソナリティであり、ライフスタイルを築き上げる時になされた誤りを認識することによってしか、変えることはできない。それゆえ、多くの犯罪者は、何度も罰せられているにもかかわらず、しばしば辱められ軽蔑され、われわれの社会が提供しうるあらゆるよきことを奪われるにもかかわらず、それでも、自分のやり方を変えず、同じ犯罪を何度も何度も行うということをわれわれは理解し始める。

犯罪をなすことを強いるのは、経済的な困難ではない。たしかに、時世が困難で人々が経済的に逼迫しているならば、犯罪は増加する。統計は、時には、犯罪の数は、小麦の価格の上昇と並んで、増えることを示している。しかし、犯罪を引き起こすのが経済的状況であるという保証はない。それは、むしろ、多くの人が行動を制限されているという兆候である。犯罪者の協力の能力には限界がある。そして、限界に達すると、彼〔女〕らはもはや貢献することができず、協力の最後の残滓を失い、犯罪に訴える。他の事実からも、われわれは、良好な状況では犯罪者ではないが、もしも準備ができていない問題が生じれば、犯罪に向かうことがありうる多くの人がいることを見る。重要なのは、ライフスタイル、犯罪者の課題に直面する方法である。

個人心理学のすべての調査の後、われわれは、ついに非常にシンプルな点を明らかにすることができる。犯罪者は、他者に関心がないのである。ある程度しか協力できない。これが使い果たされると、犯罪に向かう。最後の引き金となる出来事は、課題があまりに彼〔女〕にとって困難な時にやってくる。人生の普遍的な課題、犯罪者が解決することに成功しない課題について考察することは興味深い。結局のところ、われわれには、対人関係の問題以外の問題はないように見える。そして、これらの問題は、われわれが他者に関心を持っている時にだけ、解決できるのである。

第一章において短く記したように、個人心理学は、人生の課題に三つの大まかな区分をすることを教えてきた。最初に、他者との関係の問題、交友の課題の問題を取り上げよう。犯罪者は、時には、友人を持っているが、自分と同じような人の間だけである。犯罪者は一団を形成し、互いに忠誠心さえ見せるが、明らかに活動の領域を狭めてきた。彼〔女〕らは社会全般、普通の人と交友を結ぶことはできない。異国の客のようにふるまい、他の人とのくつろぎ方を知らない。

問題の第二のグループは仕事に関するすべての問題を含む。多くの犯罪者は、これらの問題についてたずねられた時に答える。「ここらあたりのひどい労働条件を知らないのだね」。彼〔女〕らは、自分が仕事には向いていないと思い、他の人のように困難と闘いたいとは思わない。有用な仕事は他者への関心と他者の幸福への貢献が必要だが、このことがまさに犯罪者のパーソナリティに欠けている。この協力の精神の欠如は早い時期に現れる。その結果、大抵の犯罪者は仕事の要求に直面する用意ができていない。犯罪者の大多数は訓練を受けていない、熟練していない労働者である。彼〔女〕らの人生を振り返れば、学校で、そして、さらには学校に入る前にも、関心のブロック、停止、協力したくない気持ちがあったことがわかるだろう。協力は教えられなければならないことであるが、犯罪者は決して協力の訓練を受けてこなかったのである。それゆえ、もしも彼〔女〕らが仕事の問題に取り組むことに失敗しても、われわれは彼〔女〕らに責任を求めることができない。彼〔女〕らにこのような要求をすれば、地理について何も学んでこなかった人に地理のテストを課するようなものである。このような状況においては、われわれは間違った答えが返ってくるか、あるいは、まったく返答がない。

問題の三つ目のグループは、愛に関するすべての問題を含む。すぐれた実りある愛の関係は、他者への関心と協力への関心を同じ程度に要求する。刑務所や拘留センターに送られる犯罪者の半分は、入る時に性病に罹患していることが観察されるのは興味深い。このことは、彼〔女〕らが愛の問題からの安直な解決法を望んでいたことを示すことになるだろう。彼〔女〕らは、愛におけるパートナーを一個の所有物としか見ていない。そして、しばしば彼〔女〕らが愛は買えるものだと考えているのを見る。このような人にとっては、セックスは、征服と獲得の問題である。それは、生涯にわたる関係の一部というよりも、それによって彼〔女〕らが他者を所有することを求める手段である。多くの犯罪者はいう。「もしも私が望むものをすべて持つことができないのであれば、生きていることは何の役に立つのか」と。

人生のすべての課題におけるこの協力の欠如が、主たる欠点である。われわれは、一日のあらゆる瞬間に、協力を必要とする。したがって、われわれの協力の能力がどの程度のものかは、われわれが見て、話し、聞く方法に現れる。もしも私の観察が正しければ、犯罪者が見たり、話したり、聞く方法が他の人とは違っているということはありそうである。われわれは話す時には皆がわれわれを理解することを意図する。理解はそれ自体が社会的な機能である。われわれは、言葉に対して、共通の解釈を与える。そして、言葉を他の誰もが理解できる同じ仕方で理解する。犯罪者は、そうではない。彼〔女〕らは、私的論理、私的知性を持っている。われわれは、このことを、彼〔女〕らが自分の犯罪を説明する方法に見ることができる。彼〔女〕らは知力が弱いのではない。彼〔女〕らに仮想の個人的優越性を認めるならば、大半はその目的に適った結論を引き出しているのである。

犯罪者はいうかもしれない。「すてきなズボンをはいている人を見た。私は持ってなかった。だから、彼を殺さなければならなかった」。もしもわれわれが欲求が一番重要であり、生計を有用な仕方で立てる必要がないと彼と同じように信じることができれば、彼の結論は十分理解できる。しかし、それはコモンセンスではない。最近、ハンガリーで、次のような裁判のケースがあった。多くの女性が毒による大量殺人で告訴されたのである。女性の一人が、獄に送られた時にいった。「私の息子が病気で怠け者だったので、毒で殺さなければならなかった」。もしも彼女が協力を排除すれば、他に何をすることが彼女には残されているだろうか。彼女は知的だが、ものごとを見る方法、人生についての見方が〔他の人と〕違うのである。そこで、われわれは、魅力的なものを見て、それを簡単に自分のものにしたいと思う犯罪者が、彼〔女〕らが関心を持っていない敵対的な世界から、どのようにしてそれらを取ってこなければならないかと結論づけるかを理解できる。彼〔女〕らの人生についての見方、自分自身の重要性と他の人の重要性についての評価は誤っている。

協力への早期の影響

ここで私は協力の失敗が起こるかもしれない状況を探求したい。

家庭環境

時に、われわれは、親に責任を課さなければならない。おそらく、母親は、子どもを自分に協力させるのに十分熟練していなかったのである。おそらく、あたかも自分は誤ることはなく、誰も彼女を助けることはできないかのようにふるまっていたのだろう。あるいは、母親自身が協力することができなかったのである。不幸な、あるいは、破綻した結婚においては、協力的な精神は適切に発達しない。子どもの最初の絆は母親とのものである。そして、おそらく母親は、子どもの共同体感覚を父や他の子どもたち、あるいは、大人を含めるところまで広げることを望まなかったのである。

あるいは、子どもの方も、自分が家庭の中心である、と感じたのかもしれない。ところが、三歳か四歳だった時に、別の子どもがやってきた。その時、第一子は、自分が後ろにやられたと感じたのである。自分がそれまでいた地位から追放された。そこで、母や弟、妹に協力することを拒んだ。これらはすべて考慮されるべき要素である。そして、犯罪者の生活史を遡ってたどれば、トラブルは、ほとんどいつも幼い時の経験において始まったことを見るだろう。問題なのは環境そのものではない。子どもが家庭における自分の状況を誤解したのであり、そのことを子どもに説明する人が、彼〔女〕の側には誰もいなかったのである。

もしも一人の子どもが優れているか、才能があるならば、そのことは他の子どもたちにとって常に困難な問題になる。このような子どもは、大方の注意を引きつけ、他の子どもたちは、勇気をくじかれたとか妨害された、と感じる。彼〔女〕らは、協力しない。競いたいが、そうするだけの十分な自信がない。われわれは、しばしば、このような仕方で影に置かれ、自分自身の能力をどのように使うことができるかを教えられなかった子どもたちに不幸な発達を見る。われわれは、このような人の中に、犯罪者、神経症者、あるいは、自殺する人を見るかもしれない。

協力を欠いている子どもが学校に行くと、この欠点は、子どもの行動にまさに最初の日に見ることができる。他の子どもたちと友達になれない。教師が好きではなく、注意散漫で授業を聞かない。その上、感受性と理解をもって扱われなければ、新たに敗北を被るかもしれない。勇気づけられ協力することを教えられる代わりに、しばしば、非難され、叱られるのである。それまでになく授業を嫌なものに思うことは、不思議ではない。勇気と自信に常に新しい打撃を受けていれば、学校の生活に関心を持てるはずはない。犯罪者の履歴の中に、しばしば十三歳頃に遅滞学級に入れられ、愚かさを批判されていたということを見出すだろう。彼〔女〕の後の生活の全体は、このように危機に曝される。次第に、他者への関心を失い、努力はますます人生の有用ではない面、つまり、反社会的、あるいは、望ましくないことへと向けられる。

貧困

貧困も人生についての誤った解釈をさせる機会になる。貧しい家庭で育った子どもは、家庭の外で社会的な偏見に出会うかもしれない。親を助けるために、幼い時に働きに出ないといけないかもしれない。後に、安楽な生活を送り、ほしいものは何でも買える金持ちに出会う。そして、その人よりも安楽な状況を享受する権利を持っていない、と感じる。犯罪者の数が、なぜ大都会において多いかを理解するのは難しいことではない。大都市では、貧困と贅沢の間に、非常に顕著な極端な差があるのである。いかなる有用な活動もかつて嫉妬から生じたことはないが、子どもは、このような環境において、容易に状況を誤解し、優越性を達成する方法は、働かないでお金を得ることだと考えるということはありうる。

器官劣等性

劣等感は身体のハンディキャップにも集中する。これは私自身の発見の一つだった。この点に関して、私が神経学と精神医学の両方において、遺伝の理論に道を開くことになったことにいささか罪悪感を持っている。しかし、私が最初に器官劣等性について書いた初めの頃にも、私は、既に、この危険を認識していた。責められるべきは障害ではなく、われわれの教育の方法である。正しい方法にしたがえば、身体に障害がある子どもたちは、自分と同じほど、他者に関心を持つだろう。身体のハンディキャップの重荷を担った子どもが自己中心的になるのは、誰も傍らにいて他者に関心を発達させない場合だけである。

内分泌腺に問題がある人は多いが、内分泌腺の正常な機能はどうあるべきかを決定的にいうことは決してできないということをはっきりさせたい。われわれの内分泌腺の機能は、パーソナリティに支障をきたすことなく大いに変わりうる。それゆえ、この要素は、とりわけ子どもたちを他者に協力的な関心を持った共同体の優れた成員にする正しい方法を見い出したいのであれば、排除されなければならない。

社会的な不利

犯罪者の中には孤児の割合が多い。われわれが協力の精神をこれらの孤児に植えつけなかったことは、われわれの文化の重大な欠陥であると私には思える。同様に、多くの非嫡出子がいる。まわりには彼〔女〕らの愛情を得て、それを他の仲間に移す人は誰もいなかった。望まれない子どもはしばしば犯罪に走る。とりわけ誰も彼〔女〕らを望んでいなかった場合にである。そこで、犯罪者の間に、しばしば醜い人が見られる。そして、この事実が、遺伝の重要性の証拠として用いられてきた。しかし、醜い子どもであるということがどのように感じることか考えてみよ。そのような子どもは非常に不利である。おそらく、彼〔女〕は、たまたま魅力的ではない子どもたちを生み出すか、あるいは、社会的偏見にあう民族グループの混合である。このような子どもが醜ければ、そのことは、生活の全体を荒廃させる。彼〔女〕はわれわれが皆非常に価値あるものと見ること――子ども時代の魅力と新鮮さ――を所有しない。しかし、これらの子どもたちは、正しい仕方で扱われれば共同体感覚を発達させるだろう。

しかし、時には、犯罪者の中に並外れて容姿のいい人が見られることは興味深い。身体的に魅力がない犯罪者は、おそらくは実際の身体的欠陥――例えば、歪んだ手、口蓋破裂と共に遺伝された悪い遺伝傾向の犠牲者と見なされるかもしれないが、容姿端麗な犯罪者がいるということをどう説明すればいいのか。実際には、彼〔女〕らも共同体感覚を発達させることが困難な状況で育った。甘やかされた子どもだったのである。

犯罪問題の解決

今、われわれに何ができるだろう。それが問題である。もしも私がいっていることが正しく、犯罪者の経歴の中に、共同体感覚を欠き、協力の訓練を受けていない人による虚構の優越性の追求を常に見出すのであれば、われわれは何ができるだろう。犯罪者の場合、神経症者と同じく、協力を得ることに成功するのでなければ、答えはない。この点をいくら強調してもしすぎることはない。もしも犯罪者に人間の幸福に関心を持たせ、協力する訓練をし、協力的な方法で、人生の課題を解決することに向けることができれば、成功は確かなものになる。このことに失敗すれば、われわれは何もできない。

今や、犯罪者の治療をどこから始めるべきかわかる。協力的であるように訓練しなければならないのである。犯罪者を獄に閉じ込めるだけでは、ほとんど何も達成されないが、釈放することは、社会にとって危険であり、現状では考慮することすらできない。社会は犯罪者から守られなければならない。しかし、これが決してすべてではない。われわれはまた考えなければならない。「犯罪者は社会生活に準備されていない。彼〔女〕らを援助するためにわれわれは何ができるか」と。

この仕事は一般に思われているほど単純ではない。厳しくすることでは、犯罪者を説き伏せることができないように、ことを安楽にしてもできない。誤っていることを指摘しても、あるいは、議論をしても、心をつかむことはできない。彼〔女〕は決心しているのである。長年このような仕方で、世界を見てきているのである。彼〔女〕を変えるのであれば、そのように考えることになった根本の原因を見つけなければならない。彼〔女〕の失敗がどこで始まり、その失敗を引き起こした状況を見つけなければならない。彼〔女〕のパーソナリティの主たる特徴は、既に四歳か、五歳までに決定されたのである。その頃までに既に、犯罪者の経歴において示されているのを見るように、自分自身と世界についての評価を誤っている。そして、われわれが理解し矯正しなければならないのは、この初期の誤りである。彼〔女〕の人生に対する態度の最初の発達を探さなければならない。

後になって、彼〔女〕は経験するすべてのことをこの態度を正当化するものにする。そして、経験が自分の計画に完全に適合しなければ、より好ましいものになるまで熟慮し、経験を変える。もしも誰かの人生への態度が「他者は私を辱める。そして私をひどい目にあわす」というものであれば、この見解を確証する多くの証拠を見つけるだろう。彼〔女〕は自分が正しいことを証明する出来事を探すだろう。犯罪者は、自分自身と自分自身の見方にしか関心がない。彼〔女〕は、自分自身の見方、聞き方を持っており、しばしば、自分自身の人生の解釈に合致しないことに注意を払わない。それゆえ、われわれは、彼〔女〕の解釈、自分自身の見方のあらゆる訓練の後ろを深く掘り下げ、この態度が最初にどのように始まったかを発見することができなければ、確信させることはできない。

無効な体罰

体罰は無効である。なぜなら、社会は敵対的であり、協力することは不可能であるということを犯罪者に確信させるだけだからである。何かこの種のことが、犯罪者に、おそらくは、学校で起こったのである。協力する訓練を受けなかったので、勉強はできず、教室で問題を起こした。彼〔女〕は責められ罰せられた。今、そうすることは、協力できるよう勇気づけることになるだろうか。状況は以前より絶望的である、と感じるだけである。人々は自分に敵対している、と感じる。無論、学校を嫌う。非難され罰せられることが予期される場所を好きな人が誰かいるだろうか。

子どもは自分が持っているわずかな自信を失う。学校の勉強、教室、学校の友達に関心を持っていない。ずる休みをし、見つからないところに隠れ始める。これらの場所で、同じ経験をし、同じ道を歩んだ他の子どもたちを見つける。彼〔女〕らは彼〔女〕を理解し、責めたりはしない。反対に、彼〔女〕をおだて、彼〔女〕の野心につけ込み、反社会的な方法で成功するという希望を与える。もちろん、彼〔女〕は人生の社会的な要求に関心がないので、彼〔女〕らを友人と見、社会全般を敵と見る。彼〔女〕らは彼〔女〕のことを好み、彼〔女〕も彼〔女〕らと一緒にいると気分がいい。数千の子どもたちが犯罪集団に加わったのは、このようにしてであり、後の人生で、われわれが彼〔女〕らを同じ仕方で扱えば、われわれは彼〔女〕らの敵であり、犯罪者だけが彼〔女〕の友人であるという彼〔女〕の見方を支持するだけだろう。

このような子どもが、人生の課題において失敗する理由はまったくない。われわれは彼〔女〕らに希望を失わせてはならない。そして、われわれは、学校をこのような子どもたちが自信と勇気を与えられるように作り上げれば、このことを容易に防ぐことができるだろう。この提案については、後により十分に扱う。われわれは、目下この例を犯罪者が、いかに罰を「いつも思っていたように」社会が自分に敵対しているということの印としてだけ解釈するかということを示すために使っている。

体罰が無効である理由は他にもある。多くの犯罪者は、自分の生命にあまり高い価値を置いていない。人生のある時期に、自殺をはかったことがある人もいる。身体的処罰、あるいは、極刑すら恐怖とはならない。犯罪者は警察を出し抜きたいという希望に非常にとらわれているので、どんな苦痛も感じない。これは彼〔女〕らが挑戦と見なしていることへの反応全体の部分である。もしもスタッフが犯罪者にきつく当たれば、あるいは、厳しく扱われたら、反抗しようと発憤する。このことが、自分は警察より賢いという感覚をさらに増すのである。

既に見たように、彼〔女〕はあらゆるものをこの仕方で解釈する。彼〔女〕は社会との接触を一種の優越性を求めての絶え間ない闘いと見る。そして、もしもわれわれ自身がそれを同じ仕方で扱えば、われわれは彼〔女〕らの利益になるように行動しているだけである。電気椅子も、この意味では、挑戦として働いている。犯罪者は自分自身を強い恐怖にもかかわらず闘っている、と見なす。罰が重ければ思いほど、優れた狡猾さを見せたいという欲求は大きくなる。多くの犯罪者が、自分たちの犯罪をまさしくこの言葉で考えていることを見るのは容易である。電気椅子で死刑に処せられる犯罪者は、しばしば最後の時間をどうすれば見つからずにすんだだろうか、と考えて過ごす。「もしも眼鏡を忘れさえしなければ！」

協力の訓練

われわれは、既に、どんな子どもも勇気をくじかれること、自分が劣っていて協力しても無駄だという強い確信を持つ理由はないことを指摘した。誰も、人生の課題によって、勇気をくじかれる必要はない。犯罪者はそれに対処する誤った方法を自分で選んだのである。われわれは、彼〔女〕にどこで誤った選択をしたのであり、なぜそうしたかを示さなければならない。そして、彼〔女〕の中に、他者に関心を持ち、協力する勇気を発達させなければならない。もしもこのことがあらゆるところで認められれば、最大の自己正当化は犯罪者から取り除かれ、子どもは誰も将来の犯罪へと自らを訓練することを選ばないだろう。正しく叙述されているかそうでないにしろ、すべての犯罪のケースで、誤った子ども時代のライフスタイル、協力する能力の欠如を示す哲学の影響を見ることができる。

私は、この協力する能力は学ばれなければならないということを強調したい。それが遺伝的なものであるかは問題にならない。協力の可能性はあるのであり、この可能性は生得的なものと見なさなければならないが、それはすべての人間に共通し、それが発達させられるためには、訓練され鍛えられなければならないのである。犯罪についての他のすべての点は、協力の訓練を受けたが、それでもなお、犯罪者になったという人の証拠をあげることができなければ、私には見当違いに思える。私はそのような人に一度も会ったことがないし、そのような人に会ったことがある人のことを聞いたことがない。犯罪の適切な予防は、適切な程度の共同体感覚である。これが認められない限り、犯罪の悲劇を避けることは希望できない。

協力の価値は、地理が教えられるのと同じ仕方で教えられる。というのは、協力は真理であり、真理であれば教えることができるからである。もしも子どもが、あるいは、大人が、地理の試験を受け、その際準備ができていなければ、試験に落ちる。もしも子どもが、あるいは、大人が協力の知識を必要とする状況について試験を受け、その際、準備ができていなければ、その時も落ちる。われわれの問題のすべては、協力の知識を必要とするのである。

われわれは犯罪の問題についての科学的な探求の最後に到達した。今や勇気を持って真理に直面しなければならない。何千年の時を経ても、人類は、なおこの問題に対処する正しい方法を見つけていない。試みられたすべての方法は、役に立たなかったように思える。そして、この災難は、依然として、われわれと共にある。われわれの探求は、なぜかを語ってきている。犯罪者のライフスタイルを変え、人生への誤った態度の発達を防ぐ正しい方法が採られてこなかったのである。これが欠けていれば、いかなる手段も実際には有効ではありえない。それゆえ、われわれは、まさに何をしなければならないかを知っている。犯罪者を協力に向けて訓練しなければならないのである。

われわれには知識がある。そして今では経験もある。私は個人心理学がどのように一人一人の犯罪者のすべてを矯正することができるか示している、と確信している。しかし、一人一人の犯罪者に関わり、その人がライフスタイルを改善するような仕方でその人を扱うことがどんな仕事であるか考えよ。不幸にして、われわれの文化においては、大多数の人は、もしも彼〔女〕らの困難が、ある点を超えれば、努力する能力を使い果たすだろう。そして、困難な時代に犯罪者の数がいつも増大するのを見る。それゆえ、もしもこのような仕方で犯罪を撲滅することを確信するのであれば、人類の大多数を扱わなければならない。すべての犯罪者、あるいは、潜在的な犯罪者を社会の有用な成員にするという直接的な目的を持つことは実際的ではないだろう。

いくつかの実際的な手段

しかし、われわれができることはたくさんある。すべての犯罪者を矯正できるわけではないとしても、重荷に耐えられるほど強くはない人の負担を軽減するために何かをすることはできる。例えば、失業や職業訓練が受けられないことに関しては、働きたいと思うすべての人が、仕事を得られるようにするべきである。これが人類の大部分が協力の最後の残りを失わないために、われわれの社会における人生の要求を認識する唯一の方法だろう。もしもこれがなされたら、犯罪者の数が減ることは疑いない。われわれの経済状況において、この改善の機が熟しているかは私は知らないが、たしかにわれわれはこの変化のために働くべきである。

われわれはまた、子どもたちを将来の職業に向けて、よりよく訓練するべきである。これは、子どもたちが、よりよく準備をし、より広い仕事の選択肢を持って人生に立ち向かえるためである。このような訓練は、われわれの監獄の中でも与えられうる。ある程度は、この方向での処置はされてきており、おそらく、われわれがここでする必要があることのすべては、われわれの努力を増すことである。私は、すべての犯罪者に対して、個別に治療をすることは可能だとは思わないが、ひとまとめで治療するのであれば、多くのよきことをなすことができるだろう。例えば、社会問題について、多くの犯罪者と、まさしくわれわれがここで考察したように議論をする場を持つことを提案するだろう。そして答えさせるのである。われわれは、彼〔女〕らを啓蒙し、生涯続く眠りから目を覚まさせるべきである。われわれは、彼〔女〕らを世界についての私的な解釈による有害な影響と自分自身の能力についての低い評価から解放するべきである。彼〔女〕らに自分に限界を設けないように教えるべきである。状況と直面しなければならない対人関係についての彼〔女〕らの怖れを鎮めるべきである。このような治療から大きな結果を達成することができることを私は確信している。

われわれは、また社会において犯罪者、あるいは、貧しい人へと誘惑するものを避けるべきである。もしも貧困と奢侈の極端さが明らかであれば、そのことは、非常に貧しい人を怒らせ妬みへと刺激する。それゆえ、われわれは、見せびらかすことを止めさせるべきである。富を誇示する必要はない。

われわれは、発達遅滞と非行する子どもを治療する際に、力の試験へと挑戦することがまったく無用であることを学んできた。彼〔女〕らが否定的な態度に固執するのは、環境と闘っていると考えているからである。同じことは犯罪者にも当てはまる。世界中でわれわれはいかに警察、裁判官、そしてわれわれが作る法律すらが犯罪者に挑み、発憤させているかを見ることができる。犯罪者は、決して威嚇されるべきではない。そして、もしもわれわれがより慎重で犯罪者の名前に言及しなかったり、あるいは、あまり公表するということをしなければ、ずっとよい。われわれの犯罪への態度は誤っている。厳しくすることも、寛大であることも、犯罪者を変えることはできない。変えられるのは、自分自身の状況をよりよく理解する時だけである。無論、われわれは人道的であるべきであり、死刑になるかもしれないと思って犯罪者が怖れる、と想像するべきではない。既に見たように、死刑がゲームの興奮を増すだけであることがある。そして、犯罪者が死刑に処せられることになっている時ですら、犯罪者は捕まることになった致命的な過ちのことしか考えないだろう。

われわれの犯罪解決の記録を向上させる努力を増せば非常に有用だろう。私が見る限りでは、少なくとも犯罪者の四〇パーセントが、おそらくは、それよりもずっと多くの犯罪者が、見つからずにすんでいる。そして、この事実が、常に、すべての犯罪者の心の背後にある。ほとんどすべての犯罪者が、罪を犯したのに見つからなかったという経験をしてきている。われわれは、既にこれらの点のいくつかについて進歩してきており、正しい方向に向かっている。犯罪者が、刑務所の中や、刑務所を出てからも、辱められないことや挑戦されるべきでないことも重要である。もしも適切なタイプの人が選ばれるのであれば、保護観察官の数が増えることは有用だろう。そして、保護観察官自身が、社会の問題と協力の問題について教えられるべきである。

予防的アプローチ

もしもこれらの提案が実行されれば、われわれは多くのことをなしとげることができるだろう。しかし、われわれが望むほどには犯罪の数を依然として減らすことはできないだろう。幸いにして、われわれは別の手段を持っている。そして、それは非常に実用的で成功する方法である。もしもわれわれの子どもたちを正しい程度の協力へと訓練できれば、そしてもしも彼〔女〕らの共同体感覚を発達させることができれば、犯罪者の数はかなり減り、効果は近い将来に見られるだろう。その時、これらの子どもたちは犯罪へと刺激されたり誘われることはないだろう。どんな問題や困難に出会っても、彼〔女〕らの他者への関心が全面的に損なわれることはないだろう。協力し、満足のいく仕方で人生の課題を処理する彼〔女〕らの能力は、われわれ自身の世代におけるよりもはるかにずっと十分に発達させられるだろう。

大多数の犯罪者は、その経歴を非常に早くから始める。一般に、思春期からであり、犯罪は十五歳と二十八歳の間にもっとも多い。それゆえ、われわれの成功は非常にすみやかに見られるだろう。その上、私は子どもたちが正しい仕方で教えられれば、彼〔女〕らの家庭生活の全体に影響を与えるであろう、と確信している。自立した、前向きの、楽観的、よく発達した子どもたちは、彼〔女〕らの親にとって助けであり慰めである。協力の精神は世界中に広まるだろう。そして、人類の社会的な発展は、ずっと高いレベルへと高められるだろう。同時に、われわれが子どもたちに影響を及ぼす時、親と教師にも影響を及ぼすことに集中するべきである。

残る唯一の問題は、どのようにして最善の攻撃点を見つけ、子どもたちに後の人生の課題と問題に対処することを教えるために、どんな方法を採用するかということである。すべての親を教育できるだろうか。いや、できはしない。この提案は多くの希望を提供しない。親を動かすのは困難であり、もっとも訓練が必要な親は、まさにわれわれが決して会わない親なのである。そこで、別の方法を探さなければならない。おそらく、われわれはすべての子どもを捕まえ、閉じ込め、監視し、ずっと注意深く保護することができるだろうか。これはあまりよい提案とは思えない。

しかし実行可能で現実的な解決を約束する方法がある。教師をわれわれの社会発展の道具にできるのである。われわれは教師に、家庭でなされた誤りを矯正し、子どもたちの他者への共同体感覚を発達させ拡張する訓練ができる。これは学校の役割の完全に自然な発展である。家庭は子どもたちに後の人生のすべての課題を教えることはできないので、人類は既に家族の伸ばされた手として学校を確立してきたのである。どうして学校を人類がより社会的、より協力的で人間の幸福に関心を持つように使わないのだろう。

われわれの活動は次のような考えに基づいていなければならないことがわかるだろう。非常に短くまとめよう。われわれが現代の文化において享受しているすべての利点は、貢献してきた人の努力によって可能にされたのである。もしも人が協力的でなかったら、他者に関心を持たなかったら、全体に貢献してこなかったら、人の人生は不毛であり、跡形もなく地球上から消え失せてしまっていただろう。貢献した人の仕事だけが残っている。彼〔女〕らの精神は生き続け、永遠である。もしもわれわれがこのことをわれわれが子どもを教育するための基礎にすれば、子どもたちは協力的な仕事を自然に好きになるように育つだろう。困難に直面しても力を失わず、もっとも困難な問題にすら直面し、それをすべての人を利する仕方で解決できるほど強くなるだろう。

第十章　仕事の問題

人生の課題のバランスを取る

人間を縛る三つの絆は人生の三つの課題を提起するが、これらの課題のどれもそれだけで独立して解決することはできない。それらの各々が、他の二つへの成功したアプローチを要求するのである。最初の絆は仕事の問題を引き起こす。われわれは、この宇宙の表面で、すべてのこの宇宙の資源、土壌の肥沃さ、鉱物資源、気候、風土と共に生きている。これらの条件がわれわれに提示する問題への正しい答えを見出すことが、常に人類の課題である。そして、今日でも、われわれは満足できる答えを見出したと仮定することはできない。人類は、あらゆる時代に、これらの問題をある程度は解決することに成功してきたが、さらなる向上と成就の展望は常にある。

最初の問題、即ち、仕事の問題を解決する最善の手段は、第二の問題、即ち交友の問題による。われわれを縛る第二の絆は、人類に所属しているという事実と他者と結びついて生きなければならないことである。われわれの態度と行動は、もしもわれわれが一人でこの地球で生きているのであれば、まったく違ったものになるだろう。しかし、われわれは常に他者を考慮に入れ、他者に自分を適応させ、自分を他者に関心を持つようにしなければならない。この問題は友情、共同体感覚、そして協力によってもっともよく解決される。この第二の問題が解決すれば、われわれは最初の問題の解決へと大きく前進することができる。

われわれが労働の分業という偉大な発見ができたこと、人類の幸福の主たる支えである発見ができたのは、人が協力することを学んだからに他ならない。人間の生活を保持することは、もしも各自が協力し、過去の協力の結果と利益を用いることなく自力で地球から生活を勝ち取ろうと試みるのであれば、可能ではないだろう。われわれは、労働の分業によって、多くの異なった種類の訓練の結果を用い、多くの異なった能力を、そのすべてが共通の幸福に貢献し、社会の成員のすべてにとって増えていく機会だけではなく、不安からの安堵を保証するために組織することができる。われわれがまだなしうるすべてのことをなしとげたとは主張できないのは、本当である。しかし、そうすることができたとしても、まだわれわれは、労働の分業が十分発達させられたと主張することはできない。それにもかかわらず、仕事の問題を解決するあらゆる試みは、この労働の分業と、仕事によってわれわれの共通善へと貢献する共有された努力という枠組みの中で起こらなければならない。

この仕事の問題をまったく回避するか、人間の関心の通常ある場を超えて、忙しくすることで回避しようとする人がいる。しかし、この問題を回避すれば、事実上、彼〔女〕らが仲間から援助を要求していることになることがいつも見られる。彼〔女〕らは、何らかの仕方で、自分自身では貢献しないで、他者の労働によって生きるだろう。これは甘やかされた子どものライフスタイルである。甘やかされた子どもは、何か問題に直面する時はいつも、それが他者の努力によって彼〔女〕のために解かれることを要求する。そして、人類の協力を妨げ、人類の問題を解決することに積極的に関わる人に不当な重荷を投げかけるのは、主として、甘やかされた子どもである。

われわれの三つ目の絆は、われわれが男かあるいは女でしかありえないということである。われわれが人類が継続することに与れるかどうかは、われわれが異性に近づき、性の役割を成就することにかかっている。両性の関係は問題も提出する。そして人生における他の問題と同様、それだけが独立して解決されることはない。愛と結婚の問題を解決することに成功するためには、共通の善に貢献する仕事と、他者とのよき友好的な関係が必要である。既に見てきたように、われわれ自身の時代において、この問題へのもっとも望ましい解決、交友と労働の分割の必要を最善の仕方で成就する解決は、一夫一婦制である。個人の協力の程度は、この問題にどのように取り組むかによって明らかになる。

これらの三つの問題は、決して他の問題から切り離されて起こることはない。それらはすべて互いを超えて影を落とし、一つの問題の解決は、他の問題の解決に役立つ。実際、それらはすべて同じ状況や問題、即ち、人間がその中にいる環境において生命を保持し、生命を進めていく必要の側面であるということができる。

仕事が、時には、交友と愛の問題を回避するための口実として使われることがある。われわれの人生においては、非常にしばしば、仕事に誇張した仕方で関わることが愛と結婚の問題を回避するための方法として選ばれる。時には、結婚の失敗の口実として使われるのを見る。猛然と仕事に専心して思うのだ。「結婚のために割ける時間がない、だから、われわれの不幸には責任がない」。神経症者が、交友と愛というこれら二つの問題を回避しようとすることは、特によく見られる。彼〔女〕らは異性に近づこうとはしない。他者に関心を持つことはないが、昼も夜も、仕事のことばかり考えている。仕事のことを考え、夜はベッドの中で仕事の夢を見る。仕事をし、緊張状態の中に入り、胃炎などの神経症的な症状が現れる。そこで、胃のトラブルがあるので、交友と愛の課題に直面することができないと感じる。仕事をいつも変えている人もいる。そのような人は、もっと自分に合う仕事があるはずだと考えるが、実のところは、特定の一つの仕事をこつこつすることができず、いつも仕事を変えなければならないのである。

初期の訓練

家庭と学校の影響

母親は、子どもが仕事に関心を持つようになるように最初に影響を与える。生まれて最初の四年、五年の人生での努力や訓練は、子どもが大人になってからの活動の主たる領域に決定的な影響を及ぼす。私は、職業指導をするように求められれば、子どもの頃のこと、その最初の頃どんなことに関心があったかをたずねる。この時期の記憶は、子どもが、何について非常に一貫して自分を訓練したかを明らかにする。早期回想の重要性については後に戻ることになる。

われわれの訓練の次のステップは学校で行われる。私は、われわれの学校は今や生徒の将来の仕事、手、耳、目、能力、機能を訓練することにより注目を与えている、と思う。このような訓練は、学科を教えるのと同じほど重要である。しかし、学科を教えることは、職業のための子どもの発達にとっても重要であることを忘れるべきではない。後の人生で、われわれはしばしば、学校で学んだラテン語やフランス語を忘れてしまったという人のことを聞く。それにもかかわらず、これらの教科を教えることは正しかった。これらの教科のすべてを学ぶ時、われわれは過去の集積された経験を通じて、心のすべての機能を訓練する優れた方法を見出したのである。いくつかの現代の学校も職人の技能と手仕事に大いに注目する。このようにして、われわれは子どもの経験を広げ、子どもの自信を高めることができる。

潜在的な誤りを正す

どんな職業でも選べたのに、決して満足しない人がいる。そのような人がほしいのは職業ではなく、優越性の安直な保証である。彼〔女〕らは人生の課題に直面したくはない。なぜなら、人生がどんなことであれ、課題をもたらすことを不当だと感じるからである。彼〔女〕らは他の人に支えられることを嬉しいと思う甘やかされた子どもたちである。

指導的な立場に置かれることを決して望まない子どもたちもいる。彼〔女〕らの主たる関心は、尊敬する指導者、従属できる他の子どもや大人を見つけることである。これはあまり好ましい成長ではなく、このような服従する傾向を阻止したい。もしも子ども時代にこの傾向を止めることができなければ、このような子どもたちは、後の人生で指導的な役割を果たすことはできないだろう。そして、彼〔女〕らの仕事のすべてが決まり切ったものであり、しなければならないすべてのことが規則によってコントロールされる重要でない役人の仕事をすることになる。

仕事を回避したり、ぼんやりしたり、怠惰であるという誤った傾向も、人生の早い時期に始まる。このような子どもが困難に直面するのを見る時、誤りの理由を科学的な方法で見つけ、科学的な手段で彼〔女〕を正すことを試みなければならない。もしもわれわれが働かなくても必要なものをすべてわれわれに提供する惑星に住んでいるのであれば、おそらく怠惰であることは徳であり、勤勉であることは悪徳であろう。しかし、われわれがわれわれ自身の惑星である地球との関係から理解できる限りでは、論理的でコモンセンスに一致する答えは、われわれは働き、協力し、貢献するべきであるということである。人間は、このことを常に直感的に感じてきた。われわれは今や、科学的な角度から、そのことが必要であることを理解することができる。

天才と初期の努力

子ども時代の初期の訓練は、天才において常に明白だった。そして、私は天才の問題は主題の全体に光を照らす、と信じる。共通の善に大いに貢献した個人だけが、天才と呼ばれる。人類に何の利益も残さなかった天才を想像することはできない。芸術はすべての個人の中でもっとも協力的な人が生み出したものである。そして、人類の偉大な天才たちはわれわれの文化全体のレベルを上げてきた。ホメロスは、詩の中で、三つの色にしか言及していない。そして、この三つの色が、すべての影とニュアンスとして役立たなければならなかった。誰が今やわれわれのまわりを囲むすべての色を賞賛することを教えたのだろう。われわれは、それが芸術家と画家の仕事であることを認めなければならない。作曲家は、われわれの聴覚を並外れた程度まで洗練した。われわれが今日、われわれの先祖の耳障りなトーンの代わりに、調和したトーンで歌っているとすれば、われわれにそうすることを教えたのは、音楽家である。誰がわれわれの感情を深め、われわれに耳と声を訓練することを教えたのだろうか。それは詩人だった。詩人はわれわれの言語を豊かにし、それをより柔軟にし、人生のすべての目的に適応させた。

天才たちがすべての人間の中でもっとも協力的だったことは疑いない。彼〔女〕らの個人的な行動と態度のいくつかの面においては、われわれはおそらく彼〔女〕らの協力的な能力を見失うだろう。

しかし、彼〔女〕らの人生の全体像においては、それをはっきりと見ることができる。彼〔女〕らが他の人のように協力することは容易ではなかった。彼〔女〕らは困難な道を選んだからであり、闘わなければならない数多くの障害を持っていたからである。彼〔女〕らはしばしば過酷な身体的障害を持って人生を始めなければならなかった。ほとんどすべての傑出した人において、何らかの器官劣等性が見られる。しかし、彼〔女〕らは人生の初期において、痛々しいほど苦しんだけれども、闘い、困難を克服したのである。彼〔女〕らの関心が、いかに人生の初期に始まり、いかに一生懸命子ども時代に訓練したかがもっともはっきりと見られる。彼〔女〕らは、世界の問題に触れ、それを理解するために、感覚を研ぎ澄ました。この初期の訓練から、われわれは、彼〔女〕らの芸術と天才は、彼〔女〕ら自身が創造したのであって、自然や遺伝の不相応な贈り物ではない、と結論づけることができる。彼〔女〕らは努力したのであり、われわれはその結果に恵まれているのである。

才能を育む

この初期の努力は、後の成功のためのもっとも優れた基礎である。一人にされた三歳か四歳の女の子がいる、と仮定してみよう。彼女は人形のために帽子を縫い始める。彼女が仕事をしているのを見ると、われわれは何てすてきな帽子だろう、といい、どうすればもっとすてきにできるか提案する。少女は勇気づけられ、励まされる。彼女はさらに努力し、技能を向上させる。しかし、少女に次のようにいうと仮定しよう。「針を置きなさい。怪我をするから。あなたが帽子を縫う必要なんかないのよ。これから出かけて、もっとすてきなのを買ってあげよう」と。少女は努力を断念するだろう。このような二人の少女を後の人生において比較すれば、最初の少女は芸術的な趣味を発達させ、仕事をすることに関心を持つことを見るだろう。しかし、後の少女は自分でどうしていいかわからず、自分で作るよりも、いいものが買えると思うだろう。

子どもの関心を同定する

子ども時代の宣言

子どもの成長は、もしも子どもが子ども時代からどの仕事を後の人生でしたいかを知っていれば、ずっとシンプルなものになるだろう。子どもたちに何になりたいかとたずねたら、大部分の子どもは答えるだろう。子どもたちは、いつもはっきりと考えて答えるのではなく、飛行機のパイロットになりたいとか、車の運転手になりたいと、彼〔女〕らがいう時、なぜその仕事を選ぶのかはわかっていない。根底にある動機を認識し、彼〔女〕らの努力が向かう方向を見て、何が彼〔女〕らを後ろから押し動かしているか、どんな種類の目標を持っているのか、それを実現することについてどう感じているかを見出すのが、われわれの仕事である。彼〔女〕らが、将来の仕事について、われわれに出す答えは、われわれに、彼〔女〕らには優越性を意味すると思えるただ一つの種類の職業だけを示す。しかし、この仕事からはわれわれは彼〔女〕らが目標に到達することを助けるための他の機会も明らかにできる。

十二歳から十四歳の子どもは、自分がしたい仕事について、さらにはっきりした考えを持つべきである。そして、私はいつも、この年の子どもが後の人生で何になりたいか知らないのを聞いて残念に思う。野心が明らかに欠如していることは、何にも関心がないということを意味していない。子どもは、おそらく、かなり野心があるのだが、その野心を知られるようにするほど勇気がない。このようなケースにおいては、子どもの主たる関心と訓練を見出す努力をしなければならない。ある子どもたちは、高校を十六歳で終える時、依然、将来何になるか決めていない。彼〔女〕らは、しばしば、成績優秀な生徒だが、自分の人生がこれから先どんなふうになるのかわからないのである。これらの子どもたちは非常に野心的だが、あまり協力的ではないことがわかる。彼〔女〕らは分業における自分の位置を見出していないのであり、野心を成就する実際的な方法を未だに見つけることができないのである。

かくて、子どもたちに早い時にどんな仕事に就きたいかをたずねることは有利である。私はしばしばこの問いを教室で子どもたちがこのことについて考え、問題を忘れたり、あるいは、答えを隠そうとすることがないように、たずねた。私はまた、子どもたちに、なぜその仕事を選んだのかをたずねるが、その答えは、しばしば、非常に意味深い。子どものライフスタイルの全体は、どんな仕事を選ぶかによってわかる。子どもは、われわれに、すべての努力の主たる方向、人生において何をもっとも大切にしているかを示しているのである。われわれは、子どもが選ぶものを子どもに評価させなければならない。なぜなら、われわれ自身は、どの仕事がより高く、どれが低いかを語る手段を持っていないからである。もしも子どもが本気で仕事に取りかかり、他の人の幸福に貢献することに時を費やせば、どの点から見ても、他の誰とも同じく有用で重要である。子どもの唯一の仕事は、分業の枠組みの中で、自分を訓練し、自分を支えることを試み、自分の関心を追求することである。

大多数の男女にとって、彼〔女〕らの関心が、まだ人生の最初の四年、五年に自らを訓練した方向にあるということはありうる。そしてそのことを忘れることはできないのだが、後に経済的な条件や親の圧力によって、興味を持てない仕事に就くことを強いられたと感じたのである。このことがまた子ども時代の訓練の影響力と重要性を示している。

早期回想

早期回想は、職業指導において、非常に注意深く検討しなければならない。もしも子どもの早期回想において視覚的なものに関心があるのを見れば、その子どもは目を使える仕事により適している、と結論づけることができる。子どもが自分に話しかけてきた誰かのことについての印象や風やベルが鳴る音の印象に言及するかもしれない。このような子どもは聴覚タイプであることがわかり、音楽と関係のある仕事に向いているかもしれない、と推測できる。他の回想においては、運動の印象を見ることができる。もっと活動性を必要とする人がいる。おそらく、そのような人は手仕事や旅行を必要とする仕事に関心があるだろう。

遊び

子どもたちが遊ぶのを見れば、子どもたちが大人になってからの人生での仕事の準備をしているのをしばしば見ることができる。多くの子どもたちは、機械と技術に大いに関心を示す。このことも、もしも子どもたちが野心を成就できれば、後の人生において、実りある生涯を約束する。子どもたちの遊びは、彼〔女〕らの関心への洞察を与える。例えば、時に、子どもは教師になりたいと思う。そしてわれわれは小さな子どもたちを集めて、学校ごっこをしているのを見る。

母親になることを期待している少女は、人形と遊び、赤ちゃんに強い関心を持つよう自分を訓練する。この母親の役割への関心は強められるべきであり、少女に遊ぶための人形を与えることを怖れる必要はない。少女に人形を与えたら、現実から気を散らせることになると考える人があるが、実際は、母親の仕事に自分を同一視し成就するための訓練をしているのである。子どもたちが、この過程を人生の早い段階で始めるのは重要である。さもなければ、彼〔女〕らの関心は固定してしまうからである。

ここで、われわれは、女性が母性によって人類の生活に貢献することをいくら高く評価してもしすぎることはないことを繰り返しいいたい。もしも母親が子どもの人生に関心を持ち、子どもたちが社会の有用で役に立つ成員になるように道を開くならば、女性の仕事は非常に価値があるので、どれほど報いられても十分ということはない。われわれ自身の文化においては、母親の仕事は過小評価されており、しばしば、魅力がないか、あるいは、価値がない仕事と見なされている。その仕事には間接的にしか賃金が払われておらず、それを主たる仕事にしている女性は、通常、経済的に依存する立場に置かれている。しかし、家庭の成功は、母親の仕事にも、父親の仕事にも等しく依存しているのである。母親が家を守ろうと家庭の外で働こうと、母親の仕事は夫の仕事と同じほど重要である。

職業選択へのいくつかの影響

準備なしに病気や死の問題に遭遇する子どもたちは、いつもこれらの問題に関心を持っている。彼〔女〕らは医師、看護師、薬剤師になりたいと思う。彼〔女〕らの努力は、勇気づけられるべきだと私は思う。なぜなら、このような関心を持って医師になった子どもたちは、訓練を非常に早くに始め、その仕事を大いに好きになるということをいつも見てきたからである。時には、死との接触は、別の仕方で補償される。子どもは、芸術や文学の創造性によって、死を切り抜けて生きるという野心を持つだろう。あるいは、非常に敬虔になるかもしれない。

もっともよくある努力の一つは、家族の他の成員をしのごうとすること、とりわけ、父親や母親をしのごうとすることである。これは非常に大切なことになりうる。われわれは、新しい世代が古い世代をはるかに引き離すのを見るのを嬉しく思う。そして、ある程度は、もしも子どもが自分自身の仕事で父親の業績をしのぎたいと望めば、父親の経験は、子どもに優れた出発点を提供する。父親が警官だった家庭に生まれた子どもは、しばしば、弁護士や裁判官になりたいという野心を持つ。父親が病院で働いていたら、子どもは医師や外科医になりたいと思う。父親が教師であれば、子どもは大学教授になりたいと思う。

もしもお金の価値が家族生活において過大評価されれば、子どもたちは、仕事の問題を、それによって稼げるお金の問題としてだけ見たくなるであろう。これは大きな間違いである。というのは、このような子どもは、人類に貢献することを可能にする関心に従わないからである。たしかにすべての人が生計を立てるべきである。そして、この点を無視し、他の人にとっての重荷になる人がいる。しかし、もしも子どもがお金を稼ぐことにしか関心がなければ、容易に協力の道から外れ、自分自身の利益しか探さないことになる。もしも「お金を稼ぐこと」が子どもの唯一の目標であり、他者への関心がなければ、なぜ強盗をしたり、詐欺を働くことでお金を稼がないのか。たとえ、これほど極端でなくても、目標と結びついた共同体感覚がわずかしかなければ、人はたくさんのお金を稼ぐかもしれないが、その活動は仲間の人間にはあまり益にはならない。われわれの複雑な時代においては、この道をたどることで裕福になることはできる。誤った道も、時には、いくつかの点で成功するように思える。われわれは、正しい態度で人生を生きる人がすぐに成功することを約束することはできないが、そのような人が勇気を持ち続け、自尊心を失わないことを約束できる。

解決を求める

問題行動のある子どもたちへの最初のアプローチは、そのような子どもたちの主たる関心を見つけることである。このことによって、すべての子どもを助け勇気づけることは、より容易になる。仕事を決められない若い人、あるいは、仕事で失敗した年配の人の場合、仕事を見つける努力と共に、彼〔女〕らの本当の関心を見つけ、それを共感を持って職業指導の基礎にするべきである。このことは、いつも容易というわけではない。今日、失業率が高いことは、大きな関心事である。これは人が協力の能力を向上させようとしている時にはよい状況ではない。それゆえ、私は協力の重要性を認識したすべての人は、雇用されないことがないということ、そして、仕事に就きたい人すべてに仕事があるようにすることに最善を尽くすべきだと思う。

われわれは訓練学校、技術学校、成人教育をさらに発達させることによって状況を改善できるかもしれない。雇われない多くの人は、訓練を受けておらず、技術を持っていない。おそらく、彼〔女〕らのある人たちは、交友にあまり関心がなかったのである。人類が、社会の訓練を受けていない成員、共通の善に関心を持っていない人を持つことは、大きな負担である。このような人は、価値がないとか、恵まれていない、と感じている。そして、訓練を受けておらず、技術を持っていない人が、犯罪者、神経症者、自殺者の多くを占めているということは理解できる。彼〔女〕らは訓練を受けていないので、人類の他の人より後れを取っている。すべての親や教師、未来の発展に関心がある人は皆、すべての子どもたちによりよい訓練を受けられるようにするよう努め、子どもたちに分業におけるよりよい場所を準備するべきである。

第十一章　個人と社会

統一への人類の努力

もっとも古い人間の努力は、われわれの仲間の人間と結びつくことである。人類が成長し進歩してきたのは、仲間の人間への関心によってである。家族は、他者への関心が欠くことができない組織である。そして、歴史の曙から、人は家族として集団を形作る傾向がある。原始部族は、団結し、共有された一体感を与えるために共通のシンボルを用いた。そしてシンボルの目的は、協力することで人を統一することだった。

宗教の役割

もっとも単純な原始宗教はトーテムの崇拝だった。あるグループは、トカゲを崇拝し、別のグループは、牛や蛇を崇拝した。同じトーテムを崇拝した人は、一緒に住み、協力した。そして、グループのそれぞれの成員は、自分を他の成員のきょうだいと見なした。これらの原始的な習慣は、協力を得て保持する人類最大の手段の一つだった。これらの原始宗教と結びついた祭りにおいては、例えば、トカゲを崇拝したすべての人は、仲間と結びつき、収穫について、そして、野生動物や自然に対しての自衛の仕方について議論した。これが祭りの意味だった。

結婚は、グループ全体の利害が関わる営みと見なされた。すべての人がパートナーを社会的な制約に従って、自分自身のグループやトーテムの外で探さなければならなかった。今日でも、愛と結婚が私的な営みではなく、人類の全体が、心と精神において参加するべき共通の営みであると認識することは重要である。結婚することに関わるある責任がある。なぜなら、結婚は社会全体によって薦められるステップであり、社会全体が、健康な子どもが生まれ、協力の精神において育てられることに関心があるからである。それゆえ、すべての人類は、すべての結婚に進んで助力するべきである。原始社会のシステム、トーテム、結婚をコントロールする入念な因習は、今日のわれわれにはおかしく思えるかもしれないが、その時代における重要性が高く評価されすぎるということはない。そしてその真の目的は、人間の協力を増すことだった。

宗教によって課せられたもっとも重要な義務は常に「汝の隣人を愛せよ」だった。ここでもわれわれは、また違った形で、仲間への関心を増すという同じ努力を見る。このような努力の価値を今や科学的な見地から確かめることができるのも興味深い。甘やかされた子どもはわれわれに「なぜ私は隣人を愛さなければならないのか。私の隣人は私を愛しているのだろうか」とたずねるが、このようにたずねることで協力の訓練を欠いており、自分自身にしか関心を持っていないことを明らかにしている。

人生において最大の困難にあい、他者にもっとも大きな害を与えるのは、仲間に関心を持っていない人である。人間のあらゆる失敗が生じるのは、このような人の中からである。共同体感覚をそれぞれ独自の仕方で増やそうとする多くの宗教や宗派がある。私自身は、協力を最終目標と認めるすべての人間の努力に賛同する。互いに闘ったり、評価したり、過小評価する必要はない。われわれは誰も絶対的真理の所有に恵まれていないのであり、協力という最終目標に導く道は多くある。

政治的、社会的運動

政治においては、もっとも優れた方法ですら誤用されることがあることをわれわれは知っているが、もしも協力を創り出すのでなければ、政治によっては誰も何もなしとげることはできなかった。すべての政治家は、その最終の目標として、人類の改善を持っていなければならない。そしてこのことは常に、より高い程度の協力を意味する。われわれは、しばしば、どの政治家、あるいは、政党が真に進歩をもたらすことができるか判断する能力がない。人は各々が自分自身のライフスタイルに従って判断する。しかし、もしも政党がそれ自身のサークルの中で幸福に協力する人を持っていれば、その活動に憤慨する理由はない。社会運動についても同じことがいえる。もしも子どもを育てることがこのような運動に関わる人の目的ならば、この運動はそれ自身の伝統に従い、自分自身の文化を増進し、影響を与え、彼〔女〕らが最善と考える法律を変えることを試みるかもしれない。われわれは、彼〔女〕らの努力を非難するべきではない。階級運動も組織運動であり、協力である。そして、もしもその目標が人類の改善であれば、われわれは偏見を持つべきではないのである。

そこで、すべての政治、社会運動は、それがわれわれ仲間の人間の関心を促進する能力に基づいて判断されるべきである。そして、われわれは協力の増進を援助する多くの方法があるのを見出すだろう。おそらくある方法は別の方法よりもいいが、協力の目標があれば、どれか一つの方法を、それが最善ではないかもしれないという理由で攻撃することは無益である。

共同体感覚の欠如と関連付けの失敗

自己への関心

われわれが反対しなければならないのは、自分自身への関心だけで動く人である。この態度は、個人と集団の進歩にとって、考えられるもっとも大きな障害である。どんなものであれ、人間の能力が発達するのは、仲間の人間に関心を持つことによってだけである。話すこと、読むこと、書くことは、すべて他者との結びつきを前提としている。言葉それ自体が、人類すべてに共通している。それは共同体感覚の産物である。理解は、私的ではなく、共有する機能である。理解するということは、他のすべての人が共有することをわれわれが期待する仕方で把握することである。それは、共有された媒介を通じて、われわれ自身を他者と結びつけ、すべての人類共通の経験に従うことである。

もっぱら自分自身の利害を追求し、個人的な優越性を追求する人がいる。彼〔女〕らは人生に私的な意味づけをする。彼〔女〕らの見方では、人生はただ自分自身の利益のために存在するべきである。しかし、これは共有された理解ではない。それは全世界の他の誰もが共有しそうにない考えである。それゆえ、われわれはこのような人が他の仲間と関わることができないのを見る。しばしば、自己中心的であるように育てられてきた子どもを見ると、そのような子どもが顔にしょんぼりした、あるいは、うつろな表情を浮かべているのを見る。そして、犯罪者や精神病の人の顔に見られるのと同じような何かを見ることができる。彼〔女〕らは他の人と関わるために目を使わないのである。彼〔女〕らは他の人と同じ仕方で世界を見ない。時にはこのような子どもたちや大人は、仲間の人間を見ようとはしない。目を逸らし、別の方を見るのである。

精神障害

同じように他の人と関われないことは、多くの神経症の症状に見られる。例えば、それは、強迫赤面症、吃音、インポテンツ、あるいは早漏に特に顕著である。これらはすべて他の人と結びつくことができないことを示しており、他者への関心がないことから起こる。

孤立の最たるものは、精神病においての表される。精神病でさえ、もしも他者への関心が喚起されれば治癒しないわけではないが、それはおそらくは自殺を別として、他者から距離を取ることを意味している。このようなケースを治すのには、大いに熟練を要する。再び協力できるように説得しなければならない。そしてこのことは忍耐して、もっとも親切で友好的な治療によってしかできない。

ある時、統合失調症の少女を治療できるかとたずねられたことがあった。彼女は八年間この状態にあり、この二年は入院していた。犬のように吠え、つばを吐き、服を破り、ハンカチを食べようとした。これは彼女がどれほど他者への関心から遠く離れているかを明らかにしていた。犬の役を演じたかった。そしてこのことは理解できる。彼女は、母親が彼女を犬のように扱った、と感じたのであり、おそらくは、こういいたかったのである。「私は人を見れば見るほど、犬になりたいと思う」。私は彼女に八日連続で会ったが、一言も話さなかった。私は彼女に話し続け、三十日後に、彼女は混乱し理解できない仕方で話し始めた。私は彼女の友人であり、彼女は勇気づけられた、と感じた。

もしもこのタイプの患者が勇気づけられると、自分の勇気をどうしていいかわからない。仲間の人間への抵抗は非常に強い。われわれは、ある程度は、勇気が戻ってきた時、彼女がどう行動するかを予言することができるが、依然として、協力的でありたいとは思わない。問題行動をする子どもに似ている。迷惑になることなら何でもする。手にするものは何でも壊す。あるいは、看護師を殴る。次に私が彼女に会った時、彼女は私を殴った。私は何をすべきか考えなければならなかった。彼女を驚かせるであろう唯一の反応は、一切抵抗しないことだった。この若い少女は、あまり力がなかった。私は彼女に私を打つに任せた。そして、私は彼女を友好的に見た。彼女はこのことを予期していなかった。そうすることは、彼女からあらゆる挑戦を奪った。

それでも、彼女は再び呼び覚まされた勇気をどうしていいかわからなかった。彼女は窓を割り、ガラスで指を怪我した。私は彼女を責めずに、ただ包帯を巻いた。このような暴力に対応する通常の方法、即ち、彼女を閉じ込め、部屋に監禁することは、彼女を治療する誤った方法である。この少女のような人を説き伏せるためには違ったことをしなければならない。精神的に混乱している人に、正常な人と同じように行動することを期待することはもっとも大きな誤りである。ほとんどすべての人は、彼〔女〕らに困惑し、苛立つ。普通の人のように反応しないからである。彼〔女〕らは食べず、服を引き裂くなどする。なすがままにさせよ。彼〔女〕らを助けるための他の方法はない。

このようなことがあった後、少女は回復した。一年が過ぎ、完全に健康であり続けた。ある日、彼女が入院していた病院を訪問しようとしていた途上で、私は彼女に通りで会った。

「何をしてるのですか」と彼女は私にたずねた。

「私と一緒にきなさい」と私は答えた。「あなたが二年暮らしていた病院に行くところです」。私たちは病院へ一緒に行き、そこで彼女を以前治療していた医師に面会を求めた。私はその医師に私が他の患者を診ている間に彼女と話をすることを提案した。戻ってくると、医師は非常に満足していた。

「彼女は完全に健康です」と彼はいった。「しかし私が気に入らないことが一つあります。彼女は私のことが好きではないのです」

私は今も時折診るが、十年間、ずっと健康である。彼女は自分で生計を立て、他の人とうまくやっている。そして、彼女を見た誰も彼女がかつて精神病を患ったとは信じないだろう。

他の人から患者がもっとも明らかに疎外していることを明らかにする二つの条件は、パラノイアとうつ病である。パラノイアにおいては、患者は人類のすべてを責める。他のすべての人は自分に対する陰謀に関わっている、と考える。うつ病においては、患者は自分自身を責める。例えば、こんなふうにいう。「私は家族をみな破滅させた」とか「私はお金をすべてなくしたので、子どもたちは餓死するだろう」。しかし、人が自分自身を責めても、これは彼〔女〕が見せる唯一の外に向けての顔である。彼〔女〕らは実際には、他者を責めているのである。

かなり著名で影響力のある女性が事故に遭い、もはや社会生活を営むことができなくなった。結婚し、家を出た三人の娘がいて、非常に孤独に感じた。同じ時期に夫も亡くした。彼女は以前は甘やかされており、失ったものを他のことに代えようとした。外国に旅行し始めた。しかし、以前のように自分を重要とは思わなくなった。そして海外にいる時にうつ病になった。彼女の新しい友人たちは彼女を見捨てた。

うつ病はそれにかかった人の誰にとっても大いなる試練である病気である。彼女は娘たちにくるように電報を打った。しかし、どの娘もいいわけをして、誰も彼女に会いにこなかった。家に帰ると、彼女のもっともよく口にする言葉は「娘たちはほんとによくしてくれたのよ」というものだった。娘たちは母親を家に一人にさせ、世話を看護師に任せた。そして、今や家に帰っても、時々しか母親を訪ねなかった。先の母親の言葉は非難であり、状況を知っている人であれば皆そのことがわかった。うつ病は、患者自身は自分自身の罪についてがっかりしているけれども、他者への長く続く怒りと非難であり、世話、共感、支えを求めることが目的である。うつ病の人の早期回想は、通常、次のようなものである。「私は寝椅子に横になりたかったが、兄がそこで横になっていた。私がひどく泣いたので、兄はそこから離れなければならなかった」

うつ病の人は、しばしば、自殺をすることで、他者に復讐をする傾向がある。そして、医師の最初の関心事は、患者に自殺の口実を与えないことである。私自身は、治療の最初のルールとして、「したくないことはするな」ということを彼〔女〕らに提案することで緊張を和らげようとする。このことは些細なことに思えるだろうが、問題の根底にまで及ぶことだと思う。もしもうつ病の人が何でもしたいことができるなら、誰を責めることができようか。何のことで復讐できるだろうか。「劇場に行きたいのなら」と私は彼女にいった。「あるいは、休みたいなら、そうしなさい。もしも途中で嫌になったら、悩んではいけません」

それは誰にとっても最善の状況である。それは彼女の優越性の必要を満足させる。彼女は神のようであり、したいことを何でもできる。他方、それは彼女のライフスタイルにはあまりに容易に合致しない。彼女は他者を支配し、責めたいのであり、もしも他者が彼女に賛成すれば、支配することはできないのである。このアプローチはいつも非常に効果的である。私の患者で自殺した人はない。もちろん、このような患者を見張る人がいることが最善であるが、私の患者は私が望んだようには緊密に見張られなかったのである。監視する人がいる限り、危険はない。

しばしば、患者は私の提案にこう答える。「でも私はしたいことなんかない」と。

私はこのような答えにはちゃんと準備している。なぜなら、そのようなことを何度か聞いたからである。「それなら、嫌いなことはしないようにしなさい」と私はいう。

しかし、時には、次のようにいうだろう。「一日中ベッドの中にいたい」

もしも私がそれを許せば、それをもはやしたくなくなるだろうことを知っている。私はまたもしも私がそうすることを止めれば、新たに戦争を始めることも知っている。私はいつも患者に同意する。これは一つの戦略である。さらにいっそう直接にライフスタイルへの攻撃をしかけるのである。私はいう。「もしも私の処方に従えば、十四日で治るだろう。毎日、どうすれば誰かを喜ばすことができるかを考えるようにしなさい」。このことがうつ病の患者に何を意味するかを想像しなさい。彼〔女〕らはいつも「どうすれば誰かを悩ませることができるか」という思いで頭はいっぱいである。

答えは非常に興味深い。こんなことをいう人がある。「たやすいことだ。ずっとやってきたことだから」

もちろん、そんなことを一度もしたことはないのである。私は彼〔女〕らにそれについてよく考えるように頼む。考えたりしない。私はいう。「寝られない時には、どうすれば誰かを喜ばせることができるかを考えて、あなたが使えるすべての時間を利用できます。そうすれば、あなたの健康は劇的によくなるでしょう」。次の日、彼〔女〕らを診る時、私はたずねる。「私が提案したことを考えましたか」

彼〔女〕らは答える。「昨晩はベッドに入ったらすぐに寝てしまいました」。これらすべては、もちろん、謙虚で、友好的な仕方でなされなければならず、少しでも優越性をほのめかしてはいけない。

こんなふうに答える人もある。「一度もできませんでした。困っています」

私はいう。「困るのはやめなさい。でも、同時に時々他の人のことを考えることができます」。私は彼〔女〕らの関心を他の人に向け変えたい。

多くの人はいう。「なぜ他の人を喜ばせなければならないのか。他の人は私を喜ばせようとはしない」「あなたの健康のことを考えなければならない」と私は答える。「他の人は後になって苦しむでしょう」。患者がこう答えることはめったにない。「私はあなたが提案したことを考えました」。私の努力のすべては、患者の共同体感覚を増すことに向けられる。私は病気の真の理由は協力しないことであることを知っている。そして、私は患者にもそのことをわかってほしい。仲間の人間に対等で協力的な立場で結びつくことができればすぐに治癒する。

犯罪的過失

共同体感覚が欠如していることの別のはっきりした例は、いわゆる「犯罪的過失」である。ある人が火のついたマッチを落とし、山火事になる。あるいは、最近のケースでは、労働者がその日の仕事を終えて家に帰る時に、ケーブルを道に張った。車がそこに突っ込み、車に乗っていた人が死亡した。どちらのケースも、害を与えることを意図していなかった。道徳的な意味では実際の大惨事には罪がないように思える。しかし、他の人のことを考える訓練をされてこなかったのである。安全を確保するために自発的に注意をしていないのである。われわれが、散らかす子どもや他の人の足を踏んだり、お皿を割ったり、あるいは、マントルピースの上の装飾品を壊す人に見るのは、同じ協力の欠如の度合いが進んだものである。

共同体感覚と社会的対等

われわれの仲間の人間への関心は家庭と学校で教えられる。そして、われわれは既に子どもの成長の道にどんな障害が置かれることがあるかを見てきた。おそらく、共同体感覚は遺伝された本能ではなく、その可能性が遺伝されるのである。この可能性は、親の技術と親の子どもへの関心、及び、子ども自身の自分の環境についての判断に一致して発達させられる。もしも子どもが他の人は敵であると感じれば、もしも敵に囲まれていると感じて壁に背を向ければ、われわれは子どもが友達を作り、他者にとってのよき友になることを期待することはできない。もしも他の人は自分の奴隷であるべきであると感じれば、他の人を援助しないで、支配したいと思うのだろう。もしも自分自身の感覚と身体的ないらだちと不快に関心があれば、自分を社会に対して閉ざすだろう。

われわれは、子どもが家族の等しく価値のある一員である、と感じ、他の成員のすべてに関心を持つことが、いかに子どもにとって最善であるかを見た。われわれは、親が互いに相手に対して友好的であるべきであり、家族の外の他の人とよき親密な友情を持つべきである、と見た。このようにして、子どもたちは、信頼に値する人間が家族の中だけではなく、外にもいると感じるようになる。私たちは、また、子どもがクラスの一員であり、他の子どもたちにとっての友人であると感じるべきであること、友情に頼れることを見た。家庭と学校の両方の目的は、子どもが社会的な人間、人類の対等の一員になることを教えることである。これらの条件においてのみ、子どもは勇気を保持し、他者の幸福を増進する解決を見出して人生の課題に自信を持って対処するだろう。

もしも子どもがすべての人にとって親しい友になり、〔長じて〕有益な仕事と幸福な結婚によって社会に貢献することができるのであれば、他者より劣っているとか、負けたとも感じないだろう。自分が好きな人に出会い、困難に対処する仕事に耐えることができ、自分はこの友好的な世界でくつろいでいる、と感じるだろう。また、「この世界は私の世界だ。待ったり、期待しないで、私が行動し作り出さないといけない」と感じるだろう。そして、現在という時は人類の歴史におけるただ一回きりの時であり、人類の歴史――過去、現在、そして未来の全体に属している、と十分確信するだろう。しかし、今こそ自分が創造的な課題を成就し、人間の発展に自ら貢献できる時だ、とも感じるだろう。たしかにこの世界には、悪、困難、偏見はある。しかし、それがわれわれの世界であり、その利点も不利な点もわれわれのものである。われわれは、この世界の中で働き、進歩していくのであり、誰かが自分の課題に適切な仕方で臆することなく立ち向かうならば、世界を改善するにあたって、自分の役割を果たすことができることを希望していい。

自分の課題に直面するとは、人生の三つの課題を協力的な仕方で解決するという責任を持つことを意味する。われわれが人間に要求するすべてのこと、われわれが人間に与えることができる最高の賞賛は、人間が優れた仕事仲間、優れた仲間、愛と結婚における真のパートナーであるべきであるということである。要するに、人は自分が仲間であることを証明するべきである、といえる。

第十二章　愛と結婚

愛、協力、共同体感覚の重要性

ドイツのある地方で、婚約したカップルが一緒に結婚生活を送るのに適しているかを調べる古い習慣がある。結婚式の前に、新郎新婦が木が切り倒された空き地へと連れてこられる。ここで二人用ののこぎりが渡され、幹を切り始める。このテストによって、二人がどれほど互いに協力しようとしているかがわかる。これは二人の課題である。もしも二人の間に信頼がなければ、互いに逆らって引っ張ることになり、何もなしとげることはないだろう。もしも二人のうちの一人がリードし、すべてを自分だけでしたいと思えば、たとえ、もう一人が屈しても、仕事は倍の時間がかかるだろう。二人がともにイニシアティブを取り、努力は調整されなければならない。これらのドイツの村人は協力は結婚の主たる必要条件であることをわかっていた。

もしも愛と結婚の意味を問われたら、私は、不完全かもしれないが次のような定義をするだろう。愛と、結婚におけるそれの成就は、身体的に引きつけられること、交際、子どもを生む決心において表される異性のパートナーへのもっとも親密な献身である。愛と結婚は人間の協力にとって本質的である。その協力は二人の幸福のための協力であるだけでなく、人類の幸福のための協力でもある。

愛と結婚は人類の幸福のための協力を構成するというこの視点は、この主題のすべての面へと光を当てる。人間の衝動のもっとも重要なものである身体的に引かれることですら、人類にとってもっとも必要な発達である。しばしば説明してきたように、人類は弱点を持っているけれども、それにもかかわらず、この地球上で生きることに対して十分備えを持っている。人間の生命を保持する唯一の方法は、それを繁殖させることである。それゆえ、生殖能力と身体的に引きつけられることの絶え間ない刺激があるのである。

今日、すべての愛の問題に関して起こる困難と意見の衝突が見られる。結婚したカップルは、これらの困難に直面し、親は二人の心配をし、社会の全体はそれに巻き込まれる。それゆえ、もしもわれわれが正しい結論に達しようと試みるならば、われわれのアプローチは客観的で偏見のないものでなければならない。われわれはわれわれが学んできたことを忘れたり、主題について他の考察が十分で自由な議論を邪魔させることなく、できる限り調べるよう努めなければならない。

私は、愛と結婚の問題が、あたかもそれがまったく孤立した問題であるかのように判断できるといおうとしているのではない。人間は、このような仕方では全面的に自由にはなれない。純粋に私的な考えに基づいては解決に至ることはできない。実際、すべての人間は、一定の結びつきによって縛られている。その成長はある枠組みの中で起こり、決定はそれと一致しなければならない。これらの三つの結びつきは、既に見たように、われわれが宇宙の中の一つの場所に生きており、われわれの環境の限界と可能性の範囲内で成長しなければならないという事実、われわれは、われわれと同種の他者の間で生きているのであり、他者に自分自身を適応させることを学ばなければならないという事実、われわれ人類の将来がそのよい関係に依存している二つの性があるという事実から発している。

もしも人が仲間の人間と人類の幸福に関心があれば、人が行うすべてのことは、他者への関心によって導かれるだろう。そして、人は愛と結婚の問題を、あたかも他者の幸福が関わっているかのように解決することを試みるだろう。このような仕方でそれを解決しようとしていることを知る必要はない。たずねてみても、おそらく目的について客観的な説明はできないだろう。しかし、進んで人類の幸福と改善を求め、この関心は、その人の活動のすべてにおいて見られるだろう。

人類の幸福に関心がない人がいる。「私は仲間の人間に何を貢献できるか」。そして「私はどのようにして全体の一部となることができるか」ということを人生の根底にある見方と取る代わりに、そのような人は「人生には私のためになるものがあるのか。私は適切に賞賛されているだろうか」とたずねたくなる。もしもこの態度が個人の人生へのアプローチの背後にあれば、そのような人は、愛と結婚の問題を同じ仕方で解決しようとするだろう。彼〔女〕は常にたずねるのだ。「私はそこから何を得ることができるか」と。

愛はある心理学者たちが考えているように純粋に自然的な機能ではない。性は衝動、あるいは、本能であるが、愛と結婚の問題は、どのようにこの衝動を満たすかということ以上のものである。われわれが見る時にはいつも、われわれの衝動と本能は発達させられ、教化され、洗練されていることを見る。われわれはわれわれの欲求と傾向を抑圧してきた。われわれは、仲間になるように、例えば互いを怒らせない方法を学んだ。清潔で、見苦しくなくなる方法を学んだ。われわれの空腹も純粋に自然的なはけ口ではない。われわれは食べることに関係した趣味とマナーを創り出してきた。われわれのすべての衝動は、われわれの共通の文化に適応されてきた。それらはすべて、われわれが人類の幸福と社会におけるわれわれの生活のためにすることを学んできた努力を反映している。

もしわれわれがこの理解を愛と結婚の問題に適用すれば、われわれは今一度全体の利益、人類への関心が常に含まれていなければならないことを見るだろう。この関心が第一のものでなければならない。愛と結婚のどんな側面について議論しても、また、譲歩、変化、新しい規定、あるいは、制度を提案してみても、問題はより広い見方をして、人間の幸福の全体を考察することで解決されうるということを理解しなければ役に立たない。おそらく、われわれは進歩するだろう。おそらく、われわれは問題に対してより満足のいく答えを見出すだろう。しかし、もしもよりよい答えを見つけ、それがよりよいものになるとすれば、この宇宙において人類が二つの性から構成されていること、そして、協力が生存のために必要であるという事実をより十分に考慮しているからである。われわれの答えが既に、これらの条件を考慮に入れる限り、それらに含まれている真理は永遠に変わることはないだろう。

対等なパートナーシップ

われわれがこのアプローチを用いる時、愛の問題についてのわれわれの最初の発見は、それが二人の仕事であるということである。多くの人にとって、これは新しい課題であるに違いない。われわれの初期の訓練のいくつかは、われわれに一人で働くことを、また別の訓練はチームであるいは、集団で働くことを教えた。われわれは二人で働くという経験はほとんどない。新しい条件は、それゆえ、問題を引き起こす。しかし、その問題は、二人が既に仲間の人間に関心を持っていれば、解決するのはより容易である。なぜなら、その時、二人は互いに関心を持つことをより容易に学ぶことができるからである。

二人のパートナーの間のこの協力を十分理解するためには、それぞれのパートナーが自分のことよりも相手により関心を持たなければならない。これが愛と結婚が成功する唯一の基礎である。結婚についての多くの考えと、その改良についての多くの提案がいかに誤っているかは、すぐに明らかになるだろう。もしもそれぞれのパートナーが自分よりも相手に関心があれば、二人は対等であるに違いない。もしもこの親密さと互いの献身が達成されるのであれば、どちらのパートナーも征服されたとか、あるいは、見劣りさせられたと感じないだろう。しかし対等であることは、二人がこのような態度を持っている場合にだけ可能である。それぞれが相手の人生を安楽にし豊かにするあらゆる努力をするべきである。このようにして、それぞれのパートナーは、安全で自分に価値があると感じ、必要とされている、と感じるのである。ここでわれわれは、結婚の完全な保障、この関係における幸福の完全な意味を見る。それは、あなたには価値があり、あなたは他の誰にも置き換えられず、あなたのパートナーはあなたを必要とし、あなたはよくふるまっていて、よい仲間で真の友人であるという感覚である。

パートナーが協力する課題において、従属の地位を受け入れることは不可能である。もしも一人がもう一人を支配したいと思い、従うことを強いれば、二人は一緒に豊かに生きることはできない。われわれの現在の条件においては、多くの男性と、そして、実に多くの女性が、支配し、命令すること、指導する役割を果たすこと、主人であることは男性の役割である、と確信している。これが多くの不幸な結婚が存在する理由である。誰も怒ったり憤慨することなく、劣等の地位に耐えることはできない。パートナーは対等でなければならない。そして、人が対等である時には、困難を調停する方法を常に見出すだろう。例えば、二人は子どもを生むことについての問題に合意するだろう。子どもを持たないでおこうという決心が、人類の未来を確かなものにする援助をしようとはしないことを反映していることを、二人は知っているのである。教育の問題についても合意するだろう。そして、二人は問題が生じる時に、それを解決しようといっそう努力するだろう。不幸な結婚の子どもたちは不利な立場に置かれ、よく成長できないことを知っているからである。

結婚の準備

われわれの現代の社会においては、協力に十分準備ができていることはめったにない。われわれの訓練は、人生に何をもたらすかというよりは、あまりに個人の成功と、人生から何を得ることができるかを考えることに焦点を置いてきた。結婚が要求する親密さにおいて二人が一緒に住む時に協力することと、誰か他の人のことを心配する能力においてどんなことであれ失敗することが、深刻な結果をもたらすことは容易に理解できる。大抵の人は、この近い関係を初めて経験するのである。彼〔女〕らは他者の関心、目的、欲求、希望、野心を考慮することに慣れていない。彼〔女〕らは共通の課題に準備ができていない。このことがわれわれがまわりに見る多くの誤りを説明するが、今や事実を調べ、将来における誤りを回避する方法を学ぶ時である。

ライフスタイル、親、結婚への態度

大人の生活のすべての危機は、われわれの以前の訓練に従って対処される。われわれの反応は常にわれわれのライフスタイルに一致している。われわれの結婚への準備は一夜にして行われるのではない。子どもの特徴的な行動、態度、考えと行動の中に、どのように子どもが大人の状況に自分を訓練しているかを見ることができる。子どもの愛へのアプローチの主たる特徴は、既に五歳かあるいは六歳までに確立されている。

われわれは子どもの成長のごく初期に子どもが既に愛と結婚についての見方を形作っていることを見ることができる。子どもが大人の意味で性的な刺激を感じていると想像すべきではない。子どもは自分がその一部であると感じている社会生活全般の一つの面について、決心しているのである。愛と結婚は、子どもの環境の特徴である。それらは、子ども自身の未来の中に入ってくる。子どもはそれらについていくらか理解し、これらの問題についての態度決定をしなければならない。

子どもたちが異性への関心のこのような早い証拠を示し自力でパートナーを選ぶ時、われわれは、それを誤りや迷惑、あるいは、早熟な性的衝動と解釈するべきではない。まして、それをあざ笑ったり、それについて冗談をいうべきではない。われわれは、それを愛と結婚の準備における第一歩と取るべきである。それを見くびる代わりに、むしろ、子どもと一緒に、愛はすばらしい挑戦、それに準備がされるべきである挑戦、人類全体に代わって引き受けるべき挑戦である、と同意すべきである。このようにして、われわれは子どもたちの心に理想を植えつけることができ、後の人生で子どもたちは親密な関係における仲間や友人として互いに反応することによく準備されるだろう。子どもたちが、たとえ親の結婚がいつも調和が取れた幸福なものでなくても、自発的に、そして真心をこめて、一夫一婦制を支持するのを見ることは興味深い。

われわれは、もしもわれわれの親の結婚が調和したものであれば、いつもよりよく準備されている。子どもたちは、結婚がどんなものであるかというもっとも初期の印象を親の生活から得る。そして、人生における大抵の失敗が破綻した結婚と不幸な家庭で育った子どもたちであることは驚くべきではない。もしも親が協力できないのであれば、子どもたちに協力を教えることは不可能だろう。人が結婚に適しているかは正しい家庭の雰囲気の中で育てられたかを知り、彼〔女〕の親、きょうだいへの態度を観察することによって、もっともよく考えることができるということはしばしばある。

もっとも重要な要素は、どこで愛と結婚の準備をしたかということである。しかし、われわれはこの点について注意しなければならない。われわれは既に人は環境によって決定されるのではなく、環境の解釈によって決定されることを学んできた。親もとで不幸な家庭生活の経験をしても、このことが、ただ自分自身の家庭生活においては、よりよくする刺激となり、結婚に対してよりよく準備する努力をするかもしれない。われわれは決して人を不幸な家庭生活を送ったからといって判断したり、あるいは、排除してはならない。

友情と仕事の重要性

共同体感覚が発達する方法の一つは友情を通してである。われわれは、友情において、他の人の目で見、他の人の耳で聞き、他の人の心で感じることを学ぶ。もしも子どもが失敗し、いつも見張られ保護され、友人や仲間がいなくて孤立して育てば、自分を他の人に共感する能力を発達させない。そのような子どもは、常に自分自身を世界における重要な人と見なし、常に自分自身の幸福を確保したがる。

友情の訓練を受けることは結婚の準備でもある。遊びは、もしもそれが協力の訓練を含めば、有用かもしれないが、子どもの遊びにおいては、あまりにしばしば競争と優越したいという欲求しか見られない。子どもたちが協力し、一緒に勉強し、一緒に学ぶ状況を確立することは非常に重要である。

われわれはダンスを過小評価すべきだとは思わない。ダンスは、二人の人が共同の仕事に参加する遊びである。私は、子どもがダンスの訓練を受けることはいいことだと思う。共同の仕事というよりは、パフォーマンスである今日のダンスのことをいっているのではない。しかし、もしも、子どもたちのためのシンプルで簡単なダンスがあれば、そのようなダンスは子どもたちの成長に大いに役立つだろう。

人を結婚へと準備することに役立つ別の課題は、仕事の課題である。今日、この課題は、通常、愛と結婚の課題よりも優先される。パートナーのうちの一人、あるいは、両方が、生計を立て、家族を支えるために仕事に就かなければならない。結婚の準備が仕事の準備をも含んでいることは明らかである。

性教育

セックスの身体的な面を、子どもたちが学びたい以上のことを人生のあまりに早い時期に説明することを私は決して親に勧めない。子どもが結婚の問題をどのように見るかが非常に重要であることは明らかである。もしもこの主題の扱いがよくなければ、これらの問題を危険なもの、あるいは、何か自分を超えているものとして見るだろう。私自身の経験では、早い時期に、四歳、五歳、六歳に大人の関係の事実を教えられた子どもたち、早熟な経験をした子どもたちは、後の人生において常に愛を怖がるようになる。身体的に引かれることも、子どもたちに危険という考えを示すことになる。もしも子どもが最初の説明を受け、経験する時にもっと大きければ、それほど怖れることはない。関係においても誤る機会はずっと少なくなる。

鍵は、子どもに決して嘘をいわないこと、質問を避けないこと、質問の背後にあるものを理解すること、子どもが知りたいと思っていることだけを、そして、子どもが理解できるとわれわれが確信することだけを説明することである。おせっかいででしゃばりな情報は大いに害を与える。人生のこの課題においては、他のすべての課題のように、子どもが自立しており、質問することで知りたいことを学ぶことがよりよい。もしも子どもと親の間に信頼があれば、子どもは害されることはない。

子どもたちは同じ年頃の子どもの説明から誤った考えを持ちうるというよく見られる迷信がある。協力と自立の訓練がよくなされた子どもは、遊び場でのささやきから害を受けることは決してないだろう。そして、私は、他の面で健康な子どもが、このような仕方で害を受けたのを見たことがない。子どもたちは、学校の友達が話したことのすべてを鵜呑みにするわけではない。大抵は、彼〔女〕らは非常に批判的で、自分に話されたことが本当であることを確信できなければ、親やきょうだいにたずねるだろう。私も、これらの事柄において、子どもの方が大人よりも繊細で機転が利くことをしばしば見てきた。

パートナー選択への影響

大人の性における身体的に引きつけられることすら子ども時代に学び始められる。子どもたちが共感と引きつけられることに関して得る印象、直近の環境にいる異性の成員から得られる印象、これらは身体的に引きつけられることの始まりである。少年がこれらの印象を母親、姉妹、あるいは、彼のまわりの少女たちから得る時、後の人生において、彼がどんな人に身体的に引かれるかは、彼の初期の環境に属していた人に似ているということによって影響を受ける。時には、彼は芸術作品にも影響を受ける。すべての人が、このような仕方で個人的な美の理想によって引かれるのである。そこで後の人生においては、人はもはやもっとも広い意味で自由に選択をするのではなく、その選択は育ちによって影響を受けたものである。

美のこのような探求は、無意味な探求ではない。われわれの美的感覚は常に健康と人類の改善の欲求に基づいている。われわれのすべての働き、能力が、われわれをこの方向へ引っ張る。われわれは逃れることはできない。われわれは永遠を望み、人類の利益と人類の将来に貢献するもの、われわれが子どもに成長してほしい仕方を象徴するものを美しいと見なす。これはわれわれを引きつけるのを決して止めない美である。

時には、少年が母親とうまくいかず、少女が父親とうまくいかなければ（これは結婚における協力が満足のいくものでなければしばしば起こる）、彼〔女〕らは、後の人生において、対照的なタイプの人を探すだろう。例えば、少年の母親ががみがみ小言をいい、脅し、彼が弱くて支配されることを怖れたら、支配的には見えない女性だけを性的に魅力的な人と見るだろう。彼が誤るのは容易である。彼はまた強いと思えるパートナーを探すこともあるからであり、これは力を好むか、あるいは、そのような女性に自分自身の力を証明したいからである。自分と母親の間の裂け目が非常に広ければ、彼の愛と結婚への準備は妨げられ、異性へ身体的に引かれることすら妨げられるかもしれない。この妨げの程度は大きい。それが完全であれば、彼は異性を完全に排除するだろう。

結婚への関与と責任

最悪の準備は、常に自分自身の利益を促進することを求めることを学んでいた人の行う準備である。

もしもこのような仕方で育てられたのであれば、彼〔女〕の時間のすべてを、人生からどんな快楽や興奮を得られるか、と考えて費やすだろう。彼〔女〕は常に自由と譲歩を要求し、その際、どうすればパートナーの人生を安楽にしたり、豊かにすることができるかを考えることはない。これは悲惨なアプローチである。私ならそのような人を馬のはみを臀部からつけようとする人に喩えるだろう。それは、何かをするには誤った方法である。

それゆえ、われわれの愛への態度を準備する時に、われわれは絶え間なく責任を回避する口実と方法を探すべきではない。愛の交わりは、ためらいと疑いを前にしてはよく育つことはできない。協力は生涯の関与を要求する。固く不変の関与がなされなければ結婚とはいえない。この関与にわれわれは子どもを生む決心、子どもを教育し、協力の訓練をし、できる限り、社会の真に有用な成員、人類の真に対等で責任感のある成員にする決心を含める。よい結婚は、将来の世代を育てるためにわれわれが持っている最善の手段である。そして、結婚は常にこの目的を持つべきである。結婚は大変な仕事であり、それ自体のルールと法を持っている。われわれは、協力という永遠の法を侵害することなしに、一つの面に焦点を当て、他の面を無視することを選べない。

愛において、もしもわれわれの責任を五年に限定したり、結婚を試行と見なすならば、真の親密さと献身を持つことはできない。もしも男性や女性がこのような逃避を選択できるようにしていれば、すべてを〔結婚の〕課題に捧げることはない。われわれは、決してこのような「脱出の条項」をどんなものであれ他の人生の真剣で重要な課題において用意することはない。愛を制限することはできないのである。善意の人であれ、よい人であれ、結婚の代わりになるものを見つけようとしている人は、すべて誤っている。彼〔女〕らが提案する二者択一は、結婚したカップルの努力を妨げるだろう。それらはカップルが始めた課題から逃れ、彼〔女〕らがするべき努力を回避することをより容易にする。

私はわれわれの社会には多くの困難があり、それが人が愛と結婚の問題を適切な仕方で解決することを、たとえそうすることを望んでいても妨げていることを知っている。しかし、私は廃棄されるべきなのは愛と結婚ではない、と思う。私はわれわれの社会の困難を廃止したい。われわれは愛すべきパートナーシップのためにどんな特徴が必要か知っている。控え目ではなく、利己主義ではなく、貞節であること、正直で、信頼できること……。

よくある回避

もしも不実であることは当たり前のことである、と信じている人がいれば、そのような人が結婚に適切に準備されていないことは明白である。もしも二人が「自由」を保つことに同意していたら、真の仲間関係をなしとげることは可能ですらない。これはパートナーシップではない。パートナーシップにおいては、われわれはわれわれが選ぶどんな方向に動くことも自由ではない。結婚の成功と人類の幸福にはうまく適していないこのような私的な契約がどのように二人を害しうるかの例をあげたい。離婚した男性と、同じく離婚した女性が結婚した。二人は教養がある知的な人たちで、二人とも真摯に新しい結婚の冒険が、前の結婚よりもよりよいものとなることを希望していた。しかし、なぜ最初の結婚が失敗したかは知らなかった。二人は共同体感覚を欠いていることを知らずに、改良された関係を探していたのである。自由思想の持ち主であることを公言し、相手に退屈させられるという危険を決して冒すことがない現代的な結婚を望んだ。それゆえ、彼らは二人があらゆる点で完全に自由であること、つまり、したいことは何でもするが、互いを信頼しているので、何があったかすべてを話すという提案をした。

この点で、夫は妻よりも大胆だった。夫は帰宅した時は、いつも多くの生き生きした経験を妻に話し、妻はその話を大いに楽しみ、夫の成功を誇りにしているように思えた。彼女自身もいちゃつきや情事を始めるつもりだったのだが、最初のステップを取る前に広場恐怖症になった。もはや一人では外出できなかった。彼女の神経症が彼女を部屋に留めた。ドアの外に一歩出たら、怖くて戻らないわけにはいかなかった。この広場恐怖症は彼女がした決断に対する防御だったが、これにはそれ以上のことがあった。ついに、一人では外出できなくなったので、夫が彼女の側に留まらなければならなくなった。二人の決断によって、いかに結婚の論理が破綻したかわかるだろう。夫は、妻と留まらなければならなくなったので、もはや自由思想家であることはできなかった。彼女の方も一人で出かけることが怖かったので、彼女の自由を使うことはできなかった。もしもこの女性が治癒するのであれば、結婚についてより優れた理解に到達することが強いられるだろう。そして、夫もそれが協力的なパートナーシップと見なさなければならないだろう。

結婚のまさに最初に他の誤りがなされる。家で甘やかされた子どもは、結婚すると、しばしば無視されたと感じる。そのような人は、社会生活の要求に適応するよう訓練されていない。甘やかされた子どもは、結婚において大いなる専制君主になるかもしれない。もう一人のパートナーは、だまされて罠にはめられたと感じる。そして反抗し始める。二人の甘やかされた子どもたちに、結婚した時、何が起こるかを見るのは興味深い。二人は〔自分にだけ〕関心を持ち、注目することを要求し、どちらも満足できない。次のステップは逃げ道を探すことである。パートナーの一人は、他の誰かといちゃつき始めるが、それはもっと注目されることを期待してのことである。

一人だけに恋することができない人がいる。彼〔女〕らは同時に二人と恋に落ちなければならない。そうすれば自由だと感じる。そして決して愛の責任のすべてを引き受けることはない。二人を愛そうとすることは、事実上、どちらも愛していないということである。

ロマンティックで理想的な、あるいは、手に入れられない愛を創り出す人もいる。彼〔女〕らは、このようにして、現実にはパートナーに近づかなくても感情において楽しむことができる。ロマンティックな理想は、効果的にすべての候補者を排除する。現実の生きた恋人はどうしても理想には届かないからである。

多くの男性と女性は成長する時の誤りによって、性的な役割を嫌い、それを排除するよう自分を訓練してきた。彼〔女〕らは自然の機能を抑圧してきたのであり、治療を受けなければ、身体的に成功した結婚をなしとげることができない。既に言及したように、これは私が「男性的抗議」と名づけたものである。それは、われわれの現代の文化において、男性が過大評価されることによって引き起こされる。もしも子どもたちが性的な役割について疑っていれば、自信がないと感じがちである。男性の役割が主たる役割と見なされる限り、子どもたちが、少年であろうと少女であろうと、男性の役割をうらやましいと感じるというのは当然である。彼〔女〕らは、この役割を成就する自分自身の能力を疑い、男らしさが重要であることを過度に強調し、試されることを避けようとするだろう。

われわれの文化においては、われわれはしばしば自分の性的な役割に不安な人に出会う。これは女性における不感症、男性における心身症的インポテンツのすべてのケースの根本的な原因かもしれない。これらのケースにおいては、身体の抵抗によって明らかにされる愛と結婚への抵抗がある。もしもわれわれが真に男性と女性が対等であることを信じなければ、これらの困難を回避することは不可能である。そして、人類の半分がその立場に満足しない理由を持っている限り、この不満は結婚の成功への大いなる障害になるだろう。ここでの治療は対等の訓練である。そして同時に、われわれは、子どもたちに自分自身の将来の役割について疑ったままでいることを決して許すべきではない。

私は愛と結婚の親密な献身は、もしも婚前の性交渉がなければ、もっと容易に獲得される、と思う。私は、大抵の男性は彼らの恋人が結婚する時にもはや処女ではないことを好まないということを見てきた。時には、彼らはそれを性的不品行の印と見なし、そのことにショックを受ける。その上、われわれの文化においては、もしも結婚の前に性的交渉があれば、女性にとって感情的な緊張は大きなものになる。もしも結婚が勇気からではなく恐怖から契約されるのであれば、そのことも大きな誤りである。われわれは勇気は協力の一面であることを理解できる。そして、もしも男性と女性がパートナーを恐怖から選ぶのであれば、そのことは、彼〔女〕らが真の協力を欲しないということの兆候である。このことはまた、彼〔女〕らが大酒飲みや社会的地位や教育において大いに劣っているパートナーを選ぶ時にも当てはまる。彼〔女〕らは愛と結婚を怖れ、パートナーが自分を尊敬する状況を確立したいと思う。

求愛

人の勇気と協力する能力の程度は、異性に近づく時に明らかになる。すべての人は、特徴的なアプローチ、求愛における特徴的な態度と気質がある。そして、これが常にライフスタイルに一致している。人が恋愛している時にどうふるまうかは、彼〔女〕が人類の将来に「はい」というか、自信があって協力的か、あるいは、自分にしか関心がないか、あるいは、あがり症か、「どんな印象を私は与えているだろうか。人は私をどう思っているだろうか」という問いで自分を苦しめるかどうかを明らかにするだろう。男性は女性に近づく時、ゆっくりで用心深いかもしれない、あるいは、性急で軽挙かもしれない。あらゆるケースで、彼の求愛行動は彼の目標とライフスタイルによって形作られ、それの別の表現である。われわれは、人が結婚に適しているかを恋愛の仕方によって全面的に判断することはできない。というのは、ここでは彼は既に自分の前に直接の目標を持っているが、他の面では優柔不断かもしれないからである。それにもかかわらず、それは彼のパーソナリティへの健全な手がかりを与える。

われわれ自身の文化においては（そして、この条件においてだけ）、男性は最初に関心を表明するべきであり、最初のアプローチをするべきであることが一般に期待されている。それゆえ、この因習がある限り、少年を男性的な態度において訓練しなければならない。即ち、イニシアティブを取り、ためらったり逃げ道を探さないということである。しかし、彼らはもしも自分が社会全体の一部であると感じ、その利点と不利な点を自分自身のものとして受け入れれば、訓練される。もちろん、少女と女性も求愛できる。彼女たちもまたイニシアティブを取るが、われわれの広く行われている西洋の文化風土においては、女性はより控え目であることを余儀なくされていると感じ、彼女たちのアプローチは外見、服の着方、動き方、見たり、話したり、聞いたりする時の仕方に表現される。それゆえ男性のアプローチは、より単純で浅薄で、他方、女性のアプローチは、より深く複雑である、といえるかもしれない。

結婚の仕事

結婚の身体的側面

異性に性的に引かれることは必要だが、それは人間の幸福の欲求の線に沿って常に形作られるべきである。もしもパートナーが本当に互いに関心があれば、性的に引きつけられなくなるということはない。この問題は常に関心の欠如を意味している。それは、われわれに人がもはやパートナーと対等で友好的、そして協力的ではなく、もはやパートナーの人生を豊かにしたいと思っていないことを教える。時には関心は続くが、身体的に引きつけられなくなったのだと考える人がある。これは本当ではない。時に口は嘘をつく。あるいは、心は理解しない。しかし、身体の機能は常に真理を語る。もしも機能に欠陥があれば、二人の間に真の合意がないということになる。互いへの関心を失ったのである。少なくとも、どちらか一人が、もはや愛と結婚の課題に直面したいとは思わず、そこから抜け出す道を探しているのである。

人間の性衝動が他の生物の性衝動と違っているのは、次のことだけである。それが続くということである。これは人間の幸福と生存が保障される別の方法である。それによって、人間が増えていき、そうすることで、その幸福と生存を確保する方法である。他の生物においては、自然はこの生存を確実にする他の手段を使った。例えば、多くの生物においては、雌が決して成熟しない多くの卵を産むのが見られる。その多くは失われるか、破壊されるが、数が多いので、いくつかは生き残ることが保障される。

人についても生存を保障する一つの方法は、子どもを生むことである。われわれは、それゆえ、この愛と結婚の問題において、人類の幸福にもっとも自発的に関心を持っている人は、もっとも子どもを生みそうな人であり、他方、意識的であれ、無意識であれ、仲間の人間に関心のない人は、出産の重荷を拒むことを見る。もしも彼〔女〕らがいつも決して与えることなく、要求し、期待するのなら、子どもを好きにはならないだろう。彼〔女〕らは自分にだけ関心があり、子どもを重荷であり、うるさいもの、自分のために使いたい時間と注意を占有するものと見なす。われわれは、それゆえ、この愛と結婚の問題を完全に解決するためには、子どもを生むという決断が必要だといえる。よい結婚は、われわれが人類の将来の世代を育てるために知っている最善の手段であり、このことは常に結婚の一部であるべきである。

一夫一婦制、勤勉、現実主義

われわれの実際的な社会生活においては、愛と結婚の問題は、一夫一婦制によって解決される。このような親密な献身と他者への関心を要求する関係を始める人は誰でも、この関係の根本的な基礎を揺るがし、逃避することを求めることはできない。不幸にして、われわれは常にそれを避けることはできないわけではないが、もしも結婚と愛をわれわれに直面し、われわれがなしとげることを期待される社会機能と見なせば、それを避けることは容易である。われわれは問題を解決するために、あらゆる手段を試みるだろう。

破綻は、通常、パートナーが一生懸命に共に働かないことから起こる。彼〔女〕らは結婚を成功したものにするために働かず、成功が皿の上に載せて手渡されるのをただ待っているだけである。もしも彼〔女〕らがこのような仕方で問題に直面すれば、もちろん、彼〔女〕らは失敗するだろう。愛と結婚を理想的な状態、あるいは、物語のハッピーエンドと見なすのは間違いである。彼〔女〕らの関係の可能性が始まるのは、二人が結婚した時である。彼〔女〕らが、社会のために創り出す人生の真の課題と真の機会に直面するのは、この時なのである。

別の見方、即ち、結婚を目的、最終の目標と見なすことは、われわれの文化においては、あまりに顕著である。われわれは、そのことを、例えば、カップルが結婚するところで終わる何千という小説において見ることができる。実際には、彼〔女〕らの一緒の人生の始まりでしかないというのに。しかし、状況はしばしば結婚自体がすべてのことを満足行く仕方で解決したかのように、あたかもカップルがようやく結末まで到達し、今やこれからは幸せに生きるかのように扱われる。認識したい別の重要な点は、愛はそれ自体ではすべてのことを解決するのではないということである。愛といってもあらゆる種類のものがある。そして、結婚の問題を解決するためには、仕事、関心、協力に頼る方がよりよい。

結婚の関係には奇跡的なものは何もない。既に見たように、あらゆる人の結婚への態度は、その人のライフスタイルの表現である。そこで、われわれは、それを個人の全体を理解しなければ理解できない。それは人のすべての努力と目的と一貫したものである。例えば、われわれは、なぜ多くの人が常に抜け出す道を探しているか見つけることができる。私はどの人が現実逃避者の態度を持っているかいい当てることができる。依然として甘やかされた子どもであるすべての人である。

このタイプの人は社会にとって危険である。ライフスタイルが、四歳か五歳の時に、次のようなものとして固定した大人になった甘やかされた子どもたちである。「私がほしいすべてのものが手に入るだろうか」。彼〔女〕らはあらゆる状況でこのように問う。もしもほしいものがすべて手に入らなければ、人生には意味がない、と考える。「生きていてどうなる」と彼〔女〕らはたずねる。「もしもほしいものが手に入らないのなら」と。彼〔女〕らは悲観的になり、「死の欲求」を抱く。病気になり神経症になる。そして誤ったライフスタイルから、彼〔女〕らは社会哲学の全体を構築する。彼〔女〕らは自分の誤った考えが独自で、非常に重要だと感じる。もしも衝動や感情を抑圧しなければならないのなら、宇宙の側の悪意である、と感じる。このようにして、彼〔女〕らは育て上げられた。昔一度、彼〔女〕らはほしいものはすべて与えられる黄金時代に生きていた。彼〔女〕らの中のある者は、依然、十分長く泣けば、十分抗議すれば、協力することを拒めば、もう一度ほしいものを手に入れられるだろう、と感じている。彼〔女〕らは、人生と社会を全体として見ず、自分の個人的な利益にしか焦点を当てない。

結果は、彼〔女〕らは貢献したくないと思い、常にあらゆることが皿に載せて渡されたいと思う。結婚も、彼〔女〕らには、何か売られたり、返品されるものである。彼〔女〕らは友愛結婚、試験結婚、簡単な離婚を欲する。結婚のまさに最初に、彼〔女〕らは自由と感情のままに不貞である権利を要求する。今やもしも一人の人間が他の人間に本当に関心を持てば、その関心にふさわしいすべての特徴を見せるはずである。信頼でき、誠実であり、責任感のある本当の友人でなければならない。人の結婚と愛の生活がこれらの条件を満たさなければ、愛の課題に失敗したことになる。

また子どもたちの幸福に関心を持つことも必要である。そして、もしも結婚が私が述べたのとは違う見方に基づいていれば、子どもを育てる時に大きな困難が生じるだろう。もしも親が喧嘩をし、結婚を軽視すれば、もしも親が結婚を、その問題が解決されうる継続中の関心として肯定的に見なければ、子どもたちを社交的にする援助をするためには、あまり好ましい状況ではない。

結婚の問題を解決する

人が一緒に住まないことには多くの理由があるかもしれない。おそらく離れて暮らす方がいいケースがある。誰が決めるべきだろうか。われわれはそれを当の本人が結婚が課題であることを理解せず、自分の人生にしか関心がない人に委ねたものだろうか。彼〔女〕らは離婚を結婚と同じように見るだろう。「結婚から何が得られようか」と。

このような人は、明らかに決める人ではない。離婚してまた結婚し、また離婚するような人を見ることがよくある。それでは、誰が決めるべきか。おそらく、もしも何かが結婚で間違っていれば、精神科医が別れるかどうか決めるべきだと想像するだろう。ここに問題がある。私にはこれがアメリカで当てはまることかわからないのだが、ヨーロッパにおいては、大抵の精神科医が個人の幸福がもっとも重要なことだと考えているのを見てきた。それゆえ、一般に、彼〔女〕らがこのようなケースでカウンセリングをすれば、患者に、愛人を持ち、これが問題を解決する方法かもしれないと考える。私は、やがて彼〔女〕らが考えを変え、このような助言をするのを止めるかどうか確信できない。彼〔女〕らがこのような解決を提案できるのは、愛と結婚の問題を全体として、即ち、地球上のわれわれの生活の他の問題と関係づける方法として理解できない場合だけである。そして、私が読者の考察のために提案してきているのは、この全体的な見方である。

似たような誤りが、人が結婚を個人的な問題の解決と見なす時になされる。ここでもまた私はアメリカのことについて話すことはできないが、ヨーロッパでは、もしも少年か少女が神経症になれば、精神科医はしばしば彼〔女〕らに恋人を持ち、性交渉を始めることを助言するのを知っている。彼〔女〕

らは大人にも似たような助言をする。これはまさに愛と結婚を特許医薬品へと格下げすることであり、薬を受け取る人は、必ず多くのことを失うしかない。愛と結婚の問題の適切な解決は、パーソナリティ全体の最高の成就に属している。この問題以上に、幸福と人生における有用で価値のある役割とより結びついた問題はない。われわれはそれを些細なこととして扱うことはできない。われわれは愛と結婚を犯罪、アルコール依存症、あるいは、神経症の治療と見なすことはできない。神経症者は愛と結婚に適する前に正しい治療を受ける必要がある。そして、もしも神経症者がそれらに正しい仕方で近づく前に愛と結婚を始めたら、必ず新しい危険と不幸に出会うことになる。結婚はあまりに高い理想である。そして、この課題の解決は、われわれがそれをこの種の付加的な重荷を担うには、あまりに多くの努力と創造的な活動性を要求する。

他の不適切な目的を持って結婚する人もいる。経済的な安定のためであったり、誰かに同情してそうするのである。あるいは、召使いがほしいと思って結婚する人もある。このような見当違いの余地は結婚にはない。私は、困難を増すために結婚したというケースも知っている。おそらく若者は、学業や将来の仕事のことで困っている。彼〔女〕は失敗しそうだと感じ、失敗した時の口実がほしいのである。その結果、口実を自分に与えるために結婚というさらなる課題を引き受けるのである。

結婚と男女の対等

私は愛の問題を過小評価したり、あるいは、軽視しないようにするべきだと確信している。その代わりに、われわれはそれをより高いレベルに置くべきである。私が聞いてきたすべての治療において、本当に不利をこうむるのは女性である。われわれの文化において、男性が女性よりも楽であるのは疑いない。これは社会が結婚にアプローチする誤った方法の結果である。それは個人的な反抗によって克服されない。特に結婚自体においては、個人的な反抗はパートナーの関係と幸福の両方に影響を与えるだろう。それはわれわれの文化の全般的な態度を認識し、それを変えるべく働くことによってだけ克服される。私の弟子であるデトロイトのレイズィー教授が調査を行い、彼女が質問した少女の四二パーセントが少年だったらよかったと思っていることがわかった。自分自身の性に満足していないという意味である。人類の半分が失望し、勇気をくじかれ、その社会的地位ともう半分の性がより大きな自由を持っていることに憤慨している時、どうすればわれわれは愛と結婚の課題を解決できるだろうか。もしも女性が常に過小評価されることを期待しているか、あるいは、自分自身が単に男性の対象であると信じていれば、あるいは、男性が飽きっぽく不貞であるのは当然だと信じていれば、このような問題を解決することは容易でありえようか。

われわれがいってきたすべてのことから、われわれはシンプルで明白で有用な結論を引き出すことができる。人間は本性的に一夫多妻制でも一夫一婦制でもない。しかし、われわれは皆この宇宙で共生し、われわれは皆対等であるけれども、それにもかかわらず、二つの性に分けられている。われわれは皆、人生がわれわれに提示する三つの人生の課題を解決しなければならないことを見た。これらの事実は、個人の愛と結婚における完全で最高の発展は、一夫一婦制によってもっともよく保障されることをわれわれに示すだろう。

訳者あとがき

本書は、Alfred Adler, *What Life Should Mean to You*, Little, Brown, 1931の全訳である。訳出に当たっては、Colin Brettが編集し、一部表現を現代英語に改めた*What Life Could Mean to You*を参照した（Adler, Alfred. *What Life Could Mean to You*, Edited and translated by Colin Brett, One World Publication, 1992）。

本書は*Menschenkenntnis*（邦訳は『人間知の心理学』『性格の心理学』）が五年前に出版されて以来の読みやすい本である。書評などでは好意的な批評がされる一方で、アドラーが、結婚、離婚、育児について道徳的な判断をしているとして、そのことを腹立たしいと見た批評家もいた。しかし、全般には肯定的な反応を得た。

英語で書く

アドラーが創始した個人心理学がオーストリアを越え、国際的に認められるようになると、アドラーは、ヨーロッパ諸国で、後にはアメリカで講演や講義をするようになった。最初はウィーンに年に二ヶ月滞在し、それ以外の期間はアメリカで活動していたが、ナチ党が政権を掌握したことを契機にして、一九三四年にアメリカに永住する決心をした。

このことに伴って、アドラーは、治療の他、講演や大学などでの講義を英語でするようになった。アメリカで講演をし始めた頃は、講演の回数は多くはなかったが、やがて一日に数回の講演をこなすまでになり、講演は好評を博した。今日残されているアドラーの講演を記録した映像を見る限りでは、アドラーの英語は強いウィーンなまりはあるが、流暢といっていいと私には思えるが、作家でアドラーの伝記を書いた友人のフィリス・ボトムによれば、アドラーの講演は聞いて理解することに困難を覚える人はなかったが、意識して聞かなければならなかったという（'had to listen', Bottome, Phyllis. *Alfred Adler: A Portrait from Life*, Vanguard, p.202）。そのため、このようなことに慣れない人や、アドラーに反感を持っている人は、アドラーの英語は理解するのに難儀するとして、このことをアドラーを受け入れないことの口実にすることができた。

アドラーは、著作を英語でも書くようになった。書くことは、通常、話すことよりもはるかに難しい。やがて英語で当意即妙の受け答えができるようになったアドラーだが、書くとなると晩年に身につけたアドラーの英語は、スタイルもなく、体系的ではない書き方をしたことが指摘される。

活字になると明瞭さや正確さを欠いてしまうという書き言葉の限界はあるだろう。話し言葉の場合は、アクセント、イントネーション、さらにはジェスチャー、笑いによって意味が補われるが、活字はそのようなものを一切伝えない。聞いている分にはよく理解できたと思えたものが文字に記されると、必ずしも意味がよくわからないということがあるだろう。書くことは話したことを単に文字に記すということ以上のものであり、書くことに習熟するためには訓練が必要である。

アドラーがウィーン精神分析協会で共に研究し、やがて離れていくことになったフロイトがゲーテ賞を取るほどの書き手であったのに対し、アドラーは治療や小さなグループで講義をすることを好み、残された印刷物にはあまり執着や関心がなかったといわれる。もしもそうであれば、アドラーは、かのギリシアの哲人、ソクラテスのように著作を一切残さないということもできたはずである。しかし、実際には、アドラーはかなりの数の著作を残している。

ことに一九三〇年以降、アドラーの著作は「爆竹が爆発するような早さ」で出版された（ホフマン、エドワード『アドラーの生涯』、金子書房、三三六頁）。次々に出版することが、自分の思想を一般に知られるようにするために効果的な方法だと確信していたように思われる。

先にあげた *Menschenkenntnis* の場合のようにドイツ語で書いたものを後に英訳して出版するという方法もあるが、アドラーは自分の思想を広めるために、最初から英語の著作を出版するようになった。先にも見たように、アドラーが話した英語は、理解可能なものだったが、そのまま印刷できるものでなかったという(Ansbacher, Heinz. L. Introduction. In *Problems of Neurosis*, Harper & Row, p.xxiii)。そのため、アドラーの著作の多くは、講義ノートにもとづくものであったり、講演記録をもとに編集者がまとめたものである。『人生の意味の心理学』も、アラン・ポーターが自由契約で編集したものである。

本書についいては詳細はわからないのだが、一九二九年に出版された『人はなぜ神経症になるのか』（*Problems of Neurosis*）は、次のようにして出版された（Ansbacher, Heinz. ibid.)。編集者であったメレがアドラーから英語で書かれた一束の講義ノートを渡された。この一部はアドラー自身が書いたノートであり、これをもとにアドラーは講義をした。また、速記された講義録もあった。編集者の仕事は、それをすべて書き直すことだった。アドラーは、意味が通じるように、気にせず推敲したり敷衍したりしてほしいという手紙をメレに書いている。ただし、アドラーは、編集者に全面的に仕事を委ねたのではなく、自分でも書き直された原稿に目を通した。

このようにして出版された英語による著作は、ドイツ語の著作とは一読しての印象はかなり違う。英語の著作は、喩えてみれば、モノクロ写真のようである。モノクロ写真では、カラー写真とは違って、注意は色ではなく形や構図に向かうように、文体や微妙な表現を取り去った内容そのものが、直接に読者の意識に飛び込んでくるように思える。

しかし、このことはアドラーがドイツ語であれば難解な書き方をしたという意味ではない。アドラー心理学を学び始めた頃、私は、アドラーの著作を翻訳すべく、オーストリアの友人にドイツ語を教えてもらっていた。ある日、アドラーの書いたものを見せると、しばらく読んだ後、彼が日本語でいった言葉を今もよく覚えている。「これは〈皆さん〉のために書かれた本だ」

アドラーがある時、ニューヨークの医師会からアドラーの教えだけを精神科治療に使うために採用したいといい、その際、医師にだけ教え他の人には教えないという条件を提示した。アドラーはその申し出を次のようにいって断った。「私の心理学は〔専門家だけのものではなく〕すべての人のものだ」(Manaster, Guy et al. eds., *Alfred Adler: As We Remember Him*, North American Society of Adlerian Psychology, p.17)。

このように考えるアドラーは、専門用語を極力使わなかった。専門用語を使わないので、アドラーの書いたものなら読める。もっとも専門用語を使わないといっても、例えば、共同体感覚というような言葉をアドラーは使っている。しかし、その場合も、この言葉の定義から始めない。心理学は、元来哲学の一つの分野だったが、私がしばしばアドラーの思想を論じる時に引き合いに出すプラトンは、定義から出発するのではなく、定義に終わる。定義するところまでには至らないこともある。

アドラーは、共同体感覚という重要な概念について、何の説明もなく本の初めの方に持ち出すことがある。このようなことは編集の不備であるとも考えられ、翻訳者は読者の便宜のために暫定的な説明を試みなければならないが、アドラーは共同体感覚がどういう意味なのか最初に定義をし、後はそれにもとづいて議論するという方法を採らないので、文脈の中で理解していくしかない。

ライフスタイルを扱うものだけが心理学

小さな子どもが突然泣き叫ぶ。いつまでたっても泣き止まない。そのような時、子どもが泣き止まない理由を子どもの性質や好き嫌いに求めてみても、さらには、遺伝までも持ち出して父親にそっくりだといってみても、いっこうに埒はあかない。このような「心理学的な試み」(ces essais de psychologie)は、針が見つかるまで続く。フランスの哲学者、アランはいう。この針こそがすべての「本当の原因」(cause réelle)である、と(Alain, *Propos sur le bonheur*, Gallimard, p.11)。

針のために子どもが泣いていたのであれば、針を取り除きさえすれば、子どもはたちどころに泣き止んだであろう。その場合、針による痛み(原因)と泣くこと(結果)との間の因果関係はストレートであり、原因を取り除きさえすれば、大抵の子どもはたちどころに泣き止むだろう。

しかし、針を取り除けば解決するような問題ばかりではない。神経症のことでカウンセリングにきた人は、いつからその症状が起きるようになったかたずねられると、何か発症のきっかけになった出来事を答えるかもしれない。それを今の神経症の原因だと考えるからである。しかし、それを針のように取り除く、つまりは、時間を遡って過去に経験しなかったことにすることはできない。過去に戻ることはできないからである。しかも、子どもに痛みを与える針とは違って、過去の経験と今の問題の間には因果関係があるとはいえない。同じことを経験しても、人が皆同じようになるわけではないからである。他方、今の問題を前にして、性質や遺伝を持ち出すような「心理学的な試み」をしてみても無効である。それは現状を説明する試みだが、現状が変えられないことを前提にしているからである。

それにもかかわらず、過去の経験が「本当の原因」である針であるかのように見たり、問題を事後的に説明することに終始するようなことは、心理学の課題ではない。必要なことは「本当の原因」を探すことである。しかし、探求の方向性を誤れば、無効な「心理学的な試み」になる。

アドラーは、どれくらい飛び上がるかを見るために子どもにピンを刺したり、くすぐってどれほど笑うかを見るようなことは心理学とはいえない、という。アドラーは、「トラウマやショックを与える体験」の影響の跡をたどるというようなこと、また、遺伝された能力を吟味し、それがいかに発達したかを観察するというようなことは、生理学や生物学の主題であって、心理学の主題ではないというのである。

それでは、アドラーにとって何が主題であり、何が泣く子どもにとっての「針」に相当するのか。一体何を探そうというのか。それは、人が自分の経験、この世界や人生、また自分をどう意味づけているかである。この自分や世界についての意味づけの総体が「ライフスタイル」である。

人はこのライフスタイルに基づいて、何らかの目的を立て、それを達成しようとするが、そのためにどんな行動を取っているか、その行動が目的を達成することに貢献するのか、あるいは、そもそも、その目的そのもの、さらには、その目的が依拠する世界や人生についての意味づけが誤っていないかということを見ていくのである。こうして、アドラーは、アランがいう針に相当する「本当の原因」として、どこに向かっているか、即ち、「目的」や「目標」を見つけようとする。

子どもが泣き止まないことの原因としては針を探り当てるだけで事足りた。しかし、人の言動について、その本当の原因を知るためには、発想の転換が必要である。プラトンは、死刑判決を受けたソクラテスが脱獄することなく、獄に留まってすわっていることは身体の条件に即して説明できるけれども、刑に服することを善であると考えていなかったら、とっくの昔に外国に逃れていたことであろう、とソクラテスに語らせている。獄に留まって刑に服することを善と判断することが「真の意味での原因」(プラトン『パイドン』98e)である、と考えた。

アリストテレスは、彫刻を例に原因について次の四つの原因を区別している。(『自然学』B巻三章194b23以下)。青銅、粘土などの「質料因」(何からできているか)、「形相因」(何であるか、何を作ろうとしているかというイメージ)、「起動因」(動がそこから始まる始原)、「目的因」(何のためにである。素材があり、彫刻家(起動因)が何を彫ろうかというイメージ(形相因)を持っても、それを彫る目的がなければ彫刻は存在しない。

アドラーがいう目的や目標は、このアリストテレスのいう四つの原因のうちの「目的因」であり、プラトンのいう「真の意味での原因」である。アランが引く小さな子どもを泣かせる針は起動因に相当する。

アランは泣き止まない子どもの話に続いて、アレクサンドロス大王に献上された名馬ブラファルスの話を引いている。ブラファルスは、最初、どんな調教師も乗りこなすことができなかった。ありきたりの人であれば、ブラファルスをたちの悪い馬とでもいったであろうが、アレクサンドロスは「針」を探し、それを見つけた。ブラファルスが自分の影に怯えていること、怯えてはねるものだから影の方もはね、いよいよ怯えることになったことに気づいたのである。アドラーなら、ブラファルスは自分では何かわからない影から逃れるためにはねているというふうに、ブラファルスが怯えてはねるという行動の目的を見て取ったであろう。

そこで、アレクサンドロスは、ブラファルスの鼻を太陽の方に向け、その方角に向けたままにした。そうすることで安心させ、疲れさせることができた。ブラファルスは、自分がなぜ暴れているかがわかっていなかった。必要なことは、ただこの馬の性質を分析したり、過去にあったことを調べることではなく、自分では見えていない自分の置かれた位置、どこに向かっているかを明らかにすることだった。そうすることだけが、問題解決のための変化を引き起こすことを可能にする。

共同体感覚

本書のテーマは多岐にわたり、遺伝などによる決定論を斥け、共同体感覚を育むための学校教育の重要性を強調している。人は同じ世界に生きているのではなく、この人生を各人に独自な仕方で意味づけて生きているが、アドラーは、個人が、さらには人類が幸福に生きることを可能にする一つの、そしてもっとも重要な意味づけを共同体感覚（Gemeinschaftsgefühl, Mitmenschlichkeit）に求めた。

その意味は、本文中で繰り返し、詳細に明らかにされている。この世界は危険なところではない。他者は敵ではなく、仲間（Mitmenschen）であり、そのような他者と結びつくことで、自分の生存の根拠を仲間である他者から与えられていると見ることである。さらに、他者から与えられるだけではなく、自分も他者に貢献したい。そうすることで自分が他者に役立てていると感じることができれば、対人関係を内実とする人生の課題に立ち向かっていくことができる、と考えた。

ところが、他者を敵としか見ることができない人は、他者に貢献しようとはしないので、貢献感を持つことができない。そのため自信を持つことができないので、他者から孤立し、本来生きていくに当たって避けていくことができない人生の課題から遠ざかることになる。

しかも人生の課題を前にしてただためらっているのではなく、神経症を人生の課題に直面できないことの口実にする、とアドラーは考える。神経症でなくても、過去に経験した出来事を持ち出して、そんなことがあったのなら、あれやこれをできなくても仕方がない、と自他共に納得しうる理由を探す。気を引き締めていないと、ほとんど無意識に陥る陥穽といっていいくらいである。

このような人生の課題を回避しようとする人の関心は、自分にしか向けられていない。そこで治療あるいは予防としての教育は、この自分にしか向けられない関心（self interest）を他者に向けるためになされる。この他者へ向けられる関心という意味での social interest は、共同体感覚の原語である Gemeinschaftsgefühl の英訳としてアドラーが一番好んだ言葉である。

人はどんなふうに自分や世界を意味づけてもよさそうなものだが、あまりに私的な意味づけでは生きていくことすらできない。他者と共生するためには、その私的な意味づけ（private sense）をコモンセンス（common sense）に変える必要があるが、コモンセンスはいわゆる常識ではない。常識が必ずしも正しいわけではない。多くの人に共通した考えでも正しいとは限らない。皆が誤るということは大いにありうるからである。

アドラーはわれわれは絶対の真理を持ち合わせていないというが、そのことは、絶対の真理がないということを意味しない。いずれかの意味づけが検証されずに絶対のものと見なされることがあってはならない。より真理に近いコモンセンスを見つける努力が不断に必要である。アドラーは、そのようなコモンセンスとして共同体感覚を提唱したのである。しかし、この共同体感覚の意味も自明のものとして与えられるわけではない。アドラーがこの言葉を初めて口にした時に憤慨しアドラーのもとから去った人たちも、アドラーの真意を理解していたかどうかは疑わしい。

あらゆる決定論に反対

「誰でも何でもできる」というのがアドラーのモットーであった。アメリカではこの楽観主義が熱烈に受け入れられた。しかし後にアドラーはこの自分自身のモットーを弁護して、文字通りに取ってはならず、問題のある子どもたちと関わっている時に、教育者と治療者の間に楽観主義を植えつけようとしただけである、と説明しなければならなくなったが、アドラーの真意は次の点にある。教育におけるもっとも大きな問題は、子どもが自分に限界があると考えることによって引き起こされる。子どもがこのような誤った人生の意味づけによって自分に課した制限を取り除かなければならない。自己中心的な功名心、虚栄心、個人的な優越性の追求ではなく、絶えず他者に貢献するべく生きる人にとっては、もって生まれたものや自分が置かれている状況は、前に進むことを妨げるものではなく、アドラーが使う言葉を使えば「運命」ではない。重要なことは、人生の課題を前にして遺伝や環境などのさまざまな理由を持ち出して課題に挑むことをためらうことである。

決定論が好まれる理由

本来、自分が決めることができるということは喜ばしいことのはずだが、一般的に決定論が好まれる。このことの理由は明らかである。責任を回避できるからである。あなたが悪いのではないといわれても、性格は変えることができないといわれても、過去の体験が今の問題の原因だといわれても絶望するだけではないか。アドラーはそのようなことはいわない。アレクサンドロスがブラファルスの立つ方向を変えたように、これからどこへ向かえばいいかということだけを問題にする。

同じことは治療者にも見られる。娘のアレクサンドラがこんな話を伝えている。統合失調症の少女の診察に父親が呼ばれた。主治医はアドラーのいる前で、心配している両親の前で、「回復の見込みはありません」といった。アドラーはすぐに同僚の医師にたずねた。「いいかい、聞きたまえ、どうしてわれわれはそんなことがいえるだろう。これから何が起こるか、どうしたら知ることができるだろう」(*Alfred Adler: As We Remember Him*, p.57)。

犯罪

アドラーは、いかなる意味でも決定論に立たないので、犯罪者も生まれつきであるとは考えず、どんな犯罪者も更正しうる、と考えた。ただし人を罰することは有効ではない。それは犯罪者にとって挑戦としか見なされない。死刑ですら、犯罪者がそれを怖れると考えてはならない。犯罪者は、どうすれば見つからずにすんだかということしか考えない。ほとんどゲーム感覚である。

ある時、アドラーのところにやってきた男性が、窃盗の罪で服役していたが、刑務所の図書館でアドラーの本を読み、釈放されたらアドラーを訪ねようと決心した、と話した。庭師として雇われ、後には立派な庭師になったが、最初の頃、苗木を買いに苗木屋にやったところ、アドラーが渡したお金で買えるよりもずっと多くの苗を持ち帰った。アドラーは庭師と話し合い、余分に持ち帰った苗を返しにいかせた。アドラーはいった。「そのようにして、彼は私が正直かどうかを試したのだ」と(*Alfred Adler: As We Remember Him*, pp.36-7)。アドラーのこのような態度は、庭師に影響を与えないわけにはいかなかっただろう。犯罪者の更生に必要なことは罰ではなく、共同体感覚の育成、即ち、他者は仲間であり、そのような仲間に協力し、貢献することを教えることである。罰することでは、他者や社会は敵対的であり、協力することなどできないと確信させるだけである。

全体論

目下、問題にしている決定論についての議論の流れで、アドラーのいう全体論について考察しておきたい。アドラーの創始した個人心理学は、分割できない全体としての人間について考察するものである。今日、脳について多くの研究者が何でも脳の仕組みによって解明できると思わせる風潮がある。アドラーがもしも今日生きていれば、脳の研究に関心を示したであろうが、脳は心の道具であって起源ではないと考えるアドラーのアプローチは彼らとはまったく異なったものである。

ある時、脳と心の違いをたずねられてアドラーはこう答えた。

「脳は道具であり、心は生命の部分である」(*Alfred Adler: As We Remember Him*, p.101)

厳密にいえば、全体としての生命(私)は心と身体から構成されているが、それらは部分ではない。アドラーの個人心理学の「個人」(individual)は分割できないということであり、個人心理学は分割できない全体としての個人を扱う心理学という意味である。アドラーは心は生命の過程であると説明しているが(『生きる意味を求めて』五八頁)、身体も生命の過程である。本書では、いずれも生命の表現であるといわれている。このように、心と身体は共に同じ生の過程、表現であるから、心は身体に、身体は心に影響を及ぼす。ただし、プラトンの議論を援用するならば、身体は、質料因であり、身体がなければ心は働くことはできないが「真の意味での原因」ではない。

例えば、身体としての手が麻痺していたり縛られていれば、手を動かすことはできない。脳に何らかの障害がある場合も、手がしかるべく動かせないということが起こりうる。しかし、脳（身体）が心を支配するわけではない。全体としての私が手を動かそうと思う。心は運動の目標を決め、何のために手を動かすのかを判断するのであり、脳はこの心の道具である。脳（身体）は心の起源ではなく、脳（身体）が心を支配するわけではない。

心は生命の全体が誤った追求努力をする時、容易にそのバランスを崩す。過度に完全を目指して失敗を怖れる時、そして、実際、何かに失敗した時、強い劣等感が生じる。その時、目前の課題からの退却を始め、身体的あるいは精神的な種類のショック症状が生じると、それを保持することでこの退却を確かなものにしようとする。

身体の状態も心の過程に影響を及ぼす。生得の身体の状態がもっとも大きな影響を与える。これがアドラーのいう器官劣等性である。しかし、その影響は決定的、固定的なものではない。「創造力」、即ち、自由意志が働くからである。

ライサとの結婚生活

以上で、アドラー思想の基礎を解説した。以下、本書の最後でアドラーが情熱的に語っている結婚について、その伝記的な背景を見ておきたい。アドラーは二十七歳の時、二十四歳のライサと結婚した。アドラーは、社会主義者の会合でモスクワの才媛、ライサと出会った。求愛はすばやく熱烈だった。結婚後、すぐに内科医として開業したアドラーは、ライサと暮らすことを幸福に感じており、「たとえ彼女を実験室で作ったとしても、これほどには私の好みに適っていなかっただろう」と友人の一人に打ち明けている（Bottome, *op. cit.*, p.48）。

勤勉なアドラーは、診療所で長い時間過ごした後、わずかな時間だけ家に帰り、カフェで友人と談笑したが、ライサの方は子育てのために息をつくこともかなわなかった。後にアドラーがフロイトのもとを離れてからの最初の会合は、アドラーの自宅で開かれた。ライサは記録係の役目を果たし、議論に参加した。しかし、参加者が増えると、アドラーの自宅では手狭になり、集会室を外に移さざるをえなくなった。そこで、ライサは定期的に参加できる回数が減ることになった。

二人の結婚生活がどんなものだったかをうかがわせる次の二つのエピソードを紹介したい。一つは第一次世界大戦前のこと。ライサは子どもたちを連れて、モスクワの実家へ帰った。大きな戦争が起こりそうだと感じていたアドラーは、送られてきた家族が写った絵葉書から感じられる牧歌的な時が幻想でしかないことを知っていたので、家族を連れてすぐに帰ってくるようライサに電報を打ったが、ライサは事態が急を要するものであることを理解できず「こちらにいます」と返信した。事態はアドラーが予想したとおりの展開になり、ライサらのウィーンへの帰還は緊迫したものになった（ホフマン、前掲書、一二四頁）。

もう一つは、一九三五年、ニューヨークに滞在中、首に腫れ物ができ、緊急入院をして手術を受けなければならなくなった時のこと。手術は首尾よく行われたが、当時は抗生物質がなく、術後、新しい感染が始まり、状況は六十五歳のアドラーには危険なものになった。やがて小康状態になるが、薬を飲む必要がなくなるまでに七週間を要した。この間、アドラーはライサに経過を伝える手紙を頻繁に書いたが、ライサはアドラーの手紙には答えなかった。

アドラーは、活動の拠点をアメリカに移したこともあって、五十代の終わりから六十代の中頃までの大半を一人で暮らした。二人は気性も考え方も大きく違い、その結婚生活は緊迫したものであるようにも想像されるのだが、アドラーがライサを裏切ったとか、他の女性に関心を示したという証拠はない（ホフマン、前掲書、一八三頁）。

一九二五年にアドラーは結婚についてのアンソロジーである『結婚の書』（*The Book of Marriage*）に一章を寄稿した。当時、結婚やセックスについての通念は急速に変わりつつあり、結婚は終生の一夫一婦制の結びつきであるという伝統的な結婚観が揺らぎつつあった。そんな中、アドラーの結婚観は進歩的ではなく、「二人の課題」である結婚は、つまるところ人類のためになされるものであり、一夫一婦制を夫婦の対等で尊敬と協力に基づいた愛の最高形態であり、われわれの文明のすべての基礎であるとして共同体感覚の見地から推奨した。

私は、二人の間には強い尊敬に裏付けられた強い絆があったように見ているのだが、仮にたとえ後に結婚生活が危機的なものになったとしても、アドラーは危機を共同体感覚という理想に照らして修正する努力をしたであろうし、結婚を安直に否定するということをしなかったであろう。

久しぶりにアドラーの翻訳を上梓することができた。本書はアドラー心理学を学び始めてまもなく読んだ本の一冊だが、その後長い歳月を経た後読み返すとなお新しい発見があった。今回も私のライフワークともいうべきアドラーの翻訳を出版する機会を与えてくださったアルテの市村敏明さんに感謝したい。

二〇一〇年六月六日

岸見　一郎

◆著者

アルフレッド・アドラー（Alfred Adler）

1870年—1937年。オーストリアの精神科医。1902年からフロイトのウィーン精神分析協会の中核的メンバーとして活躍したが、1911年に学説上の対立から脱退した。フロイトと訣別後、自らの理論を個人心理学（Individualpsychologie, individual psychology）と呼び、全体論、目的論などを特色とする独自の理論を構築した。ナチズムの台頭に伴い、活動の拠点をアメリカに移し、精力的な講演、執筆活動を行ったが、講演旅行の途次、アバディーンで客死した。

◆訳者

岸見　一郎（きしみ　いちろう）

1956年、京都府生まれ。京都大学大学院文学研究科博士課程満期退学（西洋哲学史専攻）。専門はギリシア哲学、アドラー心理学。著書に『アドラーを読む』『アドラーに学ぶ』（ともにアルテ）、訳書にアルフレッド・アドラーの『個人心理学講義』『生きる意味を求めて』『人間知の心理学』『人はなぜ神経症になるのか』『子どもの教育』『教育困難な子どもたち』『子どものライフスタイル』『個人心理学の技術Ⅰ・Ⅱ』（以上アルテ）エドワード・ホフマンの『アドラーの生涯』（金子書房）などがある。

人生の意味の心理学〈新装版〉——アドラー・セレクション

2021年12月5日　新装版第1刷発行
2023年10月25日　新装版第4刷発行

著　者　アルフレッド・アドラー
訳　者　岸見　一郎
発行者　市村　敏明
発　行　株式会社　アルテ
〒170-0013　東京都豊島区東池袋2-62-8
BIGオフィスプラザ池袋11F
TEL.03(6868)6812　FAX.03(6730)1379
http://www.arte-book.com
発　売　株式会社　星雲社
（共同出版社・流通責任出版社）
〒112-0005　東京都文京区水道1-3-30
TEL.03(3868)3275　FAX.03(3868)6588
装　丁　Malpu Design（清水良洋＋高橋奈々）
印刷製本　シナノ書籍印刷株式会社

ISBN978-4-434-29686-4 C0011 Printed in Japan